U0495788

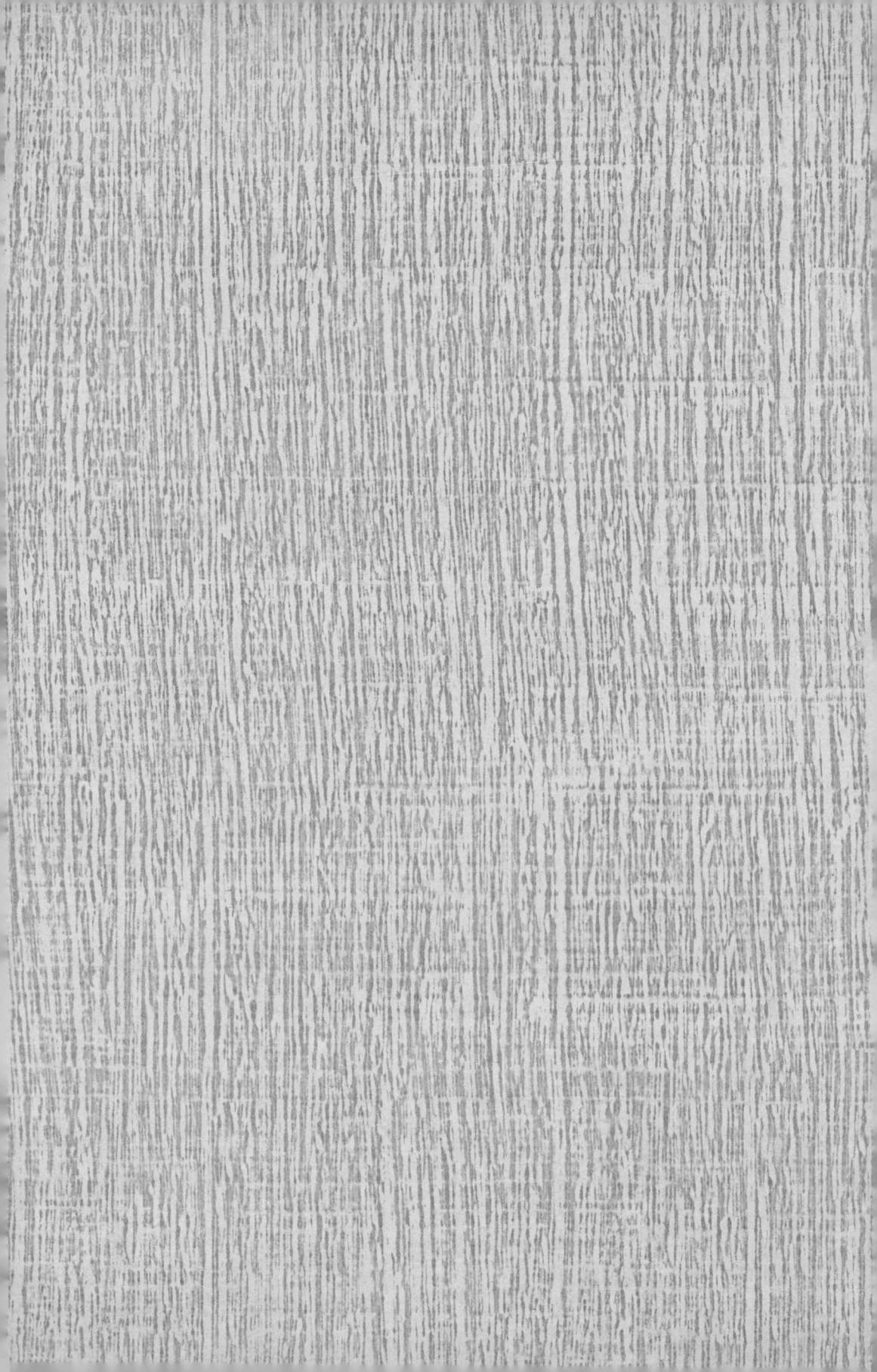

高中化学易错知识点总结

陈建红/编著

图书在版编目（CIP）数据

高中化学易错知识点总结 / 陈建红编著. —— 天津：天津科学技术出版社，2017.9
ISBN 978-7-5576-3794-1

Ⅰ．①高… Ⅱ．①陈… Ⅲ．①中学化学课—高中—教学参考资料 Ⅳ．①G634.83

中国版本图书馆CIP数据核字(2017)第233475号

责任编辑：傅雪莹
责任印制：兰　毅

天津出版传媒集团
天津科学技术出版社 出版
出 版 人：蔡　颢
天津市西康路35号　邮编 300051
电话 (022) 23332490
网址：www.tjkjcbs.com.cn
新华书店经销
郑州市毛庄印刷厂印刷

开本 880×1230　1/32　印张 2.5　字数 50 000
2017年9月第1版第1次印刷
定价：14.00元

20 世纪中国古代文化经典域外传播研究书系

张西平　　总主编

20 世纪中国古代文化经典在英国的传播编年

李　真　编著

中原出版传媒集团
大地传媒

大象出版社
·郑州·

图书在版编目（CIP）数据

20世纪中国古代文化经典在英国的传播编年／李真编著．— 郑州：大象出版社，2017.12
（20世纪中国古代文化经典域外传播研究书系）
ISBN 978-7-5347-8484-2

Ⅰ．①2… Ⅱ．①李… Ⅲ．①中华文化—文化传播—研究—英国—20世纪　Ⅳ．①G125

中国版本图书馆CIP数据核字（2016）第313568号

20世纪中国古代文化经典域外传播研究书系

20世纪中国古代文化经典在英国的传播编年
20 SHIJI ZHONGGUO GUDAI WENHUA JINGDIAN ZAI YINGGUO DE CHUANBO BIANNIAN

李　真　编著

出 版 人	王刘纯
项目统筹	张前进　刘东蓬
责任编辑	成　艳
责任校对	裴红燕
装帧设计	张　帆

出版发行　大象出版社（郑州市开元路16号　邮政编码450044）
　　　　　发行科　0371-63863551　总编室　0371-65597936
网　　址　www.daxiang.cn
印　　刷　郑州市毛庄印刷厂
经　　销　各地新华书店经销
开　　本　787mm×1092mm　1/16
印　　张　17.5
字　　数　262千字
版　　次　2017年12月第1版　2017年12月第1次印刷
定　　价　52.00元

若发现印、装质量问题，影响阅读，请与承印厂联系调换。
印厂地址　郑州市惠济区清华园路毛庄工业园
邮政编码　450044　　　　电话　0371-63784396

总 序

张西平[①]

呈现在读者面前的这套"20世纪中国古代文化经典域外传播研究书系"是我2007年所申请的教育部哲学社会科学研究重大课题攻关项目的成果。

这套丛书的基本设计是：导论1卷，编年8卷，中国古代文化域外传播专题研究10卷，共计19卷。

中国古代文化经典在域外的传播和影响是一个崭新的研究领域，之前中外学术界从未对此进行过系统研究。它突破了以往将中国古代文化经典的研究局限于中国本土的研究方法，将研究视野扩展到世界主要国家，研究中国古代文化经典在那里的传播和影响，以此说明中国文化的世界性意义。

我在申请本课题时，曾在申请表上如此写道：

> 研究20世纪中国古代文化经典在域外的传播和影响，可以使我们走出"东方与西方""现代与传统"的二元思维，在世界文化的范围内考察中国文化的价值，以一种全球视角来重新审视中国古代文化的影响和现代价值，揭示中国文化的普世性意义。这样的研究对于消除当前中国学术界、文化界所存在的对待中国古代文化的焦虑和彷徨，对于整个社会文化转型中的中国重新

[①] 北京外国语大学中国海外汉学研究中心(现在已经更名为"国际中国文化研究院")原主任，中国文化走出去协同创新中心原副主任。

确立对自己传统文化的自信,树立文化自觉,都具有极其重要的思想文化意义。

通过了解20世纪中国古代文化经典在域外的传播与接受,我们也可以进一步了解世界各国的中国观,了解中国古代文化如何经过"变异",融合到世界各国的文化之中。通过对20世纪中国古代文化经典在域外传播和影响的研究,我们可以总结出中国文化向外部世界传播的基本规律、基本经验、基本方法,为国家制定全球文化战略做好前期的学术准备,为国家对外传播中国文化宏观政策的制定提供学术支持。

中国文化在海外的传播,域外汉学的形成和发展,昭示着中国文化的学术研究已经成为一个全球的学术事业。本课题的设立将打破国内学术界和域外汉学界的分隔与疏离,促进双方的学术互动。对中国学术来说,课题的重要意义在于:使国内学术界了解域外汉学界对中国古代文化研究的进展,以"它山之石"攻玉。通过本课题的研究,国内学术界了解了域外汉学界在20世纪关于中国古代文化经典的研究成果和方法,从而在观念上认识到:对中国古代文化经典的研究已经不再仅仅属于中国学术界本身,而应以更加开阔的学术视野展开对中国古代文化经典的研究与探索。

这样一个想法,在我们这项研究中基本实现了。但我们应该看到,对中国古代文化经典在域外的传播与影响的研究绝非我们这样一个课题就可以完成的。这是一个崭新的学术方向和领域,需要学术界长期关注与研究。基于这样的考虑,在课题设计的布局上我们的原则是:立足基础,面向未来,着眼长远。我们希望本课题的研究为今后学术的进一步发展打下坚实的基础。为此,在导论中,我们初步勾勒出中国古代文化经典在西方传播的轨迹,并从理论和文献两个角度对这个研究领域的方法论做了初步的探讨。在编年系列部分,我们从文献目录入手,系统整理出20世纪以来中国古代文化经典在世界主要国家的传播编年。编年体是中国传统记史的一个重要体裁,这样大规模的中国文化域外传播的编年研究在世界上是首次。专题研究则是从不同的角度对这个主题的深化。

为完成这个课题,30余位国内外学者奋斗了7年,到出版时几乎是用了10年时间。尽管我们取得了一定的成绩,这个研究还是刚刚开始,待继续努力的方向还很多。如:这里的中国古代文化经典主要侧重于以汉文化为主体,但中国古代文化是一个"多元一体"的文化,在其长期发展中,少数民族的古代文化经典已经逐步融合到汉文化的主干之中，成为中华文化充满活力、不断发展的动力和原因之一。由于时间和知识的限制，在本丛书中对中国古代少数民族的经典在域外的传播研究尚未全面展开，只是在个别卷中有所涉猎。在语言的广度上也待扩展，如在欧洲语言中尚未把西班牙语、瑞典语、荷兰语等包括进去，在亚洲语言中尚未把印地语、孟加拉语、僧伽罗语、乌尔都语、波斯语等包括进去。因此，我们只是迈开了第一步，我们希望在今后几年继续完成中国古代文化在使用以上语言的国家中传播的编年研究工作。希望在第二版时，我们能把编年卷做得更好，使其成为方便学术界使用的工具书。

中国文化是全球性的文化，它不仅在东亚文化圈、欧美文化圈产生过重要影响，在东南亚、南亚、阿拉伯世界也都产生过重要影响。因此，本丛书尽力将中国古代文化经典在多种文化区域传播的图景展现出来。或许这些研究仍待深化，但这样一个图景会使读者对中国文化的影响力有一个更为全面的认识。

中国古代文化经典的域外传播研究近年来逐步受到学术界的重视，据初步统计，目前出版的相关专著已经有十几本之多，相关博士论文已经有几十篇，国家社科基金课题及教育部课题中与此相关的也有十余个。随着国家"一带一路"倡议的提出，中国文化"走出去"战略也开始更加关注这个方向。应该说，这个领域的研究进步很大，成果显著。但由于这是一个跨学科的崭新研究领域，尚有不少问题需要我们深入思考。例如，如何更加深入地展开这一领域的研究？如何从知识和学科上把握这个研究领域？通过什么样的路径和方法展开这个领域的研究？这个领域的研究在学术上的价值和意义何在？对这些问题笔者在这里进行初步的探讨。

一、历史：展开中国典籍外译研究的基础

根据目前研究，中国古代文化典籍第一次被翻译为欧洲语言是在1592年，由来自西班牙的传教士高母羡（Juan Cobo，1546—1592）[1]第一次将元末明初的中国

---

[1] "'Juan Cobo'，是他在1590年寄给危地马拉会友信末的落款签名，也是同时代的欧洲作家对他的称呼；'高母羡'，是1593年马尼拉出版的中文著作《辩正教真传实录》一书扉页上的作者；'羡高茂'，是1592年他在翻译菲律宾总督致丰臣秀吉的回信中使用的署名。"蒋薇：《1592年高母羡（Fr.Juan Cobo）出使日本之行再议》，硕士论文抽样本，北京：北京外国语大学；方豪：《中国天主教史人物传》（上），北京：中华书局，1988年，第83—89页。

文人范立本所编著的收录中国文化先贤格言的蒙学教材《明心宝鉴》翻译成西班牙文。《明心宝鉴》收入了孔子、孟子、庄子、老子、朱熹等先哲的格言,于洪武二十六年(1393)刊行。如此算来,欧洲人对中国古代文化典籍的翻译至今已有424年的历史。要想展开相关研究,对研究者最基本的要求就是熟知西方汉学的历史。

仅仅拿着一个译本,做单独的文本研究是远远不够的。这些译本是谁翻译的?他的身份是什么?他是哪个时期的汉学家?他翻译时的中国助手是谁?他所用的中文底本是哪个时代的刻本?……这些都涉及对汉学史及中国文化史的了解。例如,如果对《明心宝鉴》的西班牙译本进行研究,就要知道高母羡的身份,他是道明会的传教士,在菲律宾完成此书的翻译,此书当时为生活在菲律宾的道明会传教士学习汉语所用。他为何选择了《明心宝鉴》而不是其他儒家经典呢?因为这个本子是他从当时来到菲律宾的中国渔民那里得到的,这些侨民只是粗通文墨,不可能带有很经典的儒家本子,而《菜根谭》和《明心宝鉴》是晚明时期民间流传最为广泛的儒家伦理格言书籍。由于这是以闽南话为基础的西班牙译本,因此书名、人名及部分难以意译的地方,均采取音译方式,其所注字音当然也是闽南语音。我们对这个译本进行研究就必须熟悉闽南语。同时,由于译者是天主教传教士,因此研究者只有对欧洲天主教的历史发展和天主教神学思想有一定的了解,才能深入其文本的翻译研究之中。

又如,法国第一位专业汉学家雷慕沙(Jean Pierre Abel Rémusat,1788—1832)的博士论文是关于中医研究的《论中医舌苔诊病》(*Dissertatio de glossosemeiotice sive de signis morborum quae è linguâ sumuntur*,*praesertim apud sinenses*,1813,Thése,Paris)。论文中翻译了中医的一些基本文献,这是中医传向西方的一个重要环节。如果做雷慕沙这篇文献的研究,就必须熟悉西方汉学史,因为雷慕沙并未来过中国,他关于中医的知识是从哪里得来的呢?这些知识是从波兰传教士卜弥格(Michel Boym,1612—1659)那里得来的。卜弥格的《中国植物志》"是西方研究中国动植物的第一部科学著作,曾于1656年在维也纳出版,还保存了原著中介绍的每一种动植物的中文名称和卜弥格为它们绘制的二十七幅图像。后来因为这部著作受到欧洲读者极大的欢迎,在1664年,又发表了它的法文译本,名为《耶稣会士卜弥格神父写的一篇论特别是来自中国的花、水果、植物和个别动物的论文》"……

荷兰东印度公司一位首席大夫阿德列亚斯·克莱耶尔(Andreas Clayer)……1682年在德国出版的一部《中医指南》中,便将他所得到的卜弥格的《中医处方大全》《通过舌头的颜色和外部状况诊断疾病》《一篇论脉的文章》和《医学的钥匙》的部分章节以他的名义发表了"①。这就是雷慕沙研究中医的基本材料的来源。如果对卜弥格没有研究,那就无法展开对雷慕沙的研究,更谈不上对中医西传的研究和翻译时的历史性把握。

这说明研究者要熟悉从传教士汉学到专业汉学的发展历史,只有如此才能展开研究。西方汉学如果从游记汉学算起已经有七百多年的历史,如果从传教士汉学算起已经有四百多年的历史,如果从专业汉学算起也有近二百年的历史。在西方东方学的历史中,汉学作为一个独立学科存在的时间并不长,但学术的传统和人脉一直在延续。正像中国学者做研究必须熟悉本国学术史一样,做中国文化典籍在域外的传播研究首先也要熟悉域外各国的汉学史,因为绝大多数的中国古代文化典籍的译介是由汉学家们完成的。不熟悉汉学家的师承、流派和学术背景,自然就很难做好中国文化的海外传播研究。

上面这两个例子还说明,虽然西方汉学从属于东方学,但它是在中西文化交流的历史中产生的。这就要求研究者不仅要熟悉西方汉学史,也要熟悉中西文化交流史。例如,如果不熟悉元代的中西文化交流史,那就无法读懂《马可·波罗游记》;如果不熟悉明清之际的中西文化交流史,也就无法了解以利玛窦为代表的传教士汉学家们的汉学著作,甚至完全可能如堕烟海,不知从何下手。上面讲的卜弥格是中医西传第一人,在中国古代文化典籍西传方面贡献很大,但他同时又是南明王朝派往梵蒂冈教廷的中国特使,在明清时期中西文化交流史上占有重要的地位。如果不熟悉明清之际的中西文化交流史,那就无法深入展开研究。即使一些没有来过中国的当代汉学家,在其进行中国典籍的翻译时,也会和中国当时的历史与人物发生联系并受到影响。例如20世纪中国古代文化经典最重要的翻译家阿瑟·韦利(Arthur David Waley,1889—1966)与中国作家萧乾、胡适的交往,都对他的翻译活动产生过影响。

历史是进行一切人文学科研究的基础,做中国古代文化经典在域外的传播研

---

① 张振辉:《卜弥格与明清之际中学的西传》,《中国史研究》2011年第3期,第184—185页。

究尤其如此。

中国学术界对西方汉学的典籍翻译的研究起源于清末民初之际。辜鸿铭对西方汉学家的典籍翻译多有微词。那时的中国学术界对西方汉学界已经不陌生，不仅不陌生，实际上晚清时期对中国学问产生影响的西学中也包括汉学。[①] 近代以来，中国学术的发展是西方汉学界与中国学界互动的结果，我们只要提到伯希和、高本汉、葛兰言在民国时的影响就可以知道。[②] 但中国学术界自觉地将西方汉学作为一个学科对象加以研究和分梳的历史并不长，研究者大多是从自己的专业领域对西方汉学发表评论，对西方汉学的学术历史研究甚少。莫东言的《汉学发达史》到1936年才出版，实际上这本书中的绝大多数知识来源于日本学者石田干之助的《欧人之汉学研究》[③]。近30年来中国学术界对西方汉学的研究有了长足进展，个案研究、专书和专人研究及国别史研究都有了重大突破。像徐光华的《国外汉学史》、阎纯德主编的《列国汉学史》等都可以为我们的研究提供初步的线索。但应看到，对国别汉学史的研究才刚刚开始，每一位从事中国典籍外译研究的学者都要注意对汉学史的梳理。我们应承认，至今令学术界满意的中国典籍外译史的专著并不多见，即便是国别体的中国典籍外译的专题历史研究著作都尚未出现。[④] 因为这涉及太多的语言和国家，绝非短期内可以完成。随着国家"一带一路"倡议的提出，了解沿路国家文化与中国文化之间的互动历史是学术研究的题中应有之义。但一旦我们翻阅学术史文献就会感到，在这个领域我们需要做的事情还有很多，尤其需要增强对沿路国家文化与中国文化互动的了解。百年以西为师，我们似乎忘记了家园和邻居，悲矣！学术的发展总是一步步向前的，愿我们沿着季羡林先生开辟的中国东方学之路，由历史而入，拓展中国学术发展的新空间。

[①] 罗志田：《西学冲击下近代中国学术分科的演变》，《社会科学研究》2003年第1期。
[②] 桑兵：《国学与汉学——近代中外学界交往录》，北京：中国人民大学出版社，2010年；李孝迁：《葛兰言在民国学界的反响》，《华东师范大学学报》(哲学社会科学版)2010年第4期。
[③] [日]石田干之助：《欧人之汉学研究》，朱滋萃译，北京：北平中法大学出版社，1934年。
[④] 马祖毅、任荣珍：《汉籍外译史》，武汉：湖北教育出版社，1997年。这本书尽管是汉籍外译研究的开创性著作，但书中的错误颇多，注释方式也不规范，完全分不清资料的来源。关键在于作者对域外汉学史并未深入了解，仅在二手文献基础上展开研究。学术界对这本书提出了批评，见许冬平《〈汉籍外译史〉还是〈汉籍歪译史〉?》，光明网，2011年8月21日。

二、文献：西方汉学文献学亟待建立

张之洞在《书目答问》中开卷就说："诸生好学者来问应读何书，书以何本为善。偏举既嫌挂漏，志趣学业亦各不同，因录此以告初学。"①学问由目入，读书自识字始，这是做中国传统学问的基本方法。此法也同样适用于中国文化在域外的传播研究及中国典籍外译研究。因为19世纪以前中国典籍的翻译者以传教士为主，传教士的译本在欧洲呈现出非常复杂的情况。17世纪时传教士的一些译本是拉丁文的，例如柏应理和一些耶稣会士联合翻译的《中国哲学家孔子》，其中包括《论语》《大学》《中庸》。这本书的影响很大，很快就有了各种欧洲语言的译本，有些是节译，有些是改译。如果我们没有西方汉学文献学的知识，就搞不清这些译本之间的关系。

18世纪欧洲的流行语言是法语，会法语是上流社会成员的标志。恰好此时来华的传教士由以意大利籍为主转变为以法国籍的耶稣会士为主。这些法国来华的传教士学问基础好，翻译中国典籍极为勤奋。法国传教士的汉学著作中包含了大量的对中国古代文化典籍的介绍和翻译，例如来华耶稣会士李明返回法国后所写的《中国近事报道》(*Nouveaux mémoires sur l'état présent de la Chine*)，1696年在巴黎出版。他在书中介绍了中国古代重要的典籍"五经"，同时介绍了孔子的生平。李明所介绍的孔子的生平在当时欧洲出版的来华耶稣会士的汉学著作中是最详细的。这本书出版后在四年内竟然重印五次，并有了多种译本。如果我们对法语文本和其他文本之间的关系不了解，就很难做好翻译研究。

进入19世纪后，英语逐步取得霸主地位，英文版的中国典籍译作逐渐增加，版本之间的关系也更加复杂。美国诗人庞德在翻译《论语》时，既参照早年由英国汉学家柯大卫(David Collie)翻译的第一本英文版"四书"②，也参考理雅各的译本，如果只是从理雅各的译本来研究庞德的翻译肯定不全面。

20世纪以来对中国典籍的翻译一直在继续，翻译的范围不断扩大。学者研

---

① 〔清〕张之洞著，范希曾补正：《书目答问补正》，上海：上海古籍出版社，2001年，第3页。
② David Collie, *The Four Books*, Malacca: Printed at Mission Press, 1828.

究百年的《论语》译本的数量就很多,《道德经》的译本更是不计其数。有的学者说世界上译本数量极其巨大的文化经典文本有两种,一种是《圣经》,另一种就是《道德经》。

这说明我们在从事文明互鉴的研究时,尤其在从事中国古代文化经典在域外的翻译和传播研究时,一定要从文献学入手,从目录学入手,这样才会保证我们在做翻译研究时能够对版本之间的复杂关系了解清楚,为研究打下坚实的基础。中国学术传统中的"辨章学术,考镜源流"在我们致力于域外汉学研究时同样需要。

目前,国家对汉籍外译项目投入了大量的经费,国内学术界也有相当一批学者投入这项事业中。但我们在开始这项工作时应该摸清世界各国已经做了哪些工作,哪些译本是受欢迎的,哪些译本问题较大,哪些译本是节译,哪些译本是全译。只有清楚了这些以后,我们才能确定恰当的翻译策略。显然,由于目前我们在域外汉学的文献学上做得不够理想,对中国古代文化经典的翻译情况若明若暗。因而,国内现在确立的一些翻译计划不少是重复的,在学术上是一种浪费。即便国内学者对这些典籍重译,也需要以前人的工作为基础。

就西方汉学而言,其基础性书目中最重要的是两本目录,一本是法国汉学家考狄编写的《汉学书目》(*Bibliotheca sinica*),另一本是中国著名学者、中国近代图书馆的奠基人之一袁同礼1958年出版的《西文汉学书目》(*China in Western Literature*:*a Continuation of Cordier's Bibliotheca Sinica*)[①]。

从西方最早对中国的记载到1921年西方出版的关于研究中国的书籍,四卷本的考狄书目都收集了,其中包括大量关于中国古代文化典籍的译本目录。袁同礼的《西文汉学书目》则是"接着说",其书名就表明是接着考狄来做的。他编制了1921—1954年期间西方出版的关于中国研究的书目,其中包括数量可观的关于中国古代文化典籍的译本目录。袁同礼之后,西方再没有编出一本类似的书目。究其原因,一方面是中国研究的进展速度太快,另一方面是中国研究的范围在快速扩大,在传统的人文学科的思路下已经很难把握快速发展的中国研究。

当然,国外学者近50年来还是编制了一些非常重要的专科性汉学研究文献

---

① 书名翻译为《西方文学作品里的中国书目——续考狄之汉学书目》更为准确,《西文汉学书目》简洁些。

目录,特别是关于中国古代文化经典的翻译也有了专题性书目。例如,美国学者编写的《中国古典小说研究与欣赏论文书目指南》①是一本很重要的专题性书目,对于展开中国古典文学在西方的传播研究奠定了基础。日本学者所编的《东洋学文献类目》是当代较权威的中国研究书目,收录了部分亚洲研究的文献目录,但涵盖语言数量有限。当然中国学术界也同样取得了较大的进步,台湾学者王尔敏所编的《中国文献西译书目》②无疑是中国学术界较早的西方汉学书目。汪次昕所编的《英译中文诗词曲索引:五代至清末》③、王丽娜的《中国古典小说戏曲名著在国外》④是新时期第一批从目录文献学上研究西方汉学的著作。林舒俐、郭英德所编的《中国古典戏曲研究英文论著目录》⑤,顾钧、杨慧玲在美国汉学家卫三畏研究的基础上编制的《〈中国丛报〉篇名目录及分类索引》,王国强在其《〈中国评论〉(1872—1901)与西方汉学》中所附的《中国评论》目录和《中国评论》文章分类索引等,都代表了域外汉学和中国古代文化外译研究的最新进展。

  从学术的角度看,无论是海外汉学界还是中国学术界在汉学的文献学和目录学上都仍有继续展开基础性研究和学术建设的极大空间。例如,在17世纪和18世纪"礼仪之争"后来华传教士所写的关于在中国传教的未刊文献至今没有基础性书目,这里主要指出傅圣泽和白晋的有关文献就足以说明问题。⑥ 在罗马传信部档案馆、梵蒂冈档案馆、耶稣会档案馆有着大量未刊的耶稣会士关于"礼仪之争"的文献,这些文献多涉及中国典籍的翻译问题。在巴黎外方传教会、方济各传教会也有大量的"礼仪之争"期间关于中国历史文化研究的未刊文献。这些文献目录未整理出来以前,我们仍很难书写一部完整的中国古代文献西文翻译史。

  由于中国文化研究已经成为一个国际化的学术事业,无论是美国亚洲学会的

---

① Winston L.Y.Yang, Peter Li and Nathan K.Mao, *Classical Chinese Fiction: A Guide to Its Study and Appreciation—Essays and Bibliographies*, Boston: G.K.Hall & Co., 1978.
② 王尔敏编:《中国文献西译书目》,台北:台湾商务印书馆,1975年。
③ 汪次昕编:《英译中文诗词曲索引:五代至清末》,台北:汉学研究中心,2000年。
④ 王丽娜:《中国古典小说戏曲名著在国外》,上海:学林出版社,1988年。
⑤ 林舒俐、郭英德编:《中国古典戏曲研究英文论著目录》(上),《戏曲研究》2009年第3期;《中国古典戏曲研究英文论著目录》(下),《戏曲研究》2010年第1期。
⑥ [美]魏若望:《耶稣会士傅圣泽神甫传:索隐派思想在中国及欧洲》,吴莉苇译,郑州:大象出版社,2006年;[丹]龙伯格:《清代来华传教士马若瑟研究》,李真、骆洁译,郑州:大象出版社,2009年;[德]柯兰霓:《耶稣会士白晋的生平与著作》,李岩译,郑州:大象出版社,2009年;[法]维吉尔·毕诺:《中国对法国哲学思想形成的影响》,耿昇译,北京:商务印书馆,2000年。

中国学研究网站所编的目录，还是日本学者所编的目录，都已经不能满足学术发展的需要。我们希望了解伊朗的中国历史研究状况，希望了解孟加拉国对中国文学的翻译状况，但目前没有目录能提供这些。袁同礼先生当年主持北平图书馆工作时曾说过，中国国家图书馆应成为世界各国的中国研究文献的中心，编制世界的汉学研究书目应是我们的责任。先生身体力行，晚年依然坚持每天在美国国会图书馆的目录架旁抄录海外中国学研究目录，终于继考狄之后完成了《西文汉学书目》，开启了中国学者对域外中国研究文献学研究的先河。今日的中国国家图书馆的同人和中国文献学的同行们能否继承前辈之遗产，为飞出国门的中国文化研究提供一个新时期的文献学的阶梯，提供一个真正能涵盖多种语言，特别是非通用语的中国文化研究书目呢？我们期待着。正是基于这样的考虑，10年前我承担教育部重大攻关项目"20世纪中国古代文化经典在域外的传播与影响"时，决心接续袁先生的工作做一点尝试。我们中国海外汉学研究中心和北京外国语大学与其他院校学界的同人以10年之力，编写了一套10卷本的中国文化传播编年，它涵盖了22种语言，涉及20余个国家。据我了解，这或许是目前世界上第一次涉及如此多语言的中国文化外传文献编年。

尽管这些编年略显幼稚，多有不足，但中国的学者们是第一次把自己的语言能力与中国学术的基础性建设有机地结合起来。我们总算在袁同礼先生的事业上前进了一步。

学术界对于加强海外汉学文献学研究的呼声很高。李学勤当年主编的《国际汉学著作提要》就是希望从基础文献入手加强对西方汉学名著的了解。程章灿更是提出了十分具体的方案，他认为如果把欧美汉学作为学术资源，应该从以下四方面着手："第一，从学术文献整理的角度，分学科、系统编纂中外文对照的专业论著索引。就欧美学者的中国文学研究而言，这一工作显得相当迫切。这些论著至少应该包括汉学专著、汉籍外译本及其附论（尤其是其前言、后记）、各种教材（包括文学史与作品选）、期刊论文、学位论文等几大项。其中，汉籍外译本与学位论文这两项比较容易被人忽略。这些论著中提出或涉及的学术问题林林总总，如果并没有广为中国学术界所知，当然也就谈不上批判或吸收。第二，从学术史角度清理学术积累，编纂重要论著的书目提要。从汉学史上已出版的研究中国文学的专著中，选取有价值的、有影响的，特别是有学术史意义的著作，每种写一篇两三千字的书目提要,述其内容大要、方法特点,并对其作学术史之源流梳理。对这些海外汉学文献的整理,就是学术史的建设,其道理与第一点是一样的。第三,从学术术语与话语沟通的角度,编纂一册中英文术语对照词典。就中国文学研究而言,目前在世界范围内,英语与汉语是两种最重要的工作语言。但是,对于同一个中国文学专有名词,往往有多种不同的英语表达法,国内学界英译中国文学术语时,词不达意、生拉硬扯的现象时或可见,极不利于中外学者的沟通和中外学术的交流。如有一册较好的中英文中国文学术语词典,不仅对于中国研究者,而且对于学习中国文学的外国人,都有很大的实用价值。第四,在系统清理研判的基础上,编写一部国际汉学史略。"①

历史期待着我们这一代学人,从基础做起,从文献做起,构建起国际中国文化研究的学术大厦。

三、语言:中译外翻译理论与实践有待探索

翻译研究是做中国古代文化对外传播研究的重要环节,没有这个环节,整个研究就不能建立在坚实的学术基础之上。在翻译研究中如何创造出切实可行的中译外理论是一个亟待解决的问题。如果翻译理论、翻译的指导观念不发生变革,一味依赖西方的理论,并将其套用在中译外的实践中,那么中国典籍的外译将不会有更大的发展。

外译中和中译外是两种翻译实践活动。前者说的是将外部世界的文化经典翻译成中文,后者说的是将中国古代文化的经典翻译成外文。几乎每一种有影响的文化都会面临这两方面的问题。

中国文化史告诉我们,我们有着悠久的外译中的历史,例如从汉代以来中国对佛经的翻译和近百年来中国对西学和日本学术著作的翻译。中国典籍的外译最早可以追溯到玄奘译老子的《道德经》,但真正形成规模则始于明清之际来华的传教士,即上面所讲的高母羡、利玛窦等人。中国人独立开展这项工作则应从晚清时期的陈季同和辜鸿铭算起。外译中和中译外作为不同语言之间的转换有

---

① 程章灿:《作为学术文献资源的欧美汉学研究》,《文学遗产》2012 年第 2 期,第 134—135 页。

共同性,这是毋庸置疑的。但二者的区别也很明显,目的语和源语言在外译中和中译外中都发生了根本性置换,这种目的语和源语言的差别对译者提出了完全不同的要求。因此,将中译外作为一个独立的翻译实践来展开研究是必要的,正如刘宓庆所说:"实际上东方学术著作的外译如何解决文化问题还是一块丰腴的亟待开发的处女地。"①

由于在翻译目的、译本选择、语言转换等方面的不同,在研究中译外时完全照搬西方的翻译理论是有问题的。当然,并不是说西方的翻译理论不可用,而是这些理论的创造者的翻译实践大都是建立在西方语言之间的互译之上。在此基础上产生的翻译理论面对东方文化时,特别是面对以汉字为基础的汉语文化时会产生一些问题。潘文国认为,至今为止,西方的翻译理论基本上是对印欧语系内部翻译实践的总结和提升,那套理论是"西西互译"的结果,用到"中西互译"是有问题的,"西西互译"多在"均质印欧语"中发生,而"中西互译"则是在相距遥远的语言之间发生。因此他认为"只有把'西西互译'与'中西互译'看作是两种不同性质的翻译,因而需要不同的理论,才能以更为主动的态度来致力于中国译论的创新"②。

语言是存在的家园。语言具有本体论作用,而不仅仅是外在表达。刘勰在《文心雕龙·原道》中写道:"文之为德也大矣,与天地并生者何哉?夫玄黄色杂,方圆体分,日月叠璧,以垂丽天之象;山川焕绮,以铺理地之形:此盖道之文也。仰观吐曜,俯察含章,高卑定位,故两仪既生矣。惟人参之,性灵所钟,是谓三才。为五行之秀,实天地之心。心生而言立,言立而文明,自然之道也。傍及万品,动植皆文:龙凤以藻绘呈瑞,虎豹以炳蔚凝姿;云霞雕色,有逾画工之妙;草木贲华,无待锦匠之奇。夫岂外饰,盖自然耳。至于林籁结响,调如竽瑟;泉石激韵,和若球锽:故形立则章成矣,声发则文生矣。夫以无识之物,郁然有彩,有心之器,其无文欤?"③刘勰这段对语言和文字功能的论述绝不亚于海德格尔关于语言性质的论述,他强调"文"的本体意义和内涵。

---

① 刘宓庆:《中西翻译思想比较研究》,北京:中国对外翻译出版公司,2005年,第272页。
② 潘文国:《中籍外译,此其时也——关于中译外问题的宏观思考》,《杭州师范学院学报》(社会科学版)2007年第6期。
③ 〔南朝梁〕刘勰著,周振甫译注:《文心雕龙选译》,北京:中华书局,1980年,第19—20页。

中西两种语言,对应两种思维、两种逻辑。外译中是将抽象概念具象化的过程,将逻辑思维转换成伦理思维的过程;中译外是将具象思维的概念抽象化,将伦理思维转换成逻辑思维的过程。当代美国著名汉学家安乐哲(Roger T. Ames)与其合作者也有这样的思路:在中国典籍的翻译上反对用一般的西方哲学思想概念来表达中国的思想概念。因此,他在翻译中国典籍时着力揭示中国思想异于西方思想的特质。

语言是世界的边界,不同的思维方式、不同的语言特点决定了外译中和中译外具有不同的规律,由此,在翻译过程中就要注意其各自的特点。基于语言和哲学思维的不同所形成的中外互译是两种不同的翻译实践,我们应该重视对中译外理论的总结,现在流行的用"西西互译"的翻译理论来解释"中西互译"是有问题的,来解释中译外问题更大。这对中国翻译界来说应是一个新课题,因为在"中西互译"中,我们留下的学术遗产主要是外译中。尽管我们也有辜鸿铭、林语堂、陈季同、吴经熊、杨宪益、许渊冲等前辈的可贵实践,但中国学术界的翻译实践并未留下多少中译外的经验。所以,认真总结这些前辈的翻译实践经验,提炼中译外的理论是一个亟待努力开展的工作。同时,在比较语言学和比较哲学的研究上也应着力,以此为中译外的翻译理论打下坚实的基础。

在此意义上,许渊冲在翻译理论及实践方面的探索尤其值得我国学术界关注。许渊冲在20世纪中国翻译史上是一个奇迹,他在中译外和外译中两方面均有很深造诣,这十分少见。而且,在中国典籍外译过程中,他在英、法两个语种上同时展开,更是难能可贵。"书销中外五十本,诗译英法唯一人"的确是他的真实写照。从陈季同、辜鸿铭、林语堂等开始,中国学者在中译外道路上不断探索,到许渊冲这里达到一个高峰。他的中译外的翻译数量在中国学者中居于领先地位,在古典诗词的翻译水平上,更是成就卓著,即便和西方汉学家(例如英国汉学家韦利)相比也毫不逊色。他的翻译水平也得到了西方读者的认可,译著先后被英国和美国的出版社出版,这是目前中国学者中译外作品直接进入西方阅读市场最多的一位译者。

特别值得一提的是,许渊冲从中国文化本身出发总结出一套完整的翻译理论。这套理论目前是中国翻译界较为系统并获得翻译实践支撑的理论。面对铺天盖地而来的西方翻译理论,他坚持从中国翻译的实践出发,坚持走自己的学术道路,自成体系,面对指责和批评,他不为所动。他这种坚持文化本位的精神,这种坚持从实践出发探讨理论的风格,值得我们学习和发扬。

许渊冲把自己的翻译理论概括为"美化之艺术,创优似竞赛"。"实际上,这十个字是拆分开来解释的。'美'是许渊冲翻译理论的'三美'论,诗歌翻译应做到译文的'意美、音美和形美',这是许渊冲诗歌翻译的本体论;'化'是翻译诗歌时,可以采用'等化、浅化、深化'的具体方法,这是许氏诗歌翻译的方法论;'之'是许氏诗歌翻译的意图或最终想要达成的结果,使读者对译文能够'知之、乐之并好之',这是许氏译论的目的论;'艺术'是认识论,许渊冲认为文学翻译,尤其是诗词翻译是一种艺术,是一种研究'美'的艺术。'创'是许渊冲的'创造论',译文是译者在原诗规定范围内对原诗的再创造;'优'指的是翻译的'信达优'标准和许氏译论的'三势'(优势、劣势和均势)说,在诗歌翻译中应发挥译语优势,用最好的译语表达方式来翻译;'似'是'神似'说,许渊冲认为忠实并不等于形似,更重要的是神似;'竞赛'指文学翻译是原文和译文两种语言与两种文化的竞赛。"①

许渊冲的翻译理论不去套用当下时髦的西方语汇,而是从中国文化本身汲取智慧,并努力使理论的表述通俗化、汉语化和民族化。例如他的"三美"之说就来源于鲁迅,鲁迅在《汉文学史纲要》中指出:"诵习一字,当识形音义三:口诵耳闻其音,目察其形,心通其义,三识并用,一字之功乃全。其在文章,则写山曰崚嶒嵯峨,状水曰汪洋澎湃,蔽芾葱茏,恍逢丰木,鳟鲂鳗鲤,如见多鱼。故其所函,遂具三美:意美以感心,一也;音美以感耳,二也;形美以感目,三也。"②许渊冲的"三之"理论,即在翻译中做到"知之、乐之并好之",则来自孔子《论语·雍也》中的"知之者不如好之者,好之者不如乐之者"。他套用《道德经》中的语句所总结的翻译理论精练而完备,是近百年来中国学者对翻译理论最精彩的总结:

译可译,非常译。

忘其形,得其意。

得意,理解之始;

忘形,表达之母。

---

① 张进:《许渊冲唐诗英译研究》,硕士论文抽样本,西安:西北大学,2011 年,第 19 页;张智中:《许渊冲与翻译艺术》,武汉:湖北教育出版社,2006 年。

② 鲁迅:《鲁迅全集》(第九卷),北京:人民文学出版社,2005 年,第 354—355 页。

故应得意，以求其同；

故可忘形，以存其异。

两者同出，异名同理。

得意忘形，求同存异；

翻译之道。

2014年，在第二十二届世界翻译大会上，由中国翻译学会推荐，许渊冲获得了国际译学界的最高奖项"北极光"杰出文学翻译奖。他也是该奖项自1999年设立以来，第一个获此殊荣的亚洲翻译家。许渊冲为我们奠定了新时期中译外翻译理论与实践的坚实学术基础，这个事业有待后学发扬光大。

四、知识：跨学科的知识结构是对研究者的基本要求

中国古代文化经典在域外的翻译与传播研究属于跨学科研究领域，语言能力只是进入这个研究领域的一张门票，但能否坐在前排，能否登台演出则是另一回事。因为很显然，语言能力尽管重要，但它只是展开研究的基础条件，而非全部条件。

研究者还应该具备中国传统文化知识与修养。我们面对的研究对象是整个海外汉学界，汉学家们所翻译的中国典籍内容十分丰富，除了我们熟知的经、史、子、集，还有许多关于中国的专业知识。例如，俄罗斯汉学家阿列克谢耶夫对宋代历史文学极其关注，翻译宋代文学作品数量之大令人吃惊。如果研究他，仅仅俄语专业毕业是不够的，研究者还必须通晓中国古代文学，尤其是宋代文学。清中前期，来华的法国耶稣会士已经将中国的法医学著作《洗冤集录》翻译成法文，至今尚未有一个中国学者研究这个译本，因为这要求译者不仅要懂宋代历史，还要具备中国古代法医学知识。

中国典籍的外译相当大一部分产生于中外文化交流的历史之中，如果缺乏中西文化交流史的知识，常识性错误就会出现。研究18世纪的中国典籍外译要熟悉明末清初的中西文化交流史，研究19世纪的中国典籍外译要熟悉晚清时期的中西文化交流史，研究东亚之间文学交流要精通中日、中韩文化交流史。

同时，由于某些译者有国外学术背景，想对译者和文本展开研究就必须熟悉

译者国家的历史与文化、学术与传承，那么，知识面的扩展、知识储备的丰富必不可少。

目前，绝大多数中国古代文化外译的研究者是外语专业出身，这些学者的语言能力使其成为这个领域的主力军，但由于目前教育分科严重细化，全国外语类大学缺乏系统的中国历史文化的教育训练，因此目前的翻译及其研究在广度和深度上尚难以展开。有些译本作为国内外语系的阅读材料尚可，要拿到对象国出版还有很大的难度，因为这些译本大都无视对象国汉学界译本的存在。的确，研究中国文化在域外的传播和发展是一个崭新的领域，是青年学者成长的天堂。但同时，这也是一个有难度的跨学科研究领域，它对研究者的知识结构提出了新挑战。研究者必须走出单一学科的知识结构，全面了解中国文化的历史与文献，唯此才能对中国古代文化经典的域外传播和中国文化的域外发展进行更深入的研究。当然，术业有专攻，在当下的知识分工条件下，研究者已经不太可能系统地掌握中国全部传统文化知识，但掌握其中的一部分，领会其精神仍十分必要。这对中国外语类大学的教学体系改革提出了更高的要求，中国历史文化课程必须进入外语大学的必修课中，否则，未来的学子们很难承担起这一历史重任。

五、方法：比较文化理论是其基本的方法

从本质上讲，中国文化域外传播与发展研究是一种文化间关系的研究，是在跨语言、跨学科、跨文化、跨国别的背景下展开的，这和中国本土的国学研究有区别。关于这一点，严绍璗先生有过十分清楚的论述，他说："国际中国学（汉学）就其学术研究的客体对象而言，是指中国的人文学术，诸如文学、历史、哲学、艺术、宗教、考古等等，实际上，这一学术研究本身就是中国人文学科在域外的延伸。所以，从这样的意义上说，国际中国学（汉学）的学术成果都可以归入中国的人文学术之中。但是，作为从事于这样的学术的研究者，却又是生活在与中国文化很不相同的文化语境中，他们所受到的教育，包括价值观念、人文意识、美学理念、道德伦理和意识形态等等，和我们中国本土很不相同。他们是以他们的文化为背景而从事中国文化的研究，通过这些研究所表现的价值观念，从根本上说，是他们的'母体文化'观念。所以，从这样的意义上说，国际中国学（汉学）的学术成果，其

实也是他们'母体文化'研究的一种。从这样的视角来考察国际中国学(汉学),那么,我们可以说,这是一门在国际文化中涉及双边或多边文化关系的近代边缘性的学术,它具有'比较文化研究'的性质。"①严先生的观点对于我们从事中国古代文化典籍外译和传播研究有重要的指导意义。有些学者认为西方汉学家翻译中的误读太多,因此,中国文化经典只有经中国人来翻译才忠实可信。显然,这样的看法缺乏比较文学和跨文化的视角。

"误读"是翻译中的常态,无论是外译中还是中译外,除了由于语言转换过程中知识储备不足产生的误读②,文化理解上的误读也比比皆是。有的译者甚至故意误译,完全按照自己的理解阐释中国典籍,最明显的例子就是美国诗人庞德。1937年他译《论语》时只带着理雅各的译本,没有带词典,由于理雅各的译本有中文原文,他就盯着书中的汉字,从中理解《论语》,并称其为"注视字本身",看汉字三遍就有了新意,便可开始翻译。例如《论语·公冶长第五》,'子曰:道不行,乘桴浮于海。从我者,其由与?子路闻之喜。子曰:由也,好勇过我,无所取材。'最后四字,朱熹注:'不能裁度事理。'理雅各按朱注译。庞德不同意,因为他从'材'字中看到'一棵树加半棵树',马上想到孔子需要一个'桴'。于是庞德译成'Yu like danger better than I do. But he wouldn't bother about getting the logs.'(由比我喜欢危险,但他不屑去取树木。)庞德还指责理雅各译文'失去了林肯式的幽默'。后来他甚至把理雅各译本称为'丢脸'(an infamy)"③。庞德完全按自己的理解来翻译,谈不上忠实,但庞德的译文却在美国和其他西方国家产生了巨大影响。日本比较文学家大塚幸男说:"翻译文学,在对接受国文学的影响中,误解具有异乎寻常的力量。有时拙劣的译文意外地产生极大的影响。"④庞德就是这样的翻译家,他翻译《论语》《中庸》《孟子》《诗经》等中国典籍时,完全借助理雅各的译本,但又能超越理雅各的译本,在此基础上根据自己的想法来翻译。他把《中庸》翻

---

① 严绍璗:《我对国际中国学(汉学)的认识》,《国际汉学》(第五辑),郑州:大象出版社,2000年,第11页。
② 英国著名汉学家阿瑟·韦利在翻译陶渊明的《责子》时将"阿舒已二八"翻译成"A-Shu is eighteen",显然是他不知在中文中"二八"是指16岁,而不是18岁。这样知识性的翻译错误是常有的。
③ 赵毅衡:《诗神远游:中国如何改变了美国现代诗》,成都:四川文艺出版社,2013年,第277—278页。
④ [日]大塚幸男:《比较文学原理》,陈秋峰、杨国华译,西安:陕西人民出版社,1985年,第101页。

译为 Unwobbling Pivot（不动摇的枢纽），将"君子而时中"翻译成"The master man's axis does not wobble"（君子的轴不摇动），这里的关键在于他认为"中"是"一个动作过程,一个某物围绕旋转的轴"①。只有具备比较文学和跨文化理论的视角,我们才能理解庞德这样的翻译。

从比较文学角度来看,文学著作一旦被翻译成不同的语言,它就成为各国文学历史的一部分,"在翻译中,创造性叛逆几乎是不可避免的"②。这种叛逆就是在翻译时对源语言文本的改写,任何译本只有在符合本国文化时,才会获得第二生命。正是在这个意义上,谢天振主张将近代以来的中国学者对外国文学的翻译作为中国近代文学的一部分,使它不再隶属于外国文学,为此,他专门撰写了《中国现代翻译文学史》③。他的观点向我们提供了理解被翻译成西方语言的中国古代文化典籍的新视角。

尽管中国学者也有在中国典籍外译上取得成功的先例,例如林语堂、许渊冲,但这毕竟不是主流。目前国内的许多译本并未在域外产生真正的影响。对此,王宏印指出:"毋庸讳言,虽然我们取得的成就很大,但国内的翻译、出版的组织和质量良莠不齐,加之推广和运作方面的困难,使得外文形式的中国典籍的出版发行多数限于国内,难以进入世界文学的视野和教学研究领域。有些译作甚至成了名副其实的'出口转内销'产品,只供学外语的学生学习外语和翻译技巧,或者作为某些懂外语的人士的业余消遣了。在现有译作精品的评价研究方面,由于信息来源的局限和读者反应调查的费钱费力费时,大大地限制了这一方面的实证研究和有根有据的评论。一个突出的困难就是,很难得知外国读者对于中国典籍及其译本的阅读经验和评价情况,以至于影响了研究和评论的视野和效果,有些译作难免变成译者和学界自作自评和自我欣赏的对象。"④

王宏印这段话揭示了目前国内学术界中国典籍外译的现状。目前由政府各部门主导的中国文化、中国学术外译工程大多建立在依靠中国学者来完成的基本思路上,但此思路存在两个误区。第一,忽视了一个基本的语言学规律:外语再

---

① 赵毅衡:《诗神远游:中国如何改变了美国现代诗》,成都:四川文艺出版社,2013 年,第 278 页。
② [美]乌尔利希·韦斯坦因:《比较文学与文学理论》,刘象愚译,沈阳:辽宁人民出版社,1987 年,第 36 页。
③ 谢天振:《中国现代翻译文学史》,上海:上海外语教育出版社,2004 年。
④ 王宏印:《中国文化典籍英译》,北京:外语教学与研究出版社,2009 年,第 6 页。

好,也好不过母语,翻译时没有对象国汉学家的合作,在知识和语言上都会遇到不少问题。应该认识到林语堂、杨宪益、许渊冲毕竟是少数,中国学者不可能成为中国文化外译的主力。第二,这些项目的设计主要面向西方发达国家而忽视了发展中国家。中国"一带一路"倡议涉及60余个国家,其中大多数是发展中国家,非通用语是主要语言形态[1]。此时,如果完全依靠中国非通用语界学者们的努力是很难完成的[2],因此,团结世界各国的汉学家具有重要性与迫切性。

莫言获诺贝尔文学奖后,相关部门开启了中国当代小说的翻译工程,这项工程的重要进步之一就是面向海外汉学家招标,而不是仅寄希望于中国外语界的学者来完成。小说的翻译和中国典籍文化的翻译有着重要区别,前者更多体现了跨文化研究的特点。

以上从历史、文献、语言、知识、方法五个方面探讨了开展中国古代文化典籍域外传播研究必备的学术修养。应该看到,中国文化的域外传播以及海外汉学界的学术研究标示着中国学术与国际学术接轨,这样一种学术形态揭示了中国文化发展的多样性和丰富性。在从事中国文化学术研究时,已经不能无视域外汉学家们的研究成果,我们必须与其对话,或者认同,或者批评,域外汉学已经成为中国学术与文化重建过程中一个不能忽视的对象。

在世界范围内开展中国文化研究,揭示中国典籍外译的世界性意义,并不是要求对象国家完全按照我们的意愿接受中国文化的精神,而是说,中国文化通过典籍翻译进入世界各国文化之中,开启他们对中国的全面认识,这种理解和接受已经构成了他们文化的一部分。尽管中国文化于不同时期在各国文化史中呈现出不同形态,但它们总是和真实的中国发生这样或那样的联系,都说明了中国文化作为他者存在的价值和意义。与此同时,必须承认已经融入世界各国的中国文化和中国自身的文化是两种形态,不能用对中国自身文化的理解来看待被西方塑形的中国文化;反之,也不能以变了形的中国文化作为标准来判断真实发展中的

---

[1] 在非通用语领域也有像林语堂、许渊冲这样的翻译大家,例如北京外国语大学亚非学院的泰语教授邱苏伦,她已经将《大唐西域记》《洛阳伽蓝记》等中国典籍翻译成泰文,受到泰国读者的欢迎,她也因此获得了泰国的最高翻译奖。
[2] 很高兴看到中华外译项目的语种大大扩展了,莫言获诺贝尔文学奖后,中国小说的翻译也开始面向全球招标,这是进步的开始。

中国文化。

在当代西方文化理论中,后殖民主义理论从批判的立场说明西方所持有的东方文化观的特点和产生的原因。赛义德的理论有其深刻性和批判性,但他不熟悉西方世界对中国文化理解和接受的全部历史,例如,18世纪的"中国热"实则是从肯定的方面说明中国对欧洲的影响。其实,无论是持批判立场还是持肯定立场,中国作为西方的他者,成为西方文化眼中的变色龙是注定的。这些变化并不能改变中国文化自身的价值和它在世界文化史中的地位,但西方在不同时期对中国持有不同认知这一事实,恰恰说明中国文化已成为塑造西方文化的一个重要外部因素,中国文化的世界性意义因而彰显出来。

从中国文化史角度来看,这种远游在外、已经进入世界文化史的中国古代文化并非和中国自身文化完全脱离关系。笔者不认同套用赛义德的"东方主义"的后现代理论对西方汉学和译本的解释,这种解释完全隔断了被误读的中国文化与真实的中国文化之间的精神关联。我们不能跟着后现代殖民主义思潮跑,将这种被误读的中国文化看成纯粹是西方人的幻觉,似乎这种中国形象和真实的中国没有任何关系。笔者认为,被误读的中国文化和真实的中国文化之间的关系,可被比拟为云端飞翔的风筝和牵动着它的放风筝者之间的关系。一只飞出去的风筝随风飘动,但线还在,只是细长的线已经无法解释风筝上下起舞的原因,因为那是风的作用。将风筝的飞翔说成完全是放风筝者的作用是片面的,但将飞翔的风筝说成是不受外力自由翱翔也是荒唐的。

正是在这个意义上,笔者对建立在19世纪实证主义哲学基础上的兰克史学理论持一种谨慎的接受态度,同时,对20世纪后现代主义的文化理论更是保持时刻的警觉,因为这两种理论都无法说明中国和世界之间复杂多变的文化关系,都无法说清世界上的中国形象。中国文化在世界的传播和影响及世界对中国文化的接受需要用一种全新的理论加以说明。长期以来,那种套用西方社会科学理论来解释中国与外部世界关系的研究方法应该结束了,中国学术界应该走出对西方学术顶礼膜拜的"学徒"心态,以从容、大度的文化态度吸收外来文化,自觉坚守自身文化立场。这点在当下的跨文化研究领域显得格外重要。

学术研究需要不断进步,不断完善。在10年内我们课题组不可能将这样一个丰富的研究领域做得尽善尽美。我们在做好导论研究、编年研究的基础性工作之外，还做了一些专题研究。它们以点的突破、个案的深入分析给我们展示了在跨文化视域下中国文化向外部的传播与发展。这是未来的研究路径，亟待后来者不断丰富与开拓。

这个课题由中外学者共同完成。意大利罗马智慧大学的马西尼教授指导中国青年学者王苏娜主编了《20世纪中国古代文化经典在意大利的传播编年》，法国汉学家何碧玉、安必诺和中国青年学者刘国敏、张明明一起主编了《20世纪中国古代文化经典在法国的传播编年》。他们的参与对于本项目的完成非常重要。对于这些汉学家的参与，作为丛书的主编，我表示十分的感谢。同时，本丛书也是国内学术界老中青学者合作的结果。北京大学的严绍璗先生是中国文化在域外传播和影响这个学术领域的开拓者，他带领弟子王广生完成了《20世纪中国古代文化经典在日本的传播编年》；福建师范大学的葛桂录教授是这个项目的重要参与者，他承担了本项目2卷的写作——《20世纪中国古代文学在英国的传播与影响》和《中国古典文学的英国之旅——英国三大汉学家年谱：翟理斯、韦利、霍克思》。正是由于中外学者的合作，老中青学者的合作，这个项目才得以完成，而且展示了中外学术界在这些研究领域中最新的研究成果。

这个课题也是北京外国语大学近年来第一个教育部社科司的重大攻关项目，学校领导高度重视，北京外国语大学的欧洲语言文化学院、亚非学院、阿拉伯语系、中国语言文学学院、哲学社会科学学院、英语学院、法语系等几十位老师参加了这个项目，使得这个项目的语种多达20余个。其中一些研究具有开创性，特别是关于中国古代文化在亚洲和东欧一些国家的传播研究，在国内更是首次展开。开创性的研究也就意味着需要不断完善，我希望在今后的一个时期，会有更为全面深入的文稿出现，能够体现出本课题作为学术孵化器的推动作用。

北京外国语大学中国海外汉学研究中心（现在已经更名为"国际中国文化研究院"）成立已经20年了，从一个人的研究所变成一所大学的重点研究院，它所取得的进步与学校领导的长期支持分不开，也与汉学中心各位同人的精诚合作分不开。一个重大项目的完成，团队的合作是关键，在这里我对参与这个项目的所有学者表示衷心的感谢。20世纪是动荡的世纪，是历史巨变的世纪，是世界大转机的世纪。

20世纪初，美国逐步接替英国坐上西方资本主义世界的头把交椅。苏联社会主义制度在20世纪初的胜利和世纪末苏联的解体成为本世纪最重要的事件，并影响了历史进程。目前，世界体系仍由西方主导，西方的话语权成为其资本与意识形态扩张的重要手段，全球化发展、跨国公司在全球更广泛地扩张和组织生产正是这种形势的真实写照。

20世纪后期，中国的崛起无疑是本世纪最重大的事件。中国不仅作为一个政治大国和经济大国跻身于世界舞台，也必将作为文化大国向世界展示自己的丰富性和多样性，展示中国古代文化的智慧。因此，正像中国的崛起必将改变已有的世界政治格局和经济格局一样，中国文化的海外传播，中国古代文化典籍的外译和传播，必将把中国思想和文化带到世界各地，这将从根本上逐渐改变19世纪以来形成的世界文化格局。

20世纪下半叶，随着中国实施改革开放政策和国力增强，西方汉学界加大了对中国典籍的翻译，其翻译的品种、数量都是前所未有的，中国古代文化的影响力进一步增强[1]。虽然至今我们尚不能将其放在一个学术框架中统一研究与考量，但大势已定，中国文化必将随中国的整体崛起而日益成为具有更大影响的文化，西方文化独霸世界的格局必将被打破。

世界仍在巨变之中，一切尚未清晰，意大利著名经济学家阿锐基从宏观经济与政治的角度对21世纪世界格局的发展做出了略带有悲观色彩的预测。他认为今后世界有三种结局：

第一，旧的中心有可能成功地终止资本主义历史的进程。在过去500多年时间里，资本主义历史的进程是一系列金融扩张。在此过程中，发生了资本主义世界经济制高点上卫士换岗的现象。在当今的金融扩张中，也存在着产生这种结果的倾向。但是，这种倾向被老卫士强大的立国和战争能力抵消了。他们很可能有能力通过武力、计谋或劝说占用积累在新的中心的剩余资本，从而通过组建一个真正全球意义上的世界帝国来结束资本主义历史。

第二，老卫士有可能无力终止资本主义历史的进程，东亚资本有可能渐

---

[1] 李国庆：《美国对中国古典及当代作品翻译概述》，载朱政惠、崔丕主编《北美中国学的历史与现状》，上海：上海辞书出版社，2013年，第126—141页；[美]张海惠主编：《北美中国学：研究概述与文献资源》，北京：中华书局，2010年；[德]马汉茂、[德]汉雅娜、张西平、李雪涛主编：《德国汉学：历史、发展、人物与视角》，郑州：大象出版社，2005年。

渐占据体系资本积累过程中的一个制高点。那样的话,资本主义历史将会继续下去,但是情况会跟自建立现代国际制度以来的情况截然不同。资本主义世界经济制高点上的新卫士可能缺少立国和战争能力,在历史上,这种能力始终跟世界经济的市场表层上面的资本主义表层的扩大再生产很有联系。亚当·斯密和布罗代尔认为,一旦失去这种联系,资本主义就不能存活。如果他们的看法是正确的,那么资本主义历史不会像第一种结果那样由于某个机构的有意识行动而被迫终止,而会由于世界市场形成过程中的无意识结果而自动终止。资本主义(那个"反市场"[anti-market])会跟发迹于当代的国家权力一起消亡,市场经济的底层会回到某种无政府主义状态。

最后,用熊彼特的话来说,人类在地狱般的(或天堂般的)后资本主义的世界帝国或后资本主义的世界市场社会里窒息(或享福)前,很可能会在伴随冷战世界秩序的瓦解而出现的不断升级的暴力恐怖(或荣光)中化为灰烬。如果出现这种情况的话,资本主义历史也会自动终止,不过是以永远回到体系混乱状态的方式来实现的。600年以前,资本主义历史就从这里开始,并且随着每次过渡而在越来越大的范围里获得新生。这将意味着什么?仅仅是资本主义历史的结束,还是整个人类历史的结束?我们无法说得清楚。[①]

就此而言,中国文化的世界影响力从根本上是与中国崛起后的世界秩序重塑紧密联系在一起的,是与中国的国家命运联系在一起的。国衰文化衰,国强文化强,千古恒理。20世纪已经结束,21世纪刚刚开始,一切尚在进程之中。我们处在"三千年未有之大变局之中",我们期盼一个以传统文化为底蕴的东方大国全面崛起,为多元的世界文化贡献出她的智慧。路曼曼其远矣,吾将上下求索。

张西平

2017年6月6日定稿于游心书屋

[①] [意]杰奥瓦尼·阿锐基:《漫长的20世纪——金钱、权力与我们社会的根源》,姚乃强等译,南京:江苏人民出版社,2001年,第418—419页。

目 录

导 言　1

凡 例　1

编年正文　1
  公元 1900 年（光绪二十六年）　2
  公元 1901 年（光绪二十七年）　4
  公元 1902 年（光绪二十八年）　7
  公元 1903 年（光绪二十九年）　10
  公元 1904 年（光绪三十年）　12
  公元 1905 年（光绪三十一年）　15
  公元 1906 年（光绪三十二年）　18
  公元 1907 年（光绪三十三年）　19
  公元 1908 年（光绪三十四年）　22
  公元 1909 年（宣统元年）　23
  公元 1910 年（宣统二年）　25

公元 1911 年（宣统三年）　27

公元 1912 年　29

公元 1913 年　31

公元 1914 年　33

公元 1915 年　34

公元 1916 年　36

公元 1917 年　38

公元 1918 年　41

公元 1919 年　43

公元 1920 年　46

公元 1921 年　48

公元 1922 年　50

公元 1923 年　53

公元 1924 年　56

公元 1925 年　57

公元 1926 年　60

公元 1927 年　62

公元 1928 年　64

公元 1929 年　65

公元 1930 年　67

公元 1931 年　69

公元 1932 年　71

公元 1933 年　73

公元 1934 年　76

公元 1935 年　78

公元 1936 年　80

公元 1937 年　81

公元 1938 年　85

公元 1939 年　88

公元 1940 年	90
公元 1941 年	92
公元 1942 年	94
公元 1943 年	96
公元 1944 年	97
公元 1945 年	98
公元 1946 年	100
公元 1947 年	102
公元 1948 年	104
公元 1949 年	106
公元 1950 年	108
公元 1951 年	110
公元 1952 年	112
公元 1953 年	114
公元 1954 年	115
公元 1955 年	117
公元 1956 年	119
公元 1957 年	121
公元 1958 年	122
公元 1959 年	125
公元 1960 年	127
公元 1961 年	129
公元 1962 年	131
公元 1963 年	133
公元 1964 年	134
公元 1965 年	136
公元 1966 年	138
公元 1967 年	139
公元 1968 年	141

公元 1969 年　　142

公元 1970 年　　144

公元 1971 年　　145

公元 1972 年　　146

公元 1973 年　　148

公元 1974 年　　151

公元 1975 年　　152

公元 1976 年　　153

公元 1977 年　　157

公元 1978 年　　158

公元 1979 年　　160

公元 1980 年　　162

公元 1981 年　　164

公元 1982 年　　165

公元 1983 年　　167

公元 1984 年　　169

公元 1985 年　　170

公元 1986 年　　172

公元 1987 年　　174

公元 1988 年　　176

公元 1989 年　　177

公元 1990 年　　178

公元 1991 年　　180

公元 1992 年　　181

公元 1993 年　　183

公元 1994 年　　184

公元 1995 年　　185

公元 1996 年　　187

公元 1997 年　　189

公元 1998 年　190
公元 1999 年　192

中文人名索引（按汉语拼音排序）　193

西文人名索引（按西文字母排序）　202

专名索引（按汉语拼音排序）　209

中文参考文献　214

英文参考文献　216

后　记　217

导 言

中国与英国相距万里,远隔重洋。英国人对于中国的认识和了解,与欧洲大陆其他国家一样,也经历了漫长而曲折的过程。中英两国从最初的商贸往来进而上升到思想文化的交流,中国文化逐渐在英国得以传播并产生影响,这些都是伴随着中英两国关系往来的密切与英国汉学的发展逐渐展开的。近代历史上,中国古代文化在英国的传播与英国汉学的肇兴交织在一起。汉学家正是西方世界借以了解中国与中国文化的主要媒介,他们的学术研究活动提供了中国文化在英国传播的基础。因此,当我们梳理20世纪中国古代文化经典在英国的传播与流变时,就不能不首先对英国近400年的汉学史做一简单的回顾。

英国位于大西洋的东部、欧洲的西部,一条英吉利海峡把它与欧洲大陆隔开,四面环水的特殊地理位置造就了英国民众的"岛国性格",民族优越感很强,排外心理比较重,对异域文化较为缺乏包容和交流的心态,这些都造成了英国的汉学研究,以及对中国文化的介绍和接受均有别于欧洲大陆的几个汉学研究大国,呈现出自成一家的特征。

在地理大发现之前,欧洲对于中国的全部印象主要来源于几部东方游记作品,其中最为有名的是《马可·波罗游记》(*The Travels of Marco Polo*)和《曼德维尔游记》(*The Voiage and Travaile of Sir John Maundevile Knight*)。这两部著名的东方游记对东方古国的神奇描述满足了欧洲人对异域文明的向往和热情,也激发起了他们探索新国度的极大兴趣。其中,《曼德维尔游记》由英国作家约翰·曼德维尔(Sir John Mandeville)写于14世纪中叶,很快风行欧洲。书中记叙了作者在1322年离开英国游历海外的经历,包括他在"震旦"(即中国)的见闻。前人曾以为该书是游记,经近人考证它实际上是一部虚构的小说,所参考的材料包括柏朗嘉宾(John of Plano Carpini,？—1252)的《蒙古史》(Historia Mongalorum)、《马可·波罗游记》、《世界镜鉴》(Speculum Mundi)①、鄂多立克(Odorico da Pordenone,1286—1331)②的旅行游记《东游录》(The Travels of Friar Odoric: 14th-Century Journal of the Blessed Odoric of Pordenone),以及海敦(Frère Hayton)③的《东方历史精萃》(Les Fleurs des Histoires d'Orient)等。书中既有历史事实,也穿插了传奇故事,加之作者的文笔读来颇为有趣,到1500年以前差不多欧洲的主要文字都已有了译本,风靡程度不亚于《马可·波罗游记》,成为从中世纪到文艺复兴时代在西欧人心目中那种半是写实半是幻想的东方世界形象最有影响的一部书。④这大约就是英国文学中所感知的最早的中国形象,并由此成为欧洲文学里中国赞歌的发轫。⑤

  16世纪中后期,新航路开通,中国与欧洲开始全面接触,欧洲诸国对中国有了比较细致的了解。作为中国研究的先驱,以耶稣会士为代表的来华传教士寄回欧洲的书信、报告、回忆录和译著等为西方获得来自中国的真实信息打开了直接的通道,为西方汉学的创立和发展做出了贡献。经过他们的努力,关于中国的知识不再以猎奇的表层观感为主,开始转向深入、全面地考察中国的各个方面,研究范围也逐渐从早期单一的儒家经典扩大到历史、文学、哲学等多个领域。法国作为欧洲汉学中心,向周边各国,也包括英国,辐射和传递着来自中国的思想与文化。英国是新教国家,与欧洲大陆天主教国家有一定的矛盾,在19世纪前没有向中国派遣一个传教士;加上在新旧交替时代所表现出的功利主义需要、经验论的

---

① 13世纪学者文森特(Vincent of Beauvais)所著百科全书式的著作,原文为拉丁文,约在1330年译为法文。
② 鄂多立克是中世纪著名的旅行家,意大利方济各会传教士。约于1316年前往东方旅行,曾到过印度、东印度群岛、东南亚,并在中国居住了三年(约1325—1328),后于1330年返回意大利。
③ 阿美尼亚逃亡王子。
④ 周珏良:《数百年来的中英文化交流》,《周珏良文集》,北京:外语教学与研究出版社,1994年,第161页。
⑤ 葛桂录:《雾外的远音——英国作家与中国文化》,银川:宁夏人民出版社,2002年,第25页。

哲学传统，以及清高孤傲的民族特性，都使得当时英国对中国文化的热情并不那么高。在这一时期英国跟中国没有直接往来，靠翻译欧洲汉学著作来了解中国，但这些作品受欢迎的程度远低于法、德、意等国。英国对传教士的中国报道有着很矛盾的心理：一方面渴望了解，一方面又缺乏热情；一方面肯定颂扬，一方面又否定贬斥。

由于地理条件限制和宗教独立的原因，远离欧洲大陆的英国还未能跟上时代的潮流，基本上是通过他者的视角来远眺这个东方大国，往往借助于从邻国辗转获得的材料与信息了解遥远中国的基本情况。当时英国本土的学者们无法像欧洲大陆的传教士那样前往中国，只能依靠葡萄牙人佩雷拉（Galeotte Pereira）《游记》的英译本（1577）[①]以及西班牙传教士门多萨（Juan González de Mendoza, 1545—1618）《中华大帝国史》的英译本（1588）等作品做一些二手研究。

英国的君主们也为两国的交往做过一些努力。1583年，伊丽莎白一世在位时，曾派商人约翰·纽伯里（John Newberry）向当时的中国皇帝递交一封用不太娴熟的拉丁文写的国书，希望同中国建立联系，互通有无，但未有迹象表明该信曾送达中国皇帝手中。[②]1596年，罗伯特·达德利（Robert Dudley，1574—1649）组织船队东行，女王再次命使臣携其亲笔信乘船出使中国，但也未能成功送达中国皇帝手中。[③]1592年，英国舰队在阿速尔群岛截获了一艘葡萄牙商船"圣母号"，得到了一本于1590年（万历十八年）在澳门用拉丁文出版的关于东方诸国包括中国的书，后有人将该书拿给英国地理学家理查德·哈克卢特（Richard Hakluyt，1553—1616），他找人将书中关于中国的部分翻译出来，加上科尔渥（Corvo）的著作，编进了《英国航海、旅行和地理发现全书》(*The Principal Navigations, Voyages, Traffiques, and Discoveries of the English Nation*)的第二版中。该书是西方人著作中第一个对中国的儒、释、道三教做出比较准确叙述的作品，同时介绍了中国的幅

[①] 葡萄牙人佩雷拉的《游记》最早的意大利语节译本于1565年在威尼斯出版，收于耶稣会士印度传教报告之中；1577年，英国耶稣会士理查德·威尔斯（Richard Willes）转译自意大利本的《游记》在英国出版，收入《西印度和东印度旅行见闻史》(*The History of Travayle in the West and East Indies*)一书。完整的英译本译自佩雷拉的葡萄牙文手稿，由博克瑟出版社（Boxer）于1953年出版。
[②] James Bromley Eames, *The English in China*, London: Sir Isaac Pitman & Sons, 1909, pp.7-8.
[③] 范存忠：《中国文化在启蒙时期的英国》，南京：译林出版社，2010年，第5页。

员、疆土、首都、风俗习惯、教育制度以及皇权等情况。①

英国人关于中国文学的认知,最早也来自二手材料。1589年,乔治·帕特纳姆(George Puttenham,约1529—1591)在旅居意大利期间,认识了一位到过中国的绅士。这位绅士向他介绍了中国也有跟欧洲类似的格律诗,按一定的韵脚写成整齐的短诗。后来他在其作品《英国的诗歌艺术》(The Arte of English Poesie)中介绍了中国古典诗歌的格律,并逐字翻译了两首中国古代的情诗,这可以说是中国古代文学作品与英国读者的首次见面。

1600年,英国东印度公司成立,开始和中国有了间接的联系。1635年,英国船只"伦敦号"抵达澳门,但未能与中国官方接触。直到1637年,英国船只首次与中国政府发生联系,船长韦德尔(Captian John Weddell)率领四艘舰艇到达澳门,但却和港口驻守人员发生纠葛,几经交涉,终于得到妥善解决。② 这时,葡萄牙人、西班牙人和荷兰人早已捷足先登。到了1684年,英国与中国终于有了实质性的直接接触,在广州建立了商馆,专营对华贸易。贸易的往来在英国国内激发起少数人对中国文化的兴趣,进而试图了解这个国家,但这种情况屈指可数。在整个17世纪,英国人基本上仍是通过翻译欧洲其他语言的作品来了解中国。17世纪英国出版的1万余册书籍中,只有10本是专门介绍中国的,其中多数为耶稣会士法文或拉丁文汉学著作的英译本。③ 真正用本国语言撰写的专论中国的作品只有三部,一部是威廉·坦普尔(William Temple,1628—1699)的有关中国文化的散文集,一部是塞特尔(Elkanah Settle,1648—1724)的《鞑靼人征服中国记》(The Conquest of China by the Tartars. A Tragedy,1676),还有一部是约翰·韦伯(John Webb,1611—1672)的历史语言论文。建筑师韦伯在广泛研究了当时欧洲各种文献中有关中国语言的内容后,于1669年出版了论文《论中华帝国的语言可能是原始语言的历史论文》(An Historical Essay Endeavoring a Probability That the Language of the Empire of China is the Primitive Language),试图通过系统论述为汉语在世界

---

① 周珏良:《数百年来的中英文化交流》,《周珏良文集》,北京:外语教学与研究出版社,1994年,第162—164页。
② 范存忠:《中国文化在启蒙时期的英国》,南京:译林出版社,2010年,第5页。
③ 康士林:《向近代早期的英语读者介绍中国:17世纪卫匡国〈鞑靼战纪〉的英译研究》,见《比较文学与世界文学》(第八期),北京:北京大学出版社,2015年,第53页。

语言中确立一个位置,构建了独特的结论,即汉语是建造巴比伦塔之前人类的原始语言。

英国地理学家塞缪尔·珀切斯(Samuel Purchas,1577?—1626)于1613年在伦敦出版了一部《珀切斯游记》(*Purchas His Pilgrimage*)的作品,编译了当时能搜集到的绝大部分有关中国的欧洲各国旅行家的东方游记,包括马可·波罗的游记和利玛窦的书,使得英国人对于远东的情况有了较为清楚的了解。

利玛窦(Matteo Ricci,1552—1610)是明末最早进入中国内地传教的意大利天主教传教士之一,在华近30年,他撰写的《基督教中国远征记》(*Della entrate della Compagnia di Giesù e Christianità nella Cina*,又名《利玛窦中国札记》)记述了耶稣会传教团在中国创建的艰苦过程,同时也以自己的亲身经历介绍了中国的地理、历史、政治、经济及文化情况,是一部了解晚明中国的珍贵的西文资料。利玛窦去世后,他的手稿由同会的金尼阁(Nicolas Trigault,1577—1628)带回欧洲译成拉丁文出版。1625年该书英译本的出版为英国了解整个中国概况提供了可靠的资料。

1654年,意大利耶稣会士卫匡国(Martino Martini,1614—1661)的《鞑靼战纪》(*De Bello Tartarico Historia*)出版了英译本,该书是第一部记述明清鼎革的西文历史著作。

1655年,葡萄牙耶稣会士曾德昭(Alvarez Semedo,1585—1658)的《大中国志》(*Imperio de la China*)英译本出版。该书由两部分组成,第一部分介绍了中国的国情,第二部分是对基督教传入中国历史的回顾,包括清初的南京教案和"明末天主教三大柱石"之一的中国信徒李之藻的传记。

葡萄牙耶稣会士安文思(Gabriel de Magalhães,1610—1677)的《中国新史》(*Nouvelle Relation de la Chine*)汇集了17世纪来华耶稣会士有关中国知识的最新认识成果,成为一部百科全书式的了解中国的重要作品,原文是葡萄牙文,法文版于1687年在巴黎出版,英文版随即于1688年出版。耶稣会士柏应理(Philippe Couplet,1623—1693)1687年也在巴黎出版《中国哲学家孔子》(*Confucius Sinarum Philosophus*,包括《大学》《中庸》《论语》的译本)。这些作品将孔子描绘成一个自然理性的代表和传统文化的守护者。1691年《中国哲学家孔子》英译本在伦敦出版,成为当时英国思想界了解孔子及儒家思想的重要材料。

由于缺乏对中国系统而专门的研究,依赖于二手材料,在当时英国学界还没有出现真正意义上的汉学家,也没有条件对中国古代文化经典进行直接译介,仅有几位曾略通汉语,对中国感兴趣并努力做过些许相关研究的学者。

托马斯·海德(Thomas Hyde,1636—1703)时任牛津大学波多利安图书馆馆长一职,是一位博学多才的东方学家。当时牛津大学收到了一批东方文献,整理和破解这些文献成了海德的重要任务。正当他为编目发愁之时,听说一位名叫沈福宗(Fu-tsung Shen,1657—1692)①的中国人正随法国耶稣会士来到英国。海德设法将他请来担任助手,为中国文献编目。在沈福宗的帮助下,海德编纂并出版了英国首部汉学书籍目录(Varia Chinesia),但出现了把《孟子》一书当成通俗小说这样的错误。由于对东方和中国产生了兴趣,海德于1688年出版了《中国度量衡考》(Epistola de mensuris et ponderibus Serum sive Sinensium),同时在《东方游艺》(De Ludis Orientalibus Libri Duo,1694)一书中对中国的象棋及其游戏规则进行了介绍。

海德并不是17世纪英国唯一的"准汉学家",据说著名的科学家胡克(Robert Hooke,1635—1703)也得到了一本汉语字典和相关资料,并花费了相当大的精力对其进行研究。

18世纪后半期,英国通过产业革命,逐渐成为西方资本主义国家中的强国。同时,英国加强了与亚洲各国的通商和贸易,特别希望打开中国市场,与中国建立正式的外交和经贸关系,这就需要对中国开展全方位的研究。然而,在当时中英贸易日益加深的情况下,颇具讽刺意味的却是英国本土的汉学研究一直处于停滞不前的状态。

1698年,另一位法国耶稣会士李明(Louis-Daniel Lecomte,1655—1728)的《中国近事报道》(Nouveaux mémoires sur l'état présent de la Chine)的英译本在伦敦出版,对中国各方面的情况进行了翔实的介绍,除了颂扬,也不讳言中国的一些阴暗面,他的言论影响到了英国作家丹尼尔·笛福(Daniel Defoe,1660—1731)等人对中国的印象。之后,被称为"18世纪汉学三大名著"之一的《中华帝国全志》(De-

---

① 1683年,沈福宗随柏应理神父来到欧洲,游历广泛,曾被教皇、英王、法王分别接见,1692年在回国途中去世。

scription géographique, historique, chronologique, politique, et physique de l'empire de la Chine et de la Tartarie chinoise），由法国耶稣会士杜赫德（Jean-Baptiste Du Halde，1674—1743）编撰，1735年在巴黎出版后，其英译本于1738—1742年陆续出版。两书资料翔实、丰富，出版后在欧洲各国影响巨大，在英国本土的反响也很热烈。

这一阶段，英国学者对中国的认知来源主要参考了这两部著作，在学术性的汉学研究方面却拿不出一部像样的专著。当欧洲其他国家已经开始对中国进行严肃而认真的思考时，英国的大部分学者却脱离常规，漠视中国的"特殊性"。他们更愿意依靠二手资料，甚至是道听途说来了解中国，而不是对中国开展全方位的研究。[1]

18世纪英国最引人注目的汉学成就是对中国古典文学的翻译。1719年，詹姆斯·威尔金森（James Wilkinson）把《好逑传》[2]（Hau Kiou Choaan）翻译成英文，后由托马斯·珀西（Thomas Percy，1729—1811）主教重新编译为四卷于1761年在伦敦出版，1774年再版，风行一时，又被转译为法文、德文、荷兰语等译本。《好逑传》直接由汉语译成英文，不再借助其他的中介语，这部中国17世纪的浪漫传奇成为英国公众见到的第一部汉语小说。[3] 该书法文、德文和荷兰语译本的出现，标志着这一时期英国汉学的成就。

威廉·琼斯（William Jones，1746—1794）可以称得上是这一时期的准汉学家。[4] 为了研究亚洲的历史、文物、艺术、科学和文学，1784年，威廉·琼斯在印度加尔各答创办了亚洲学会，任第一任会长。他在二十多岁时对中文产生了兴趣，接触到了耶稣会士翻译的《大学》《中庸》《论语》《诗经》等书，他非常推崇孔子，曾把孔子比作苏格拉底和柏拉图。1785年，他发表了讨论《诗经》的一篇文

---

[1] 钱锺书，"China in the English Literature of the Eighteenth Century," *Quarterly Bulletin of Chinese Bibliography*（new series），Vol.2, Nos.1/4（June-December 1941），pp.7-48, 113-152。同时请参见 Edmund Leites, "Confucianism in Eighteenth-Century England: Natural Morality and Social Reform," *Philosophy East and West*, Vol.28, No.2, Sinological Torque（Apr. 1978），pp.143-159。
[2] 《好逑传》是产生于明末清初的白话长篇小说，又名《侠义风月传》。鲁迅先生在《中国小说史略》中曾称赞这部小说"文辞较佳，人物之性格亦稍异"，并说它"在外国特有名，远过于其在中国"。
[3] Ch'en Shou-I, "Thomas Percy and His Chinese Studies," *Chinese Social and Politics Science Review*, Vol.20, No.2（July 1936），pp.202-230。
[4] 英国著名的东方学家、语言学家、法学家、翻译家。他通过对梵语、希腊语和拉丁语语音的比较，奠定了近代比较语言学的基础。

章——《论第二部中国经典》,采用直译和意译两种方式,尝试用英文翻译《诗经》中的《淇奥》《桃夭》《节南山》等诗篇。在文中,琼斯也评论了《诗经》简洁的风格等问题。他的这篇文章,被学者认为是英国学者第一次根据汉语原文研究中国文学,乃英国汉学的滥觞之作。① 他也有继续深入研究中国的计划,想全译《诗经》,但因早逝而未能实现,不过他对英国汉学确有一定的开创之功。

在18世纪,流行于欧洲大陆的"中国风"(Chinoiserie)也吹到了英伦三岛。中国对英国最明显的影响来自工艺美术和园林设计等方面。所谓的"中国风"也影响着这一时期的英国艺术家们。其中,建筑家威廉·钱伯斯(William Chambers,1723—1796)成就显著。他曾于少年时到过广州,后出版了《中国房屋建筑》(Designs of Chinese Buildings, Furniture, Dresses, Machines, and Utensils,1757)和《东方园林研究》(A Dissertation on Oriental Gardening,1772,又名《东方造园艺术》),介绍中国的建筑特点和园林艺术。他还在英国皇家植物园建造了一座著名的中国塔。斯潘斯(Joseph Spence,1699—1768)1752年翻译了法国神父王致诚(Jean Denis Attiret,1702—1768)关于中国园林的一封信。由于王神父曾在圆明园里描画建筑,因此在信中详述了圆明园的美景,强调了中国追求散乱之美的造园艺术。斯潘斯的译信成为英文中最早一篇对这个题目的详细叙述。②

18世纪的英国,国力日盛,一方面在日常生活中推崇盛行着各种各样的中国小玩意儿,另一方面则是文学界、思想界对中国评价的普遍下降。1792年英国派出由马嘎尔尼(George Macartney,1737—1806)率领的官方代表团出使中国,这是英国有史以来第一个官方的来华外交使团。马嘎尔尼使团的根本目的是希望与中国建立外交关系,进而发展两国之间的商贸往来。然而,马嘎尔尼的此次出使,由于拒绝向乾隆皇帝行三跪九叩之礼导致了最终的失败。唯一真正的收获是使团成员通过历经数月的旅途第一次亲身感受、接触了这个古老的帝国,为英国国内民众获取来自中国的真实信息提供了一手资料。由于和中国外交的失败,没有获得通商口岸,没有能够公使驻京,马嘎尔尼回国后承受了很大压力。英国报纸和宫廷对国王乔治三世花了这么一笔巨款而毫无所获大为不满。马嘎尔尼闷闷

---

① 于俊青:《威廉·琼斯对〈诗经〉的译介》,《东方丛刊》2009年第4期,第128—141页。
② 周珏良:《数百年来的中英文化交流》,《周珏良文集》,北京:外语教学与研究出版社,1994年,第168—171页。

不乐,一直不愿公开他的日记,只能让他的副手乔治·斯当东(George Staunton, 1737—1801)出面,拖到 1797 年才完成了一本《英使谒见乾隆纪实》(An Authentic Account of an Embassy from the King of Great Britain to the Emperor of China)。该书为了不让英国民众失望,趋附了欧洲崇拜中国的风气,美化了大清帝国。出版后在英国广泛流行,被翻译成多种欧洲文字。

1816 年(嘉庆二十一年),为了达到未竟之目的,阿美士德(Amherst, 1773—1857)率使团再度来华,但他们也因拒绝按清廷规矩跪拜中国皇帝而遭遣返。正如有些学者所指出的那样,这场聋子的对话尚未开始就注定要失败了……"双方都自以为是世界的中心,把对方推到野蛮人的边缘。中国拒绝对世界开放,而英国人则不管别人愿意与否想让世界对所有的交流开放。欧亚大陆的两极在 50 年里将从文化冲突变成兵戎相见"①。两国关系的破裂引起了悲剧性的连锁反应:两个民族的对抗;大清帝国的崩溃;19 世纪英国在东南亚的统治;20 世纪西方与第三世界间因仇恨引起的误解;等等。

1840 年鸦片战争爆发,中国被迫全面开放。1854 年英国与清政府正式建交以后,对于中国的研究就更为迫切,来华的英籍人士急增,大量有关中国的见闻被传回英国国内,然而很多文字都带有早期殖民者的歧视,或者道听途说,或者以讹传讹,很难用一种公平客观的态度来看待中国,因此这些材料的研究价值并不太高。到了 19 世纪后半叶,由于来华新教传教士和外交官的广泛活动,对中国进行了大量考察,促进了对华研究的全面展开,相继涌现出了不少专业的汉学家和研究成果。在 19 世纪英国汉学确立与发展的过程中,传教士和外交官发挥了重要的媒介作用。他们通过对中国的亲身接触和实地考察,充当了中英文化交流的先锋,撰写了一批汉学著作,为 19 世纪后半叶英国汉学的全面繁荣奠定了基础。

1805 年,英国第一次在孟加拉的威廉堡大学(Fort William College)设立了一个中文教席。来自澳门的美国天主教徒拉沙(Joannes Lassar)②成为这一学术职位的先驱。在他的指导下,浸信会(Baptist Missionary Society)传教士马士曼

---

① [法]阿兰·佩雷菲特:《停滞的帝国——两个世界的撞击》,王国卿、毛凤支等译,北京:生活·读书·新知三联书店,1995 年,小引第 20 页。
② 拉沙,也译为拉萨尔,1781 年出生于澳门一个信奉基督教的亚美尼亚家庭,自小学习汉语,精通官话和粤语,曾到加尔各答经商。后成为马士曼的中文老师以及塞伦坡浸信会士,是汉译《圣经》团队中的核心人物。

(Joshua Marshman,1768—1837)开始学习中文。1809年,马士曼在塞伦坡出版了《论语》的译本,这是世界上首部《论语》英译的直译本,填补了19世纪初期西方对于儒家经典与中文认知的空白。为了向西方世界介绍中文的特点、汉字的结构,马士曼的《论语》译本采用了直译的方法,同时保留了中文原文,以便中英文字对照释义。此译本为塞伦坡中文教育系统中的双语教材,适用对象为下一代的传教士,包括马士曼等人之子。这个译本被视为《论语》的第一个英译本,向西方其他新教修会以及知识阶层介绍了中国的语言、文学以及哲学。马士曼于1814年还出版了一本《中国言法》(*Clavis Sinica*)。书中包括他早年撰写的一篇关于中文汉字和发音的论文,全书最后附有儒家典籍《大学》的英译文。文章从"汉字""口语""语法"(包括对中国诗歌韵律的分析)几个方面对中文的特点进行分析,并将中文与英文、梵文、孟加拉文及其他语言文字做了文化和结构上的比较。此书更偏重于中文典籍的介绍和书面语的分析,这符合马士曼在中国境外缺乏语言环境下学习中文的特点。

由于缺乏汉语环境,马士曼和拉沙所代表的英国汉学"孟加拉学派"的领先地位很快被在广东的马礼逊(Robert Morrison,1782—1834)所超越。马礼逊是基督教新教来华传教的第一人,自1807年他到广东后促进了英国汉学的第一次繁荣。为了传教,马礼逊于1803年开始学习汉语,而后翻译《圣经》,撰写劝世小册子,并于1818年在马六甲创办了英华书院[1]。这是基督新教东来以后西方人学习汉语的第一所学校,也是新教传教士入华后最重要的汉学学习基地。马礼逊在1823年出版了他的代表作《华英字典》,这部字典是当时"比较权威的中-西文词典,同时也开启了19世纪包括其他传教士在内的西方学者编纂类似辞书的风气,从而为近代的中西文化交流提供了不可缺少的语言工具"[2]。此外,他还编写了《中国大观》《通用汉言之法》以及《广东省土话字汇》等。马礼逊所做的这些开创性工作对后世产生了深远的影响。他在1824年返回英国短暂居留期间,创办了东文书社,成为伦敦第一个教授汉语课的英国老师。

---

[1] 近代新教来华传教士创办的第一所教会学校,也是第一所中文学校,由马礼逊和米怜在1818年创办于马六甲。
[2] 吴义雄:《在宗教与世俗之间——基督教新教传教士在华南沿海的早期活动研究》,广州:广东教育出版社,2000年,第499页。

由于马礼逊的积极努力，当时英国在汉语的口语研究方面直追法国。东印度公司出资 2000 英镑资助马礼逊出版字典，而且英法两国还首次合作，由马礼逊促成马六甲英华书院出版了 17 世纪法国来华耶稣会士马若瑟（Joseph de Prémare，1666—1736）撰写的语法书《汉语札记》（Notitia Linguae Sinicae）。①

米怜（W. Milne，1785—1822）是马礼逊的朋友，曾任马六甲英华书院院长，协助马礼逊翻译《圣经》，编辑《中英杂志》（Anglo-China Gleaner），用中英文撰写了不下 15 种劝世小册子，还独立完成了《圣谕广训》的英译本。1815 年 8 月，他在马六甲出版了南洋第一种汉文月刊《察世俗每月统记传》（Chinese Monthly Magazine），这是最早的一份中文期刊，从 1815 年到 1821 年共出版了 7 卷，1821 年停刊。1817—1822 年，在马六甲出版的英文期刊《印支搜文》（Indo-chinese Gleaner）也是由米怜一手包办。米怜还用英文写成《基督教在华最初十年之回顾》（A Retrospect of the First Ten Years of the Protestant Mission to China，1820）一书。

在米怜去世之后，高大卫（David Collie，？—1828）神父填补其空缺，成为英华书院的主管。他在学习中文方面表现出了惊人的天赋，在去世前翻译了"四书"，名为《中国经典》（The Chinese Classical Work Commonly Called the Four Books，translated and illustrated with notes，1828），这个译本对美国作家梭罗（Henry David Thoreau，1817—1862），以及文学家、思想家爱默生（Ralph Waldo Emerson，1803—1882）都产生了很大的影响。② 美国著名汉学家卫三畏（Samuel Wells Williams，1812—1884）在撰写其名著《中国总论》时，所用的就是高大卫的译本。

曾在马六甲的英华书院任教，后因病回到伦敦的传教士基德（Samuel Kidd，1804—1843）于 1838 年开始担任伦敦大学的首任汉学教授。基德在英华书院任教多年，继承了高大卫的教授席位，并出版了著名的新教宣教手册的中译本。虽然他的学术地位不如马礼逊，但他并没有后悔选择做这样一个年薪仅 60 镑的收

---

① 马若瑟的《汉语札记》成书于 1728 年，1831 年由英国金斯博鲁（Lord Kingsborough）资助马礼逊在马六甲英华书院出版拉丁文版。参见 Brian Harrison，*Waiting for China：The Anglo-Chinese College at Malacca，1818-1843，and Early Nineteenth-Century Missionsns*，Hong Kong：Hong Kong University Press，1979，pp.56-57。

② David Collie，*The Chinese Classical Work Commonly Called the Four Books*，Gainesville，Florida，1970 reprint of Malacca 1828.参见由威廉·比希·斯坦（William Bysshe Stein）为该书所作的序言，pp.vii-xvii。

入微薄的"学者"。基德在教授汉语方面很有能力——他是理雅各(James Legge, 1815—1897)的第一位汉语老师,但他对于汉学的态度似乎更近于18世纪甚至16世纪。基德仍然秉承了把中国和埃及结合起来研究的传统,出版了一本关于中国语言与人类共同原始语言的著作。他整理的皇家亚洲学会书目里也有不少古怪的条目,最典型的一个例子就是把《三国演义》归类到了"统计学书目"里面。[①]

从19世纪初期英国汉学的发轫可以看出,不同文化交流与传播的第一个障碍就是语言文字的隔阂,为了便于和中国人沟通交流,来华的英国新教传教士和外交官首先需要做的是掌握中国语言,清除交流障碍。虽然他们精研中国语言最初是为了实际应用,并非为了单纯的文学欣赏或是对中国文化真心喜爱,但是随着语言能力的提高,阅读的中国典籍和文学作品也越来越多,范围也越来越广,对于中国古代文化的内涵与精髓就了解得更加深入。有一部分人在不知不觉中爱上了中国的文化与文学,进而开始向英国读者译介中国古代经典,传播东方文学的独特魅力。这一时期的代表人物有理雅各、德庇时(John Francis Davis, 1795—1890)、翟理斯(Herbert Allen Giles, 1845—1935)。

作为"英国汉学三大家"之一的理雅各标志着英国汉学的一个新高度,是为英国汉学赢得国际声誉的第一人。最初投身于基德门下学习汉语,而后为传教前往马六甲,并于1841年担任英华学院的院长一职。他是第一个系统地翻译介绍中国古代经典的翻译家,翻译并重译了儒家经典"四书五经",其译本质量相当出色,享誉当时,迄今仍颇有价值。[②] 译著包括《易》《诗》《书》《礼》《春秋》《左传》《公羊传》《穀梁传》《礼记》《孝经》《论语》《孟子》《道德经》《庄子文集》《佛国记》等。这些译著不仅包括严谨简洁的译稿,而且还附有长篇的序言和翔实的注释,这样规模宏大的中国典籍翻译工程迄今也是独一无二的。因此理氏的译本一出,旋即轰动了当时的西方汉学界,一时无人能出其右。他的系列译著开创了近代西方汉学的新纪元,为国际汉学界提供了非常珍贵的研究材料,促进了中国文化走向世界,也因此于1875年获得了西方汉学研究的最高荣誉奖——儒莲汉籍国际翻译奖(International Stanislas Julien Prize for Chinese Literature,简称儒莲奖)。

---

① Samuel Kidd, *Catalogue of the Chinese Library of the Royal Asiatic Society*, London: John W. Parker, 1838, p.11.
② 莫东寅:《汉学发达史》(影印本),上海:上海书店,1989年,第120页。

1876年,理雅各就任牛津大学汉学讲座首任教授,在此授课长达21年。

理雅各关于中国经典的英译本虽历经百余年,仍被奉为中国古代经典的标准译本,成为西方了解中国文化和文明的基石。理雅各的学术研究和成就结束了西方学者对中国文献业余水平的研究,走向了专业化的道路。由于在汉学领域特别是汉籍翻译方面的突出成就,理雅各被中国学者称为"英国汉学界的玄奘"①,以纪念他对中西文化交流做出的卓越贡献。

德庇时曾在东印度公司工作,后投身于外交界。1816年随阿美士德使团访华,时任翻译官。后历任英国驻华商务监督、驻华公使、香港总督等职。他以考察鸦片战争前后中国国情民生而著名,著有《中国概览》(Chinese Miscellanies: A Collection of Essays and Notes, 1865)、《中国见闻与鸦片战争的观察和思考》(China, During the War and Since the Peace, 1852)等书。其中《中国概览》一书因资料翔实,被公认为19世纪对中国最全面的报道,有多国文字的译本传世。另外,他也对中国文学进行了较深入的研究,著有《中国诗歌论》(The Poetry of the Chinese, 1829),并翻译了《老生儿》《汉宫秋》等元杂剧及《好逑传》等明清小说。

英国汉学由德庇时开始,把注意力集中到了中国诗歌这一专门的文体上。他的《汉文诗解》一书,又名《中国诗歌论》,1829年以论文形式在澳门出版,原载于《英国皇家亚洲学会会议录》第二卷。1929年在伦敦出版单行本。封面顶端有楷体"汉文诗解"四字,下有同义之拉丁文书名和英文名。论文分为两个部分。第一部分讲中国诗歌的作诗法,指出西方人应予以关注的几个要素:语音特质及其入诗的适用性,语调和重音的规律性变化,诗歌韵律的运用,尾韵的运用和对仗的效果。第二部分论述使上述外在形式充满生气的诗质、诗魂,并与西方诗人两相比较。文中选有《诗经》、《三字经》、唐诗、清诗乃至小说(如《好逑传》)中的诗歌。德庇时的这部作品流传甚广,影响颇大,曾多次重刊,考狄(Henri Cordier, 1849—1925)的《西人论中国书目》(Bibliotheca Sinica)也有收录。当然,由于德庇时的外交背景,他的汉学研究不可避免地带有更多的政治色彩,不少作品都体现了他关注中国的最终意图,即从英国在华的根本利益出发。

著名的威氏拼音虽由威妥玛(Thomas Wade, 1818—1895)创立,但却是由翟理

---

① 莫东寅:《汉学发达史》(影印本),上海:上海书店,1989年,第120页。

斯进一步修订完成，后人也称这一拼音系统为"威妥玛-翟理斯式拼音"。翟理斯也是英国驻华外交人员，1897 年继威妥玛之后担任剑桥大学汉学教授长达 35 年，培养了第二代汉学精英。翟理斯的研究领域颇广，涉及中国历史、宗教、绘画、哲学、语言等诸多方面，重要编译和研究著作还包括《古文选珍》(Gems of Chinese Literature, 1923)和《中国文学史》(A History of Chinese Literature, 1901)。他是由外交官转为汉学家的典型人物之一，毕生致力于介绍中华文明，其贡献主要在语言和文学方面，治学勤奋，著述甚多，有"其书满架"之誉。他编纂了 3 卷本的《华英字典》(A Chinese-English Dictionary, 1892)，该字典是其在语言学领域的代表作。他还撰写了学习中文的通俗读本，如《汉言无师自明》(Chinese Without a Teacher, 1872)、《字学举隅》(Synoptical Studies in Chinese Character, 1874)等。翟理斯因其显赫的汉学成就也获得了儒莲奖，并获得牛津大学名誉法学博士，后又当选法兰西院士。

翟理斯《中国文学史》一书，首次从史学的角度出发，较为系统地向英国读者展现了中国文学的发展历程，是 19 世纪以来英国译介中国文学的一个重要研究成果。翟理斯吸收了欧洲文化传统与 19 世纪以法国为代表的文学史研究学风，开始以史学的意识来梳理中国文学的脉络，为中国文学构建了一个通史的概观。尽管还只是一个初步的描述，但却在某种程度上代表了当时西方汉学界对中国文学译介与研究的水平。由于受到当时学术水平和自身学术造诣的限制，这本文学史也存在一些缺陷，其中最为明显的就是与中国固有的文学观念不同，比如将《永乐大典》与《本草纲目》等这些书当成文学作品介绍，这就与中国传统对文学作品的定义大相径庭；另外，择取与介绍文学家的标准不当，例如对清朝蓝鼎元的介绍篇幅比杜甫多好几倍。

理雅各、翟理斯和德庇时这三位汉学家被后世并称为"19 世纪英国汉学的三大星座"，也是推动中国古代文化经典走向英国的重要功臣。

无论最初的原动力是宗教、贸易，还是学术，这些传教士和外交官出身的汉学家的研究在实质上推动了英国汉学的发展，促进了中国文化经典在英国的传播，同时也进一步加快了英国本土汉学专业化的进程，拓展了英国各大图书馆的汉学藏书。

小斯当东(George Thomas Staunton, 1781—1859)11 岁时做过英国派往北京的

第一位特使马嘎尔尼的见习侍童,35 岁时成为新特使阿美士德的副手,59 岁当上议员并极力主张进行鸦片战争。小斯当东于 1810 年出版了《大清律例》(Great Qing Legal Code)的英译本,这是近一个世纪以前《好逑传》的译本出现后第一次有了一个完整的中文著作英译本。尽管他没有担任与中国有关的公职,但作为下院议员,他常就中国问题发言,对政府对华政策的制定有一定的影响。小斯当东参与建立了皇家亚洲学会(Royal Asiatic Society),并于 1824 年捐赠了所有的中文藏书,共计 186 本。① 这是 19 世纪伦敦公共机构第一次获得较为重要的汉学书籍捐赠。1825 年,赫尔(Fowler Hull)捐献了另一批书,成为大英博物馆中文藏书的基础。托马斯·曼宁(Thomas Manning, 1772—1840)的 200 本中文藏书也捐给了皇家亚洲学会。

小斯当东还创建了马礼逊图书馆(现属于伦敦大学亚非学院),他作为马礼逊遗嘱的执行人,以马礼逊的 1.5 万册藏书为捐赠条件,说服伦敦大学大学学院设立了一个为期五年的汉学教席,开设了汉学讲座。1837 年,基德接受任命。1843 年基德逝世后,大学学院的汉学讲座就中止了。小斯当东为了使汉学讲座重新开始而四处奔走,最终于 1846 年在国王学院再次开设汉学讲座,首任教授为前译员费伦(Samuel Turner Fearon, 1819—1854)。大学学院的汉学讲座也于 1861 年恢复,一年后又中断,而后在 1873 年再度恢复。在小斯当东的努力下,19 世纪的伦敦也能时常同时拥有两个汉学教席。

19 世纪上半叶英国本土汉学教席的设立为此后的汉学研究与发展创造了条件。在维多利亚晚期及爱德华时期,其他大学如牛津大学、剑桥大学和曼彻斯特大学也陆续设立了汉学教席。继伦敦大学之后,牛津大学在 1876 年开设汉学讲座,第一位教授聘请的是理雅各。接着,1888 年,第三所大学——剑桥大学也拥有了汉学教席,首任教授为威妥玛。20 世纪初,曼彻斯特大学设立了英国的第五个汉学教席,首任教授为庄延龄(Edward Harper Parker, 1849—1926)。加上伦敦大学原有的两个,英国本土已有五位汉学教授,汉学研究出现了前所未有的盛况。

在 19 世纪上半叶,无论是大英博物馆、皇家亚洲学会,还是伦敦大学大学学

---

① L. Cranmer-Byng, "Note on a Collection of Chinese books Presented to the Royal Asiatic Society by Sir George Thomas Staunton in 1824," *Journal of the Hong Kong Branch of the Royal Society* I (1960/1961), pp.124-126.

院的图书馆,汉学藏书的数量并没有太多的增加。到了中后期,尽管牛津大学波多利安图书馆的中文藏书有所增加,但仍少于 300 部。到了 1881 年和 1882 年,图书馆购买了伟烈亚力(Alexander Wylie,1815—1887)的藏书,这才进一步丰富了研究资料。在此期间,大英博物馆的藏书有了增加,其中一部分是从广东劫掠的,一部分是从法国购买的。1869 年,王韬路过伦敦时,出售了自己的 203 部藏书给博物馆。不过,和欧洲其他国家的图书馆不同的是,当时的大英博物馆还没有利用北京的代理机构采购图书,差不多 100 年后才采用这样的方式。剑桥图书馆的藏书因为威妥玛捐赠的藏书而有了实质性的进展,计有 4300 多册藏书,其中包括明刊孤本《异域图志》和清初抄本《明实录》,还有一些太平天国的珍贵史料。而后翟理斯又补充了一些中文书籍,并编写了《剑桥大学图书馆所藏威妥玛汉籍及满文书目》(1898)及《剑桥大学图书馆威氏文库汉、满文书续编目录》(1915)。

19 世纪下半叶英国汉学初具规模,得到了较为迅速的发展,主要表现在:(1)通过传教和外交的途径,汉学研究的范围和深度都得到进一步拓展;(2)诞生了真正意义上的汉学家,撰写了一批汉学学术著作;(3)汉学研究开始出现纯学术的风气;(4)初步建立了专业的汉学研究机构,开设了汉学讲座;(5)中文藏书数量和文献资料的收集有了较大幅度的提升。

尽管英国汉学在 19 世纪后半叶得到了一定的发展,汉学家和汉学著作层出不穷,呈现了比较繁荣的局面。但是,英国的学风历来重实用轻理论,重功利轻思想,这也同样反映在他们的汉学研究上。如果与其他传统的汉学大国,如法国、德国等相比,英国汉学研究的整体风气并未能摆脱功利主义的影响,从一开始就注重商业外交的实际使用,而忽视了专业的学术训练。

前文所论述的是英国汉学从 16 世纪末到 20 世纪初期的总体概况,回顾这段历史,可以看出在早期英国汉学的发展历程中,呈现出以下几大特色。

第一,功利主义主导了汉学研究的方向。后藤末雄在《中国思想西渐法兰西》一书中有这样的分析:"对中国的认识,法国是通过在华天主教传教士来完成的,而英国则是由航海家和商人来实现的。"法国社会通过在华传教士的传教活动,获得了来自异域的第一手全面的资料。传教士所撰写的大量关于中国社会、文化、宗教、哲学等各个方面的著作,为法国的思想大变革提供了所需的借鉴材料,因此法国汉学的确立,从某种意义上说是把中国研究作为自身问题研究纳入法国思想史的过程。而与法国一海之隔的英国却并没有这样一个过程,大英帝国急剧膨胀的国力以及殖民扩张,使其在外交、商业方面对汉学人才的需要在短期内剧增,致使英国的汉学从确立之初就不可避免地带有短期、实用的风气,注重汉学为英国在华所能谋取的实际利益,而忽视了学术本身长期而系统的研究。如翟理斯就曾一针见血地指出过英国汉学长期劣于其他国家的根本原因:"'贸易'这个词在中英关系的历史中是最重要的,它只要求能有效地理解口语和书面语的能力。如果所掌握的语言能够签订商业条款,可以译读官方文件,就没有必要再进一步研究它了。"①

第二,没有根本解决汉学研究业余化的问题。这里的业余化就是指没有经过史学和图书馆目录学专业知识训练,就从事汉学研究的现象。这种主要由非正规化的学者进行中国研究的情况可以上溯至17、18世纪,那时的准汉学家们(对中国感兴趣的学者)有的是数学家,有的是科学家,还有的是建筑家、文学家;等到了19世纪开设汉学讲座之时,从事汉学研究和授课的基本以退休的传教士和外交官为主。他们原本就未曾经过严格的学术训练,研究时间也并不充裕,而且他们的研究主要基于自身的体验,从各自的兴趣出发,研究角度各种各样。这样一来,治学的系统性和专业性难免受到影响。例如与法国汉学大师儒莲(Stanislas Julien,1797—1873)齐名的研究中国佛教的学者毕尔(Samuel Beal,1825—1889),不仅担任伦敦大学的汉学教授,同时还是繁忙的教区牧师。而在同一时代的法国,此时已出现了专业从事汉学研究的学者,特别是像雷慕沙(Jean-Pierre Abel-Rémusat,1788—1832)、儒莲、巴赞(Antoine Bazin,1799—1863)这样的大师级人物,以其严肃认真的治学态度,在汉学领域取得了巨大的成就,使法国汉学在欧洲呈领军之势。反观英国则有所滞后,真正专业化、正规化的第二代汉学研究学者的出现和成长差不多要到20世纪中叶。

第三,英国早期汉学界在图书馆资源上没有取得应有的进步。法国国家图书馆于20世纪初已建成了欧洲最大最完善的中文藏书室,同时编纂了欧洲第一份高质量的完整的图书书目,而英国的汉学藏书却长期处于缓慢发展的阶段。几大

---

① Fu Shang-lin,"One Generation of Chinese Studies in Cambridge," *Chinese Social and Political Science Review*,Vol.15(1931),pp.78-91.

图书馆(包括牛津波多利安图书馆、伦敦大学亚非学院图书馆、剑桥大学图书馆、大英博物馆、皇家亚洲学会)直到19世纪末仍主要依靠一种传统的获取汉学书籍的方法,即私人捐赠,还没有形成系统性的收藏。伦敦大学亚非学院图书馆汉学藏书是靠马礼逊的藏书建立起来的,牛津波多利安图书馆则依靠购买荷兰学者和伟烈亚力的藏书,剑桥大学图书馆则得益于威妥玛的捐赠。因此,这种无计划的收藏给图书编目和汉学研究带来了一定的困难,也影响了英国早期汉学研究整体学术水平的提高。

在20世纪初,伦敦大学新成立的大学东方语言与文学研究委员会的委员里斯·戴维兹(Rhys Davids)在1905年向英国学术院(The British Academy)和皇家亚洲学会提出建议,主张在大学内部设立一个专门研究东方的学院。1906年英国政府决定建立一个委员会对这项建议进行调查,任命雷伊(Reay)为主席,雷伊曾任英国驻孟买总督、英国学术院院长和皇家亚洲学会会长。经过长达八个月的调研,委员会于1909年向英国财政部提交了这份报告,认为政府部门、商业团体、教会和学者一致同意在伦敦大学设立东方研究学院。报告还特别强调说学院的主要任务应当以培养专业的汉学人才和从事高级学术研究为主,而不应把训练为商业服务的翻译人员作为唯一宗旨。然而这项建议并未被当时的伦敦大学校长所采纳,他认为东方学院只需讲授语言和有关中国的一般课程。随后由于一战搁置了建院的工作,学院正式成立时已经是1916年了。在英国本土几所开设了汉学专业的大学情况大致相同,牛津、剑桥、伦敦、曼彻斯特都对汉学持有一种保守的态度,并未真正把汉学当作一门急需研究的学科加以扶持和发展。因此,尽管有少数著名的教授在不断努力,然而无论是语言和文化教学,还是研究水平都很难得到提高,也不可能像法国、德国等那样涌现出大量杰出的专业汉学家,其成就和规模也都落后于其他欧洲国家。

一战之后,英国逐渐丧失了世界霸主的地位,在远东等地的利益受到了来自新兴帝国主义国家的挑战,汉学研究也日益赶不上诸如美国、日本等新兴资本主义国家的迅猛发展势头。此时,欧洲大陆的学术思潮为之一变,汉学研究逐步进入平等对话与交流的时代,而英国汉学界在20世纪初期依然步履蹒跚,进步缓慢。二战后,英国政府才改变了对汉学长久的忽视,戏剧性结束英国汉学几个世纪的局面,出现了真正意义上的突破和发展。新的以学院派为主的汉学家开始涌现出来,汉学研究的领域有所拓展;同时一批旅英的华人学者也进入英国汉学界,并为此做出了一定的贡献。尤其是经过1947年斯卡布勒和1961年海特的调查报告之后,英国汉学取得了一定的进展,但和其他欧洲国家、美国、苏联及日本相比,仍有一定的差距。

两次世界大战期间,大英博物馆的汉学收藏逐步增加,特别是斯坦因(Sir Mark Aurel Stein,1862—1943)从敦煌带回的大量手稿,经翟理斯的儿子翟林奈(Lionel Giles,1875—1958)整理后,出版了这批文献的目录,推动了英国汉学的专业化进程。

第二代汉学家中最杰出的代表阿瑟·韦利(Arthur Waley,1889—1966)曾于1913年至1930年在大英博物馆工作,整理出了斯坦因收藏的绘画部分的目录。韦利一生从未游历过中国和亚洲,但却对中国和东方文化研究做出了突出贡献,并因此受到英国女王的褒奖,成为英国20世纪最知名的东方学家。韦利一生与中国诗歌结下了不解之缘。他偏爱唐代以前简约自然的民歌风格及贴近大众生活的题材,将自己的翻译重点放在了这一时期,并且他的诗歌翻译风格也倾向于简约、轻快、流畅。韦利翻译的《西游记》节译本《猴》(Monkey),于1942年在伦敦出版,并多次再版,被转译成西班牙文、德文、瑞典文、比利时文、法文、意大利文等多种语言,在欧美产生了广泛的影响。由于《猴》的译笔生动活泼,使《西游记》这部古典名著在西方尽人皆知。韦利出版的有关中国文学与文化的译著与论著多达27部,发表论文近60篇,研究范围除了文学,还包括艺术、宗教、哲学思想、敦煌学、中印和中日文化交流等诸多方面。他的译介工作为英语世界的西方读者打开了一扇东方文化宝库的大门。《大英百科全书》在"英国文学"词条中介绍韦利时说:"他是本世纪前半个世纪中的最杰出的东方学家,也是将东方文种译为英文的最杰出的翻译家。"

戴维·霍克思(David Hawkes,1923—2009),拥有汉学博士学位,是20世纪后半叶英国著名的汉学家。曾于1960年至1971年间出任牛津大学的汉学教授,多年来一直领导牛津大学的中国学研究工作。霍克思热爱中国文学,以专研楚辞、杜甫诗著名,所译《楚辞:南方之歌》(Ch'u Tz'ǔ: The Songs of the South, An Ancient Chinese Anthology,1959)和《杜诗初阶》(A Little Primer of Tu Fu,1967),为世人所重视。他还是英文本《石头记》(The Story of the Stone)即《红楼梦》前80回的译者。任职期间,他主编"牛津东亚文学丛书",出版英文版的《刘志远诸宫调》《李贺诗集》《中国汉魏晋南北朝诗集》《陶潜诗集》等多种。霍克思在汉学领域的一个重要贡献是翻译了中国古代四大名著之一的《红楼梦》。在他之前的英译本《红楼梦》都是节译本,自霍克思于1973年开始在伦敦企鹅出版社出版《红楼梦》第一卷始,到80年代前后又陆续出版了后四卷,至此,《红楼梦》得以完整地呈现在西方读者面前。霍克思的译本语言优美,以雅致取胜,力图保持原本的风味,考订严密,有根有据,因此他的《石头记》在众多的《红楼梦》版本中独树一帜,备受海内外红学界和翻译界褒奖,可以说是中国文学作品翻译成英文里程碑式的作品。著名翻译家周珏良先生也厚爱霍译,并曾说"霍译本最大的好处在于它能传原书之神,读来往往使读者不觉它是翻译作品。……若不是有 Bao-yu, Dai-yu 这两个面生的名字,读来简直像是亨利·詹姆士(Henry James)小说里的章节,可是同原文对读又可看出并不失原意,确是佳译"[1]。

尽管韦利、霍克思等人为20世纪英国汉学的发展做出了巨大的贡献,但当时整个英国汉学的现状仍是前途黯淡。直到二战开始,英国由于战争的需要被迫大量训练东方语言人才,才开始对汉学有所重视。几个开设了汉学讲座的大学,如牛津大学、剑桥大学、伦敦大学都增加了图书馆的藏书,像牛津大学,苏慧廉(William Edward Soothill, 1861—1935)去世后无人接替其职位,牛津大学于1936年聘请中国学者向达整理了一份中文藏书的报告,并花费数百镑补其遗漏。1938年,慕阿德(Arthur Christopher Moule, 1873—1957)退休后,剑桥大学任命移居伦敦的德国学者霍古达(Gustav Haloun, 1898—1951)为汉学教授,他毕业于孔好古(August Conrady, 1864—1925)建立的德国莱比锡大学汉学系,为剑桥大学创建了一套综合性的图书收藏方案。伦敦大学亚非学院图书馆的中文藏书从无计划收藏转向系统性收藏得益于从德国来英的汉学家西门华德(Simon Walter, 1893—1981)的努力,他对馆藏汉籍进行了整理分类,制订了收藏方案,并于1948年耗时一年前往香港、北京和日本购买书籍,使得亚非学院图书馆的藏书有了较大的扩充。

---

[1] 周珏良:《读霍克思英译本〈红楼梦〉》,《周珏良文集》,北京:外语教学与研究出版社,1994年,第219—221页。

1931年,当时的国民党政府和英国政府达成一项协议,将部分庚子赔款用于中英文化交流,因而建立了大学中国委员会(Universities' China Committee),负责英国的一切有关中国文化的活动。该委员会的委员多为英国各大学副校长、外交部代表、著名汉学家和学者,以及一些中国学者。其主要工作为照料享受庚子赔款赴英留学的中国留学生;支付牛津大学、剑桥大学和伦敦大学三所大学汉学教授的薪金;安排与中国学有关的研讨会;出版中国研究的书籍和期刊;为从事中国研究的英国学者提供资助等。1943年至1946年,国民党政府教育部还在牛津大学、剑桥大学和伦敦大学设立了为期三年的中国文化奖学金,鼓励大学里的中国学研究。

　　战后,英国学生对中国研究的兴趣也比以前有所增加,在牛津大学、剑桥大学、伦敦大学里学习汉语、研究中国文化的人数也逐渐增多,开始形成以年轻的学者为核心的科研体系,为建立科学的汉学研究打下了基础。到了1960年,开设了汉学讲座的英国大学里有超过半数的汉语教师都是从大学的汉学系毕业的。研究汉学的主力也由传教士、外交官转变成了大学的专业学者。

　　在这一时期提到英国汉学的发展就不能不提到两份重要的报告,这两份报告对战后英国大学汉学和东方学的研究产生了重大影响,有着十分重要的推动作用。

　　第一份报告即斯卡布勒报告。该报告是在1944年成立的斯卡布勒委员会所做的调查基础上形成的。报告的发起人正是英国政府有史以来唯一一位以东方学家的身份担任外交部长(及首相)的艾登(Robert Anthony Eden)[1],在他的建议下,英国政府于1944年成立了一个特别调查委员会,由斯卡布勒(Scarborough)担任主席,负责调研英国大学和其他教育机构为研究东方、斯拉夫及东欧地区,以及非洲的语言文化所提供设施的情况,并针对现状提出相应的建议。这份报告历时两年,于1947年发布,成为英国东方研究发展过程中的一个里程碑。

　　该报告勾勒了英国应该重视东方研究的时代大背景,同时指出了英国目前落后的研究状况和人才缺乏的困境,强调现有的研究规模和教学水平都不能满足各方面的需要。报告特别说明应当尽快改善几个世纪以来仅仅只在几所大学里设

---

[1] Demiéville and J. Sauvaget, *La réorganization des études Orientales en Grand-Bretagne*, Paris, 1950, p.4.

立少数各自为政的汉学或东方学教授的情况,建议在大学里设立东方研究的科研传统,建立专门的院系来研究东方语言并从事相关研究;同时应该平衡科研中语言与研究、古典与现代研究之间的关系,使东方学成为对东方诸国政治、经济、文化(包括宗教、哲学、民族学、考古学等)各个方面进行综合研究的学科。报告认为应由伦敦大学亚非学院来建立和发展有关亚非各个领域的研究,对于其他大学里的研究机构,该报告也建议增设教授和研究职位,提高教学人员的资质,改善图书馆设施建设,为研究学者、教师和学生提供资助,以更好地开展研究工作。

斯卡布勒报告不仅得到了学界的支持,也得到了政府的支持,并很快就被采纳。1947年至1952年期间,英国政府拨出一笔专款用于伦敦大学亚非学院加强东方研究,包括增设教职、创建研究部门、开展学术活动等,这一系列的措施吸引了不少年轻学者进入这个领域,带来了学术研究的新气象,促进了东方研究的发展。同时随着学生人数的增加,他们对中国学研究的兴趣也逐步提高,并且从只学习古典汉语、只研究古代题材,开始转入学习现代汉语,研究所有和中国及中国语言有关的内容。这些新变化,在一定程度上提高了英国汉学的研究水平,扩大了研究范围。可是由于政府预算有限,经费紧张,报告原定的预期目标并未能全然达到。

第二份报告是海特报告。1959年,英国政府指示大学基金委员会(University Grants Committee)成立一个调查委员会就过去10年针对斯卡布勒报告所采取的措施进行评估,并研究进一步的措施。该委员会由海特(William Hayter)任主席,于1960年开始进行调查,1961年发表报告。

海特报告指出,由于投入的资金太少、没有集中使用等原因,斯卡布勒报告的建议其实只实现了一小部分,主张今后应加强非语言研究领域和现代研究领域的比重,提供经费促进亚非及斯拉夫和东欧地区的社会科学研究。具体建议有:(1)提升大学东方研究的总体力量,增加研究生和研究人员;(2)增加在校生有关东方思想和历史等方面的知识;(3)平衡语言研究和非语言研究、古典研究和现代研究之间的关系。报告还提出一些具体措施,例如建立地区研究中心,集中不同学科的学者共同研究某个地区;建议谢菲尔德大学成立日本研究中心,利兹大学成立中国研究中心,赫尔大学成立东南亚研究中心。

在海特报告的直接影响下,伦敦大学亚非学院于1966年建立了五个地区研究中心,即非洲、近东和中东、南亚、东南亚及远东研究中心,并在福特基金会的资助下,建立了现代中国研究所(Contemporary China Institute)。英国大学所开展的正规的东方研究也蓬勃发展起来,这一时期开设了与中国学研究相关课程的大学已有伦敦大学亚非学院、剑桥大学、牛津大学、达勒姆大学、利兹大学、谢菲尔德大学、曼彻斯特大学、爱丁堡大学、拉夫巴勒大学和约克大学等。因此,不难看出,在海特报告之后,英国的东方研究包括汉学研究都有了很大的发展。

然而,海特报告之后的20余年,英国政府几乎未曾过问东方研究的状况。由于当时撒切尔主义的影响,汉学研究又一次遭到冷遇,陷入停滞状态。而这时的中国和亚洲都发生了很大的变化,特别是中国的改革开放政策实施后,政治、经济、文化等各个领域都向世人呈现出崭新的面貌。英国政府此时才意识到自己在中国学研究方面所处的劣势,直到1986年帕克报告对英国汉学现状进行了严厉的批评之后,情况才有所好转。1985年委任英国管理研究所所长帕克(Peter Parker)就外交和商界对亚洲、非洲语言和地区研究的需要进行调查,帕克于1986年提交了报告。报告称至少从70年代之后英国没有对东方和非洲研究制定过全国性的政策,各研究机构之间也缺乏系统有效的交流与协调。这使得英国在此方面的研究能力全面下降,曾经一度复兴的中国学研究也逐渐失去了继续发展的动力。报告所指出的弊端给英国的东方研究敲响了警钟。报告建议把汉语、阿拉伯语和日语都列为A类语言,即在政治和商业方面都具有重要意义,加强对这类语言的学习和研究。具体建议是增加经费、增加学生名额、增设选修课程、设立每年不少于20名研究生的奖学金、重视语言教学的职业应用能力等。此外,报告还建议成立一个"专门工作组"来管理各个大学和研究机构所提供的服务与技能,创建一个由商界、政府和学界共同参与的论坛就相关问题进行研讨,研究设立一个能提供东方和非洲语言翻译服务的中央机构的可行性,等等。帕克报告的发表,再次从政府层面给予英国的东方研究一定的支持,加之当代英国汉学家们的不懈努力,从而在一定程度上改变着落后的现状,推动了汉学的继续发展。这种改变虽然缓慢,但还是给人以未来英国汉学振兴的希望。

纵观这一时期的汉学发展历程,从总体上看,当代英国的汉学(中国学)研究并未能完全摆脱实用主义的桎梏,这在很大程度上影响了发展的广度和深度;英国在汉学研究的不少领域都落后于其他国家;当代英国杰出的汉学家为数甚少,研究学者后继乏人。

当代英国的中国学家大都集中在对中国古典文学和当代中国有关问题的研究领域,对明清两代的研究则集中在文学方面,其他方面则鲜有人问津。当然,也有部分汉学家从事着中国现当代文学的译介和研究工作,他们向英国读者介绍了包括鲁迅、老舍、沈从文、闻一多、徐志摩等人在内的中国当代著名文学家和诗人的重要作品,还译介了诸如王蒙、刘心武、高晓声、顾城、北岛等现代作家和诗人的作品,关注着中国现当代文学发展所反映出来的社会变革。

综上所述,从16世纪迄今的英国汉学发展并非一帆风顺,其间也历经曲折,并直接导致了英国汉学的现状无法和美、法、日等汉学研究强国相媲美。我们注意到它的发展特点主要是起步晚,中间脱节,后劲不足。汉学的历史其实也是中国文化与域外文化交流互动的历史,也是其他国家思想学术界认识、研究、理解和接受中国文明的历史。因此,英国汉学发展史的独特性也直接导致了中国古代文化经典在英国传播的特殊轨迹:16、17世纪英国主要依靠译自欧洲其他语言的汉学著作来了解中国;18世纪仅有一部被直接翻译的中国文学作品;直到19世纪后半叶,中国的文学作品、典籍才开始逐渐直接译介到英国本土;经过了19世纪末到20世纪初的短暂繁荣之后,又有了一段时间的沉寂,直到二战之后才又复苏。因此,20世纪中国古代文化经典在英国的译介与传播大致也可归纳为如下几个特点:

第一,在形式上以翻译为主,专题研究较少。翻译的作品不太系统和全面,有的重要作品尚无翻译,有的虽有翻译,但却仅限于选译部分内容。

第二,在内容上更偏重于古典文学作品,这与西方传统的文学研究观念有关,强调只有经典的或古典的作家作品才能被接纳为学术研究的对象。因此,英国汉学界关注中国古典文学领域的译介,这一点在20世纪六七十年代以前尤为突出,直到80年代之后才开始逐渐将兴趣转向中国的现当代文学。

第三,在方法上受到来自欧洲和中国双重学术传统的影响。比如乾嘉以来重视考据的方法与欧洲从19世纪初期开始发展起来的实证主义文学批评方法类似,两者结合就成为在英国学者译介与研究中国经典时一种普遍接受的范式。

第四,在路径上多借鉴和参考日本汉学的成果。日本人研究汉学,喜欢从小题入手,以实证为据;注重基础文献的整理、分类,从中加以分析和归纳。这符合英国人的逻辑思维方式。因此,英国的汉学家往往从日本汉学界的研究成果入手,以达到事半功倍的效果。以韦利为例,他在译介中国文学和日本文学上均有建树,身兼汉学家和东洋学家双重身份。这在英国汉学界几乎已成为一个传统。

当我们从英国汉学的脉络出发,考察数百年来的中国古代文化经典在英国的流播与译介时,不能忘记前辈学者与学界时贤已经先后做出了很多努力,包括陈受颐、钱锺书、杨周翰、范存忠、方重、周珏良等学界大家已经出版了不少经典作品,堪为后人研究的典范。王尔敏先生的《中国文献西译书目》更是梳理了中国古代典籍西传欧洲的各类文献目录,为本编年提供了很多珍贵的资料。当代学者葛桂录先生在中英文学与文化关系的研究方面颇有建树,《中英文学关系编年史》《中外文学交流史——英国卷》等著作搜集整理了大量的文献资料供学界参考。对于刚刚过去的一百年中国古代文化经典(包括文学、宗教、哲学、历史、语言等)在英国的传播情况,在前辈学者所打下的基础上,本书尽最大努力进行了资料收集与汇编,试图勾勒百年间中国典籍传入英国的大致脉络和轨迹。由于编者学识浅薄,承担这样复杂而厚重的整理工作,内心始终忐忑不安,虽几年来兢兢业业,但难免挂一漏万,疏漏之处还望各位方家多多批评指正,待进一步补充完善。但愿我们的绵薄努力能为学界同人提供一点研究便利。

凡 例

1.本卷所收主要为中国古代文化经典20世纪在英国的传播情况,时段限定为1900年至1999年。按年排序,每一年内设"大事记""书(文)目录""备注"三部分。

2.全书正文后附有"中文人名索引(按汉语拼音排序)""西文人名索引(按西文字母排序)""专名索引(按汉语拼音排序)"。"专名"包括地名、机构名、杂志名等,按汉语拼音次序排列。

3.本卷"大事记"所录事件按照当年时间先后顺序排列。

4.本卷"书(文)目录"部分收录历年出版或发表的相关著作、译作、论文、译文。同年问世的书、文,按作者/编者/译者姓氏西文字母顺序混合编排;对于同一作者的书、文,一般按书、文题名的西文字母顺序排列;如果书、文之间有内容上的承接关系,则按此承接关系排列。书、文的外文原名,按西方学术著作惯例,著作名以斜体标注,文章名以正体标注。

5.外国人名翻译按照以下原则:有公认中文名(主要为自起中文名、通行译名)者用该中文名,参考了中国社会科学院近代史研究所翻译室编著的《近代来华外国人名辞典》(中国社会科学出版社,1981);若无中文名,则尽量参照新华通讯社译名室编《英语姓名译名手册》(第二次修订本)(商务印书馆,1989)、《法语姓名译名手册》(商务印书馆,1996)、《德语姓名译名手册》(修订本)(商务印书馆,1999),将外文原名音译为"标准"的中文名。外国地名尽量参照中国地名委员会编《外国地名译名手册》(商务印书馆,1983)音译。需要指出的是,一些外国人名、汉语专名由于没有学界统一的中文译名,暂且取音译,留待日后订正。

编年正文

公元1900年（光绪二十六年）

一、大事记

1.本年5月，探险家、考古学家斯坦因(Sir Mark Aurel Stein, 1862—1943)第一次进入中国西部探险和考古，他利用假期前往和田，在丹丹乌里克①挖掘了一座唐朝寺院废墟，搜集到描绘"鼠王传说""东国公主传来蚕种"和"龙女出嫁"等内容的木版画。斯坦因的这次考古掀起了其他国家相关人士对这一地区的考古热潮，如法国汉学家伯希和(Paul Pelliot, 1878—1945)、日本探险家吉川小一郎、美国哈佛大学教授兰登·华尔纳(Langdon Warner, 1881—1955)等，开启了向世界展示中亚和中国西部丰富文化宝藏的序幕。

2.德庇时(John Francis Davis, 1795—1890)翻译的《汉宫秋》被收入威尔逊(Epiphanius Wilson, 1845—1916)编的《中国文学》中。

3.英国著名汉学家翟理斯(Herbert Allen Giles, 1845—1935)之子翟林奈(Lio-

---

① 和田东北部塔克拉玛干沙漠深处，有一座废弃于唐代的重要佛教遗址梁榭城，后来的名字叫丹丹乌里克。

nel Giles,1875—1958)本年进入大英博物馆东方手稿部,专职管理中文图书。

二、书（文）目录

1.Douglas,Robert Kennaway:*The Fortunate Union*(《好逑传》),London:Kegan Paul,1900.

2.Giles,Herbert Allen:*A Glossary of Reference on Subjects Connected with the Far East*(《关于远东问题的参照词汇表》),the third edition,Shanghai:Kelly & Walsh,1900.

3.Giles,Herbert Allen:*San Tzu Ching*(*Elementary Chinese*)(《三字经》),Shanghai:Kelly & Walsh,1900.

三、备注

1.《好逑传》是产生于明末清初的白话长篇小说,又名《侠义风月传》。鲁迅先生在《中国小说史略》中曾称赞这部小说"文辞较佳,人物之性格亦稍异",并说它"在外国特有名,远过于其在中国"。

2.光绪二十四年(1898),清廷总理衙门大臣奕劻与英国驻华公使窦纳乐(Claude Maxwell MacDonald,1852—1915)在北京签订了《中英议租威海卫专约》,其中规定英国租借威海卫25年。英国政府即在威海卫设立临时行政署,以管理地方行政事务。临时行政署的主要官员由英国派驻威海卫的海军官员兼任,受英国驻华海军总司令的直接委任与指挥。次年改由英国陆军部直辖。1900年开始隶属于英国殖民部。

3.斯坦因,英国人,著名考古学家、艺术史家、语言学家、地理学家和探险家。原籍奥匈帝国,生于布达佩斯。早年在奥地利维也纳和德、英等国研究东方语言。1889—1899年任拉合尔东方学院院长。1900—1901年和1906—1908年两次奉命到中国新疆及甘肃等地搜寻古迹,1908年同伯希和一起从敦煌运走大量文物,其中包括唐代景教经典等。斯坦因在东方研究领域著作等身,被称为国际敦煌学的开山鼻祖之一。代表作包括《古代和田:第一次中亚探险正式考古报告》(*Ancient Khotan:Detailed Report of Archaeological Explorations in Chinese Turkestan*,1907)、《中国沙漠中的遗址》(*Ruins of Desert Cathay*,1912)、《千佛洞》(*The Thousand Bud-*

dhas，1921）等。

4.翟理斯，英国著名汉学家。曾任英国驻华外交人员，研究领域颇广，涉及中国历史、宗教、绘画、哲学、语言等诸多方面，重要编译和研究著作还包括《古文选珍》和《中国文学史》。在语言学方面著有《语学举隅》（1873）、《字学举隅》（1874）以及篇幅浩大的《华英字典》（1892年初版，1912年再版）等作品。他也是"威妥玛-翟理斯式拼音"的创制者之一。翟理斯回国后，在剑桥大学的汉学讲座任教长达35年，培养了第二代汉学精英。翟理斯因其显赫的汉学成就获得牛津大学名誉法学博士，后又当选法兰西院士。

5.翟理斯的《三字经》是1873年版本的重译本，原译本28页，重译本有178页。序言部分简要介绍了中国童蒙读物《三字经》在中国教育中的地位。由于《三字经》文字精练，翟理斯认为之前许多外国译者在翻译过程中未曾理解其真正内涵。他的新译本采用英汉对照的编排方式，每个汉字都有注音，注音的右上角用阿拉伯数字（1—4）标明声调。注音下有该字在英语里的直译，右边是释义。翟理斯还根据许慎的《说文》对每个汉字的结构、意思、偏旁、部首进行了分析，并对诗文中涉及的历史、文化、典故进行了介绍。这个译本着眼于如何学习汉语，更接近于一本汉语学习教材。

6.翟林奈，英国著名汉学家翟理斯的儿子，生于中国。1900年进入大英博物馆图书馆工作，负责管理东方书籍。他在斯坦因第二次中亚探险运回的部分敦煌文献收藏进该博物馆之后，就开始了汉文写本的编目、整理和研究工作。翟林奈继承父学，研究汉学，曾翻译过《孙子兵法》和《论语》等书。

公元1901年（光绪二十七年）

一、大事记

1.本年，斯坦因通过寻找两块用楼兰国佉卢文写着"死亡"字样木板的主人，在塔克拉玛干发现了东西长6.4千米、南北宽22.5千米的尼雅遗址。他前后四次在尼雅遗址发掘出了大量汉墓简，以及佉卢文书和犍陀罗语文书。

2.翟理斯的代表作之一《中国文学史》(A History of Chinese Literature)于本年由伦敦海涅曼公司(William Heinemann)出版。

3.庄延龄(Edward Harper Parker,1849—1926)自本年起担任曼彻斯特维多利亚大学(Victoria University of Manchester)①汉学教授,直到 1926 年逝世。

4.本年,艾伦·厄普尔德(Allen Upward,1863—1926)和克莱默·宾(L. Cranmer-Byng,1872—1945)创办了一家名为"The Yellow Press"的出版社,之后先后易名为"The Primrose Press"(报春花出版社)和"The Oriental Press"(东方出版社)。两人决定一起策划出版"东方智慧丛书"。

二、书（文）目录

1.Fryer,John;王树善:*Bibliography of Agricultural Reference Works*(《农务要书简明目录》),上海:江南制造局,1901.

2.Giles,Herbert Allen:*A History of Chinese Literature*(《中国文学史》),London:William Heinemann,1901.

3.Giles,Herbert Allen:*Chinese Without a Teacher*(《汉言无师自明》),the fifth edition,Shanghai:Kelly & Walsh,1901.

4.Hosie,Alexander:*Manchuria:Its People,Resources and Recent History*(《满洲:其民众、资源及近史》),London:Methuen,1901.

5.Johnston, Reginald Fleming:*The Chinese Drama*(《中国戏剧》),Shanghai:Kelly & Walsh,1901.

6.Parker,Edward Harper:*China:Her History,Diplomacy,and Commerce,from the Earliest Times to the Present Day*(《中国:从古至今的历史、外交和商业》),London:J. Murray,1901.

7.Parker,Edward Harper:*John Chinaman and a Few Others*(《福,仁者人也——中国佬及其他》),New York:E. P. Dutton,1901.

8.Woodbridge,Samuel I.:*China's Only Hope (An Appeal by Her Greatest Viceroy Chang Chin-tung)*(《张之洞劝学篇》),Edinburgh & London:Oliphant, Anderson and

---

① 即现在的曼彻斯特大学。

Ferrier,1901.

三、备注

1.有关资料表明,世界上第一本中国文学史书是俄国学者瓦里西耶夫于1890年所著的《中国文学史纲要》,但该书当时流通并不广泛,世人知之甚少,以至于翟理斯在1901年出版他的《中国文学史》时,曾自豪地宣称这是全世界第一本有关中国文学史的图书。翟理斯的这部文学史吸收了欧洲文化传统与19世纪以法国为代表的文学史研究学风,开始以史学的意识来梳理中国文学的脉络,为中国文学构建了一个通史的概观。尽管还只是一个初步的描述,却在某种程度上代表了当时西方汉学界对中国文学译介与研究的水平。翟理斯在书中以朝代作为划分文学时期的标准,将中国文学的历史分为以下八个时期:

(1)封建时期:基本上以春秋战国时代的作品如"五经"、《孙子》、《荀子》、《尔雅》以及屈原、宋玉等人的文章为叙述重点,也谈到了中国远古的诗歌以及文字的起源。

(2)汉朝:以李陵、刘向父子、司马迁、扬雄、王充等人为介绍的重点,其中包括陈寿的《三国志》。

(3)小朝廷:从三国到隋朝,介绍从"建安七子"到范晔、萧统、沈约等比较重要的文人。

(4)唐代:这一部分以"诗"为介绍的重点,先对中国诗歌及声律做了介绍,然后逐一谈及陈子昂、李白、杜甫、白居易、司空图等著名诗人,并翻译了不少他们的诗作;散文部分,以介绍韩愈、柳宗元等人的古文运动为主。

(5)宋代:这一部分以重要文人如欧阳修、"三苏"、王安石、黄庭坚的诗文介绍为主,专章介绍了当时学术的发展,但未提及宋代的词。

(6)元代:本部分详细介绍了中国戏曲的源流与发展,并认为当时中国没有悲剧的观念。在小说的介绍中,翟氏开始对中国小说进行分类,探讨了四大名著中的三部(《三国演义》《水浒传》《西游记》)。

(7)明朝:介绍了当时各种文学以及宋濂、方孝孺、宗臣等文人,评介了《金瓶梅》《东周列国志》《今古奇观》等小说,以及《永乐大典》《本草纲目》。

(8)清朝:重点介绍了《聊斋志异》和《红楼梦》,也论及康熙、乾隆对文史方面的贡献,其中对于《红楼梦》的介绍几乎是在 120 回本基础上的故事复述。

这本文学史也存在一些缺陷,其中最明显的就是与中国固有的文学观念不同,比如将《永乐大典》与《本草纲目》这类属于科技方面的著作当成文学作品介绍,这与中国对文学作品的定义大相径庭。另外,择取与介绍文学家的标准不当,例如对清朝蓝鼎元的介绍篇幅比杜甫多好几倍。国内学者郑振铎曾针对这些缺点对翟理斯严加批评,认为该书存在着疏漏、滥收、详略不均等缺点。瑕不掩瑜,不管怎样,这本《中国文学史》第一次向西方读者全面地展示了中国文学的概貌,成为 20 世纪初英语国家学者和普通读者在了解与研究中国文学方面的重要参考书,其历史功绩是不应被忽略的。

2.庄延龄,著名汉学家。1869 年进入驻华领事馆工作,历任各地翻译、领事等职。1895 年退休后返英,1896 年担任利物浦大学汉学讲师,1901 年担任曼切斯特维多利亚大学汉学教授,直到去世。他著述颇丰,在英国汉学界享有盛名。主要著作包括《中国同外国人的关系》(*China's Relations with Foreigners*,1888)、《中国同欧洲的交往》(*China's Intercourse with Europe*,1890)、《上溯长江》(*Up the Yangtze*,1892)、《鞑靼千年史》(*A Thousand Years of the Tartars*,1895)、《愿尔中兴——中国的过去和现在》(*China, Past and Present*,1903)、《中国宗教研究》(*Studies in Chinese Religion*,1910)等书。此外,他还经常在《中国评论》《亚洲文会会刊》《教务杂志》和《通报》等欧洲著名的汉学期刊上发表文章。

公元 1902 年(光绪二十八年)

一、大事记

1.浸礼会传教士李提摩太(Timothy Richard,1845—1919)因协助处理山西教案有功,建议清政府用山西教案的 50 万两白银在太原开办一所近代中西大学堂。本年初,李提摩太到山西,发现山西省已有一所山西大学堂,于是和时任山西巡抚的岑春煊商议将山西大学堂与他拟创办的中西大学堂合并,成为中西一体的一所新式学堂。此举获得同意,李提摩太被岑春煊聘为山西大学堂西学专斋总理。

2. 李提摩太在上海开设了山西大学堂的高译书院,此为中国第一所大学译书院。该院翻译出版了各种高等、中等和师范学校教材和名著,为引进和传播西方先进科技知识和学术思想起到了重要作用。

3. 英国在成都设立了驻四川省总领事馆,谢立山(Alexander Hosie,1853—1925)担任首任总领事。

4. 翟理斯作为哥伦比亚大学首任"丁龙汉学讲座"设立的庆典嘉宾,在哥伦比亚大学开了六场讲座。同年出版的《中国和中国人》(China and the Chinese)即为这六场讲座的演讲稿汇编。这六场讲座的主题分别为:(1)中国语言;(2)一个中文书库(即剑桥大学图书馆中文藏书);(3)民主中国;(4)中国和古希腊;(5)道教;(6)某些中国礼节与习俗。哥伦比亚大学邀请翟理斯出任首任汉学教授,但被翟理斯婉拒。

二、书(文)目录

1. Bullock, Thomas Lowndes: *Progressive Exercises in the Chinese Written Language*(《汉语书面语渐进练习》), Shanghai: Kelly & Walsh, 1902.

2. Cranmer-Byng, L.: *The Never Ending Wrong and Other Renderings of the Chinese from the Prose Translations of Herbert A. Giles*(《〈长恨歌〉及对翟理斯部分中国译诗的翻译》), London: Grant Richard, 1902.

3. Giles, Herbert Allen: *China and the Chinese*(《中国和中国人》), New York: Columbia University Press, 1902.

4. Wilson, Epiphanius: *Chinese Literature*(《中国文学》), London: Colonial Press, 1902.

三、备注

1. "丁龙汉学讲座"是哥伦比亚大学的首个汉学讲座,也是美洲大陆第一个以特别基金设立的汉学讲座。丁龙原是19世纪赴美打工的一位华工,在美国加州富豪贺拉斯·W.卡本蒂埃(Horace Walpole Carpentier,1824—1918)家做用人,因其品德高尚、工作勤勉深得主人敬重。在丁龙晚年即将退休之时,他向主人请辞。为了报答和感念这位仆人的照顾,卡本蒂埃希望为这位仆人做点什么,以了其夙愿。丁龙请主人出面把他终生积攒的血汗钱,捐献给一所有名的美国大学,请这所大学建立一个汉学系,来研究他祖国的文化。他的这个卑微却崇高的梦想,深深地感动了卡本蒂埃。丁龙捐赠了他一生的血汗积蓄共1.2万美元,他的主人卡氏追加了27.5万美元给哥伦比亚大学设立了"丁龙汉学讲座"。丁龙的兴学之心不仅感动了卡本蒂埃,也感动了慈禧太后、李鸿章及时任清廷驻美大使的伍廷芳等人。后来清朝政府为哥伦比亚大学建汉学系捐赠了约5000册书,约合7000美元。1902年,在讲座开始之初,英国剑桥大学汉学教授翟理斯先行被邀请到哥伦比亚大学举行了"中国与中国人"的系列讲座。翟理斯的这次讲座后结集出版。"丁龙汉学讲座"规格甚高,建立至今,只有五位汉学家受邀担任"丁龙汉学讲座"的教授,分别是夏德(Friedrich Hirth,1845—1927)、博晨光(Lucius Chapin Porter,1880—1958)、傅路德(Luther Carrington Goodrich,1894—1986)、毕汉思(Hans H. Bielenstein,1920—2015)和王德威。

2.李提摩太,英国浸礼会传教士,1870年来华。1876年赴山西,1887年到北京、天津从事文学及编辑工作,1890年到上海任同文书会总干事,1892年该会更名为广学会。李提摩太不仅从事传教工作,还主持翻译书籍,包括《在华四十五年》(Forty-five Years in China: Reminiscences,1916)、《百年一觉》(Looking Backward,2000-1887,1894)、《泰西新史揽要》(The Nineteenth Century: A History,1895)等20多种,这批近代西学著作对中国社会的影响很大。李提摩太通过译介西学,出版报刊、图书,影响了当时清朝的许多官员和大批知识分子。他在中国近代外交舞台上也扮演了重要角色,经常参加中国和列强间的斡旋活动,还参与了山西教案的协商调停工作。另外,还热心于中国教育事业,创办了中西大学堂(后与山西大学堂合并,分设西学专斋和中学专斋),成为中国最早的教会大学之一。

3.谢立山,英国领事官,1876年进入英国驻华领事馆任翻译,1881年继巴克尔担任驻重庆领事,多次在华西旅行,收集了很多关于商业和博物学的材料,1902年开始担任成都首任总领事,1909—1912年任天津总领事。后短暂脱离驻华领事界,1919年复被召回,任使馆特别馆员。著有《华西三年》(Three Years in Western China,1890)、《满洲:其民众、资源及近史》(Manchuria: Its People, Resources and Recent History,1901)、《鸦片问题探索:中国主要产烟省份旅行记》(On the Trail of the Opium Poppy: A Narrative of Travel in the Chief Opium-producing Provinces of

China,1914)等书。

公元1903年（光绪二十九年）

一、大事记

1. 道格拉斯（Robert Kennaway Douglas,1838—1913）被伦敦大学正式聘为汉学教授。

2. 庄士敦（Reginald Fleming Johnston,1874—1938）1898年考入英国海外殖民部,并从这年开始直至1903年担任港英总督府辅政司助理,以及时任港督卜力（Henry Arthur Blake）的秘书。

二、书（文）目录

1. Ball,James Dyer: *Things Chinese*（《中国风土人民事物记》）,Shanghai: Kelly & Walsh,1903.

2. Douglas, Robert Kennaway: *Supplementary Catalogue of Chinese Printed Books and Manuscripts and Drawings in the Library of the British Museum*（《大英博物馆所藏汉籍目录补编》）,British Musuem,1903.

3. Edkins, Joseph: "Kwo Tsi Yi"（《郭子仪》）, *Journal of the North China Branch of the Royal Asiatic Society*,1903,p.550.

4. Parker, Edward Harper: *China, Past and Present*（《愿尔中兴——中国的过去和现在》）,London: Chapman & Hall,1903.

5. Stein, Mark Aurel: *Sand-buried Ruins of Khotan*（《沙埋和田废址记》）, London: Hurst & Blackett,1903.

6. Wade, Thomas Francis: *A Progressive Course Designed to Assist the Student of Colloquial Chinese*（《语言自迩集》）, the third edition, Shanghai: Kelly & Walsh,1903.

三、备注

1.道格拉斯,英国驻华领事,汉学家。1858 年来华,翌年在驻广州领事馆任职,1861 年担任翻译,1865 年返回英国,任大英博物馆中文藏书部助理,1892—1907 年担任藏书部主任。1903—1908 年担任伦敦大学汉学教授。曾一度兼任缅甸中国事务顾问。著有《中国的语言和文学》(*The Language and Literature of China*,1875)、《非基督的宗教体系:儒教和道教》(*Non-Christian Religious Systems, Confucianism and Taoism*,1879)、《中国》(*China*,1882)、《欧洲和远东(1506—1912)》(*Europe and the Far East, 1506-1912*,1904)等书。此外,他还编有《大英博物馆所藏汉籍目录》(*Catalogue of Chinese Printed Books, Manuscripts and Drawings in the Library of the British Museum*,1887)及《大英博物馆所藏汉籍目录补编》(*Supplementary Catalogue of Chinese Printed Books and Manuscripts and Drawings in the Library of the British Museum*,1903)。

2.庄士敦,英国驻华领事,汉学家。他曾在爱丁堡大学和牛津大学学习,毕业于牛津大学历史系。1898 年考入英国殖民部,同年被派往香港。由于汉语水平优异,庄士敦在港英政府中不断升迁,先后任辅政司助理和港督卜力的私人秘书。1904 年被殖民部派往威海卫,先后任政府秘书、正华务司和南区行政长官等要职。这些外交事务为他进一步了解中国、成为著名的"中国通"打下了基础。1918 年被清朝末代皇帝溥仪聘为英文教师。1931 年,庄士敦作为"归国中国通"一类的汉学家被伦敦大学亚非学院聘为汉学教授,但在汉学上鲜有贡献,后于 1937 年请辞。他著有《佛教中国》(*Buddhist China*,1913)、《紫禁城的黄昏》(*Twilight in the Forbidden City*,1934)、《儒家与近代中国》(*Confucianism and Modern China*,1934)等书。

公元1904年（光绪三十年）

一、大事记

1. 本年，伦敦会为纪念麦都思（Walter Henry Medhurst，1796—1857），在上海特别设立了麦伦书院（Medhurst College）。

2. 本年，斯坦因获得了英国皇家协会的拜克奖金。

3. 本年9月14日，斯坦因正式向英属印度政府提交第二次中亚考察申请书。

4. 禧在明（Walter C. Hillier，1849—1927）从本年开始到1908年担任伦敦大学国王学院的汉学教授一职。

5. 翟理斯被选为英国皇家亚洲学会北华支会荣誉会员。

6. 庄士敦经英国租借地威海卫大臣骆任廷（James Haldance Stewart Lockhart，1858—1937）的推荐先后任威海卫政府的秘书、正华务司、南区行政长官、威海卫行政长官等职务。

7. "东方智慧丛书"从本年开始出版，后来东方出版社因经营不善倒闭，由约翰·默里出版社继续出版，直到1962年停止出版。从1904年至1962年，该丛书一共出版了122种。出版采用统一规格和统一标识，每本为32开本，封面右下角有"东方智慧丛书"的英文"The Wisdom of the East"标记。在二战以前，该丛书一直是欧洲和美国关于东亚话题的主要知识来源。

8. 本年开始，克莱默·宾和卡帕迪尔（S. A. Kapadia，1857—1941）博士共同担任"东方智慧丛书"的主编，直到1945年。

9. 本年，克莱默·宾在伦敦编译出版了《诗经》（*The Book of Odes*）。

二、书（文）目录

1. Baller, Frederick William: *The Fortunate Union*（《好逑传》），Shanghai: the American Presbyterian Mission Press, 1904.

2. Bushell, Stephen Wootton: *Chinese Art*（《中国艺术》），London: Wyman & Sons,

1904.

3. Clementi, Cecil: *Cantonese Love-Songs*(《粤讴》), Oxford: Clarendon Press, 1904.

4. Cranmer-Byng, L.: *The Book of Odes*(《诗经》), London: the Orient Press, 1904.

5. Douglas, Robert Kennaway: *Europe and the Far East, 1506-1912*(《欧洲和远东（1506—1912）》), Cambridge: Cambridge University Press, 1904.

6. Douglas, Robert Kennaway: *Supplementary Catalogue of Chinese Printed Books and Manuscripts and Drawings in the Library of the British Museum*(《大英博物馆所藏汉籍目录补编》), the second edition, London: Longmans, 1904.

7. Old, Walter Gorn: *The Simple Way Laotze, The Old Boy: A New Translation of the Tao-Teh-King*(《老童纯道》), London: Philip Welly, 1904.

8. Upward, Allen: *Sayings of K'ung the Master*(《孔夫子语录》), The Wisdom of the East Series, London: the Orient Press, 1904.

三、备注

1. 卜士礼（Stephen Wootton Bushell, 1844—1908），英国人，伦敦大学医科毕业，1868—1899年任驻华使馆医师，兼任京师同文馆医学教习。卜士礼写过许多关于中国文物和美术的论文，在国外颇有权威。

2.《中国艺术》是卜士礼编著的一本关于中国艺术品的著作（主要介绍伦敦的维多利亚与艾伯特博物馆中的收藏品），全书包含239张照片，涉及雕塑、建筑、青铜器、玉器、陶瓷、珐琅彩、刺绣等。所举各项标本，或为中国物品之收藏于英国博物院者，或为作者在中国所见，不仅西方人前所未闻，即使是东方人亦难见到，十分珍贵，故一经问世，即风行一时，并被译为多国文字，广为流传。

3. 鲍康宁（Frederick William Baller, 1852—1922），英国内地会传教士，汉学家。1875年来华，代表作有《汉英分解字典》（*An Analytical Chinese-English Dictionary*, 1900）、《华文释义》（*Lessons in Elementary Wen-Li*, 1912）等。1904年他在上海美华书馆编译出版了《好逑传》，此书为汉语读本，正文为中文原文，另用英文注释文中难解的词语和句子，共260页。

4. 高尔恩（Walter Gorn Old, 1864—1929），英国19世纪晚期到20世纪初著名的占星家，译介过老子的思想，代表作为《老童纯道》。

5. 皇家亚洲学会,全名大不列颠及爱尔兰皇家亚洲学会(Royal Asiatic Society of Great Britain and Ireland,简称 RAS),创立于 1823 年,受东印度公司资助在伦敦成立,原名为"亚洲文会"。创建者是英国梵语学家亨利·托马斯·科尔布鲁克(Henry Thomas Colebrook),其宗旨为调查研究并鼓励从事与亚洲的科学、文学和艺术有联系的课题。皇家亚洲学会的性质与大英帝国在东方的存在密切相关,起初大部分工作集中于印度次大陆,后来调查范围从印度逐渐扩展到整个亚洲,还包括北非和埃塞俄比亚。这是英国最古老的专研亚洲的学术机构,专研亚洲社会、经济、历史、文化等,作为英国在亚洲统治殖民地的参考材料。1824 年,学会得到乔治四世颁发的皇家特许状,成为政府承认的合法机构。自成立起,该会就是一个通过讲演、杂志和其他出版物而形成的代表有关研究亚洲文化及社会的最高学术水平的论坛。成员包括在亚洲研究上有极高成就的著名学者,他们被赋予使用名衔缩写 FRAS(Fellows of the Royal Asiatic Society)的资格。该会曾于 1847 年在香港成立了一个中国分会;1857 年在上海又建立了一个上海亚洲文会,被称为皇家亚洲文会北中国支会(即皇家亚洲文会北华支会);1949 年以后暂停活动,2007 年重建,恢复了相关学术活动。《皇家亚洲学会学刊》(Journal of the Royal Asiatic Society)由剑桥大学出版社出版,每年四期,每期都有一些学术性的短文和几篇书评。

6. 骆任廷,1878 年在香港政府任职,1907—1919 年间为英国租借地威海卫大臣。撰有关于中国民间传说的文章,另著有《中国引语手册》(A Manual of Chinese Quotations,1893)、《远东的通货》(The Currency of the Farther East,From the Earliest Times Up to 1895,1907)等书。

7. 麦都思,英国伦敦会最早来华的传教士之一。1835 年入华抵达上海,在上海设立了中国第一个近代印刷所——墨海书馆(London Missionary Society Mission Press)。麦都思是翻译《新约》伦敦会代表,精通汉文,著作颇丰。中文著作有 59 种,英文著作有 27 种,马来文著作有 6 种。代表作包括《中国的现状和传教展望》(China:Its State and Prospects,1838)、《汉英字典》(Chinese and English Dictionary,1842)、《英汉字典》(English and Chinese Dictionary,1847—1848)等。

8. 禧在明,英国外交官。1867 年来华,历任英国驻华公使汉文副使、代理汉务参赞、公使馆汉文参赞等职。1889 年任英国驻朝鲜总领事。返英后,于 1904—

1908 年担任伦敦大学国王学院的院长及汉学教授,主持伦敦大学的汉学讲座。1908 年应中国清政府聘请再度来华,担任清廷财政顾问至 1910 年。他的主要著作有《华英文义津逮》(*The Chinese Language and How to Learn It：A Manual for Beginners*,1907)、《英汉北京方言词典》(*An English-Chinese Dictionary of Peking Colloquial*,1910)等。

公元 1905 年（光绪三十一年）

一、大事记

1.本年,翟林奈的《老子语录》由约翰·默里出版社在伦敦出版,之后多次再版。该书将老子之言分为十类,对西方读者了解老子思想起到了积极的推广作用。

2.豪厄尔(E. B. Howell)从《今古奇观》中选译了六篇文章,结集为《不坚定的庄夫人及其他中国故事》(*The Inconstancy of Madam Chuang and Other Stories from the Chinese*)由别发洋行分别在上海、香港和新加坡出版,收入了《庄子休鼓盆成大道》《俞伯牙摔琴谢知音》《李太白醉草吓蛮书》《滕大尹鬼断家私》《钱秀才错占凤凰俦》《李汧公穷邸遇侠客》等六篇故事。

3.伦敦大学新成立的大学东方语言与文学研究委员会的委员里斯·戴维兹(Rhys Davids)向英国学术院(The British Academy)和皇家亚洲学会提出建议,主张在大学内部设立一个专门研究东方的学院。

4.本年,苏柯仁(Arthur de Carle Sowerby,1885—1954)放弃了在布里斯托尔大学(University of Bristol)攻读理学学士的计划来到中国,在天津英国教会书院任教。

5.庄士敦被任命为庚子赔款委员会委员,并在本年日俄战争结束后,向英国政府建议将威海卫归还给中国,或者和中国重新签订租约,继续租借威海卫,因为原来英国借用帮助中国抗俄抗日的借口已经失效。但他的主张没有得到采纳。

6.本年,詹姆斯·韦尔(James Ware)在上海北华捷报社(North-China Herald

Office)出版的《亚东杂志》(East of Asia Magazine)第四卷分两部分发表了《中国的仙境》("The Fairyland of China")。在"导言"部分,韦尔介绍了玄奘取经的故事,并指出《西游记》是以玄奘的故事为蓝本;随后翻译了尤侗为陈士斌点评的《西游真诠》所写的序言,并摘译了其中的部分回目;最后对《西游记》全书的内容进行了细致的点评。

二、书(文)目录

1. Calthrop, E. F.: *Sonchi: The Chinese Military Classic*(《孙子兵法》), Japan: Sanseido, 1905.

2. Giles, Herbert Allen: *An Introduction to the History of Chinese Pictorial Art*(《中国绘画史导论》), Shanghai: Kelly & Walsh, 1905.

3. Giles, Herbert Allen: *Religions of Ancient China*(《中国古代宗教》), London: Archibald Constable, 1905.

4. Giles, Herbert Allen: *Adversaria Sinica*(《曜山笔记》), Shanghai: Kelly & Walsh, 1905.

5. Giles, Lionel: *The Sayings of Lao Tzǔ*(《老子语录》), London: J. Murray, 1905.

6. Howell, E. B.: *The Inconstancy of Madam Chuang and Other Stories from the Chinese*(《不坚定的庄夫人及其他中国故事》), Shanghai: Kelly & Walsh, 1905.

7. MacIver, D.: *A Chinese-English Dictionary, Hakka-Dialect*(《客英大字典》), Revised by M. C. Mackenzie, Shanghai: Presbyterian Mission Press, 1905.

8. Parker, Edward Harper: *China and Religion*(《惟天惟一:中国和宗教》), New York: E. P. Dutton, 1905.

9. Steele, John Clendinning: *The 43rd Chapter of the Three Kingdom Novel "The Logomachy"*(《第一才子:〈三国志演义〉第四十三回》), Shanghai: The American Presbyterian Mission Press, 1905.

10. Ware, James: "The Fairyland of China"(《中国的仙境》), *East of Asia Magazine*, Vol.4, 1905, pp.80-127.

三、备注

1.《孙子兵法》的英文翻译始于 20 世纪初,最早由英国炮兵上尉卡尔斯罗普(E. F. Calthrop,1876—1915)于 1905 年在日本东京翻译出版,首版英译本依据的是日文版《孙子兵法》。卡尔斯罗普中文水平不好,因此请了两名日本助手进行翻译,由于对汉语缺乏足够的了解,无法深入中国文学经典的文本语境,只能借助来自日本的二手翻译和材料,因此把一部分理解建立在想象之上,所以这个译本存在一定的差错,质量不高。

2.苏柯仁,英国浸礼会传教士苏道味(Arthur Sowerby,1857—1934)之子,探险家兼自然史学者。生于山西太原,幼年在烟台教会学校学习,后回英国接受高中及大学教育。1905 年返华,在天津伦敦会所办的新学书院任教。1905—1916 年间,长期在山西、陕西、东北三省及蒙古等地采集自然标本。一战后居住在上海,为大英博物馆采集自然标本。1916 年成为亚洲文会会员,1927 年成为亚洲文会北中国支会名誉会长,直到 1946 年卸任。1923 年,与福开森联合创办了《中国科学美术杂志》(China Journal of Science and Arts)。苏柯仁著有《一个博物学家在中国的笔记》(A Naturalist's Note-book in China,1925)、《博物学家在满洲》(The Naturalist in Manchuria,1922—1923)等书。

3.翟理斯的《中国古代宗教》一书分为五部分:(1)古代信仰;(2)儒教;(3)道教;(4)唯物主义;(5)佛教及其他宗教。他主要采取名词解释的写作方式,即先给出与该宗教有关的术语或关键词,然后加以解释,从而使各大宗教的概念及主旨都能够得到较好的说明。当时的评论认为该书用最简略的方式勾勒出了中国古代宗教的特色。

4.翟理斯的《中国绘画史导论》一书,译介了自远古时期直至明末(1644)的中国艺术评论家、画家的著作和作品,如阎立本、张孝师、吴道子、赵大年、王世贞、王羲之等。书中回顾了欧洲对中国绘画理论的译介情况,指出该书是第一本此类著作,译介了中国画家、画评家的大量权威作品。书中还配有 12 幅完整的中国画,这些画的挑选和评论工作是由当时供职于大英博物馆的著名诗人、艺术评论家劳伦斯·宾扬(Laurence Binyon,1869—1943)提供的。这本著作出版后,在英国、美国和欧洲大陆大受欢迎。

5.翟理斯所著《曜山笔记》一书收录的文章大多为学术争鸣性文章,涉猎广泛,包括王母、孝、老子和《道德经》、口技、中国足球、马球、指南针、鸦片、酗酒、裹脚、漫画、溺婴等诸多内容。既有刨根究底、追本溯源类的考证文章,也有针砭时弊、嬉笑怒骂类的杂文。这些文章生动有趣,可读性很强。但由于内容太过广泛,有些资料不很翔实,存在考证不全、结论略显武断之不足。

6.《亚东杂志》由上海北华捷报社发行,1902年创刊,共刊出五卷。这是一份以传教士、商人、外交官、汉学家及对中国或亚东地区有兴趣的人为撰稿人和读者的近代英文杂志。

公元1906年（光绪三十二年）

一、大事记

1.本年开始到1908年,斯坦因开启了他的第二次中国探险之旅,这次探险是他第一次中国西部探险的继续。除了重访和田和尼雅遗址,他还发掘了古楼兰遗址,并深入到河西走廊至敦煌一带进行探险。

2.本年,翟理斯作为剑桥大学副校长的翻译,接待了大清国钦差专使大臣镇国公载泽一行。

3.本年12月,翟理斯第一次用汉语主持了剑桥大学东方语言专业入学考试。

4.本年,英国政府决定建立一个委员会对前一年里斯·戴维兹关于设立东方学院的建议进行调查,任命了雷伊勋爵(Lord Reay)为主席。

二、书（文）目录

1. Beal, Samuel: *Si-yu-ki*（《大唐西域记》）, the second edition, London: Kegan Paul, 1906.

2. Giles, Lionel: *Musings of a Chinese Mystic: Selections from the Philosophy of Chuang Tzǔ*（《中国神秘主义者沉思录：庄子哲学选读》）, London: J. Murray, 1906.

3. MacGowan, John: *The Imperial History of China*（《中华帝国史》）, the revised

edition, Shanghai: The American Presbyterian Mission Press, 1906.

4.Old, Walter Gorn: *The Book of History*（*Shu-king*）(《书经》), London: J. Murray, 1906.

5.Richard, Timothy: *Calendar of the Gods in China*(《华夏诸神表》), Methodist Publishing House in China, 1906.

三、备注

1.本年出版的《华夏诸神表》,由李提摩太写于1900年在日本躲避义和团运动时。该书简单介绍了儒、佛、道三教的神仙领袖以及八仙,偶像崇拜和古代自然崇拜,一神论和近代自然崇拜,宗教和道德与人类进化的联系等内容。该书主要部分的各种有关中国神仙的纪念日或节日按农历日期排序。李提摩太认为这本书将有助于西方传教士们教导中国人从多神和偶像崇拜转向信奉基督教。

2.剑桥大学东方研究院(Faculty of Oriental Studies, University of Cambridge)共设近东、东亚、伊斯兰和印度四个系。东亚系由汉学专业和日本学专业组成。剑桥大学的汉学教学和研究始于1888年,首任无薪汉学教授为威妥玛。1897年,翟理斯为其继任者,任期长达35年。

3.麦嘉温(John MacGowan, ? —1922),英国传教士,1860年来华,先后在上海和厦门传教。他精通汉语,专研中国文化、民俗和方言,著作等身。代表作有《耶稣还是孔子?——厦门差会的故事》(*Christ or Confucius, Which? or, The Story of the Amoy Mission*, 1889)、《中国通史》(*A History of China, from the Earliest Days Down to the Present*, 1897;1906年再版时更名为《中华帝国史》)。

公元1907年（光绪三十三年）

一、大事记

1.本年6月,斯坦因将在中国西部的第二次探险中获得的敦煌藏经洞中的29箱写卷、5箱绢画及其他文物,运回英国大英博物馆。后经清理,斯坦因带走的中国文物共有完整卷文7000件，残缺的有6000件，数量惊人。

2.本年12月，宣传西学新学的综合性中文刊物《万国公报》停刊。该刊于1868年在上海创办，发行人包括美国监理会传教士林乐知（Young John Allen，1836—1907）、英国伦敦会传教士慕维廉（William Muirhead，1822—1900）、李提摩太、陆佩和加拿大长老会传教士季理斐（Donald MacGillivray，1862—1931）。前身为林乐知自费出版的《新教会报》（Review of the Times），创刊之初名为《中国教会新报》，100期后改名为《万国公报》，总共发行了977期。

二、书（文）目录

1. Ball, James Dyer: *Rhythms and Rhymes in Chinese Climes: A Lecture on Chinese Poetry and Poets*（《中国的节奏与韵律：中国诗歌与诗人》），Hong Kong: Kelly & Walsh, 1907.

2. Forke, Alfred: *Lun-Hêng, Part Ⅰ: Philosophical Essays of Wang Ch'ung*（《〈论衡〉选译第一部分》），London: Luzac, 1907.

3. Giles, Lionel: *The Sayings of Confucius*（《论语》），London: J. Murray, 1907.

4. Hillier, Walter C.: *One Thousand Useful Chinese Characters*（《常用汉字一千个》），London: Kegan Paul, Trench, Trübner, 1907.

5. Hillier, Walter C.: *The Chinese Language and How to Learn It: A Manual for Beginners*（《华英文义津逮》），London: Kegan Paul, Trench, Trübner, 1907.

6. John, Griffith: *A Voice from China*（《中国的呼声》），London: James Clarke, 1907.

7. MacGowan, John: *Sidelights on Chinese Life*（《华人生活杂闻》），London: Kegan Paul, Trench, Trübner, 1907.

8. Richard, Timothy: *Conversion by the Million in China*（《万众皈依》），Shanghai: Christian Literature Society, 1907.

9. Richard, Timothy; 杨文会: *The Awakening of Faith in the Mahayana Doctrine: The New Buddhism*（《大乘起信论》），Shanghai: Christian Literature Society, 1907.

10. Richard, Timothy: *Guide to Buddahood: Being a Standard Manual of Chinese Buddhism*（《选佛谱》），Shanghai: Christian Literature Society, 1907.

11.Stein, Mark Aurel: *Ancient Khotan: Detailed Report of Archaeological Explorations in Chinese Turkestan*(《古代和田：第一次中亚探险正式考古报告》), Oxford: Clarendon Press, 1907.

三、备注

1.波乃耶(James Dyer Ball, 1847—1919)，英国汉学家，生于广州，在远东地区为英国政府服务35年。著有《中国人及其宗教》(*The Celestial and His Religions, or the Religious Aspect in China; Being a Series of Lectures on the Religions of the Chinese*, 1906)、《在本土的中国人》(*The Chinese at Home, or the Man of Tong and His Land*, 1911)等书，还编有《中国风土人民事物记》以及多种学习广东方言、客家语和其他方言的作品。

2.波乃耶的《中国的节奏与韵律：中国诗歌与诗人》论述了中国诗歌的结构，并将中国诗歌的发展划分为上古、中古、近代三个阶段，分别举例论述之。

3.李提摩太在《大乘起信论》的英文版中，采用了援佛入耶的方式，倾向于将佛教思想用基督教术语来进行诠释，这是第一部试图将大乘佛教思想系统化的译著。

4.斯坦因所著的《古代和田：第一次中亚探险正式考古报告》是中国西域考古探险和研究敦煌学的重要资料和珍贵文献。该书详细记录了他对和田、尼雅等地古遗址的发掘经过，同时收有当时摄制的大量出土文物资料照片，以及凭借地理学基础绘制的考古地图，从而建立了地理调查与考古发掘并重的西域学规范。

5.杨格非(Griffith John, 1831—1921)，伦敦会传教士，1855年来华，1861年从上海出发，遍行华中各省，成为第一个深入华中的基督教传教士。1912年返英。杨格非除了将《新约》译成中文，还著有《对中国的期望》(*Hope for China！or, Be Not Weary in Well Doing*, 1872)、《中国的呼声》等书。

公元 1908 年（光绪三十四年）

一、大事记

1.本年 8 月，翟理斯出席在丹麦哥本哈根举行的东方学大会（the Oriental Congress at Copenhagen）。

2.本年开始，庞德（Ezra Pound，1885—1972）定居伦敦，一度成为伦敦文坛上举足轻重的人物。

3.斯坦因在第二次中国西部探险之旅中经过麻扎塔格到达阿克苏，发掘了唐代寺院和戍堡，勘测了图木舒克、托古孜沙来和穷梯木等唐代驿馆，在拉尔塔格寺院遗址出土了几件佛教遗物。

4.伦敦会传教士杨格非 1899 年在中国湖北武汉汉口创办博学书院（London Mission College），于本年建成新校舍，改以杨氏姓名命名，为 Griffith John College，专门培养中国本土传教士。

二、书（文）目录

1.Bushell，Stephen Wootton：*Chinese Porcelain*（《中国瓷器》），Oxford：Clarendon Press，1908.

2.Calthrop，E. F.：*The Book of War：The Military Classic of the Far East*（《孙子兵法》），the revised edition，London：J. Murray，1908.

3.Chen，Ivan（陈贻范）：*The Book of Filial Duty*（《孝经》），London：J. Murray，1908.

4.Cranmer-Byng，L.：*The Book of Odes*（《诗经》），the second edition，The Wisdom of the East Series，London：J. Murray，1908.

5.Giles，Herbert Allen：*Strange Stories from a Chinese Studio*（《聊斋志异》），the second edition，Shanghai：Kelly & Walsh，1908.

6.Giles，Lionel：*The Sayings of Lao Tzǔ*（《老子语录》），the fourth edition，London:The Orient Press,1908.

7.Ku,Hung Ming(辜鸿铭):*The Conduct of Life*,*or the Universal Order of Confucius*(《中庸》),London:J. Murray,1908.

8.Moule,Arthur Christopher:*A List of the Musical and Other Sound-producing Instruments of the Chinese*(《中国乐器综录》),Shanghai:Kelly & Walsh,1908.

9.Parker,Edward Harper:*Ancient China Simplified*(《诸夏原来》),London:Chapman & Hall,1908.

三、备注

1.1878年,翟理斯完成了蒲松龄《聊斋志异》的英译工作,翻译了其中164个故事,迄今为止仍然是选篇最多、影响最大的一个英译本。此译本1908年再版,此后多次再版,在西方世界很受欢迎,被公认为是《聊斋志异》最成功的译本之一,有些其他语种的译本基本完全依据翟氏英译本翻译。

2.埃兹拉·庞德,美国诗人和文学评论家,意象派诗歌运动的重要代表人物。他和艾略特同为后期象征主义诗歌的领军人物。他从中国古典诗歌、日本俳句中生发出"诗歌意象"的理论,为东西方诗歌的互相借鉴做出了卓越贡献。1885年,他出生于美国爱达荷州的海利镇,在宾夕法尼亚大学(University of Pennsylvania)就学,攻读美国历史、古典文学、罗曼斯语言文学。两年后,他转至汉密尔顿大学(Hamilton College)学习,1906年获硕士学位。1898年庞德首次赴欧,以后于1902年、1906年及1908年先后共四次去欧洲。1908年定居伦敦。

公元1909年（宣统元年）

一、大事记

1.本年,汉学家克莱默·宾编译的《翠玉琵琶:中国古诗选》(*A Lute of Jade*:*Being Selections from the Classical Poets of China*)一书由伦敦约翰·默里出版社出版。

2.本年,斯坦因获得了英国皇家地理学会的"创建者金质奖章"。

3.由雷伊爵士牵头的调查委员会于本年向英国财政部提交了报告,认为政府部门、商业团体、教会和学者一致同意在伦敦大学设立东方研究学院。报告特别强调该学院的主要任务应当以培养专业的汉学人才和从事高级学术研究为主,而不应把训练为商业服务的翻译人员作为唯一宗旨。然而这项建议并未被当时的伦敦大学校长所采纳,他认为东方学院讲授语言和有关中国的一般课程足矣。

二、书(文)目录

1.Allan, Charles Wilfrid: *The Makers of Cathay*(《中国的创造者》), Shanghai: Presbyterian Mission Press, 1909.

2.Cranmer-Byng, L.: *A Lute of Jade: Being Selections from the Classical Poets of China*(《翠玉琵琶:中国古诗选》), London: J. Murray, 1909.

3.Dobree, Alfred: *Chinese Characters*(《中国字》), London, 1909.

4.Giles, Herbert Allen: *A History of Chinese Literature*(《中国文学史》), the second edition, New York: D. Appleton, 1909.

5.Hillier, Walter C.: *The Chinese Language and How to Learn It: A Manual for Beginners*(《华英文义津逮》), Shanghai: Kelly & Walsh, 1909.

6.Lyall, Leonard A.: *The Sayings of Confucius*(《论语》), London: Longman, 1909.

7.MacGowan, John: *Lights and Shadows of Chinese Life*(《中国人生活的明与暗》), Shanghai: North China Daily News & Herald, 1909.

三、备注

1.克莱默·宾是一位热爱中国诗歌和中国文化的英国诗人、汉学家,大力推介亚洲及东方文化。他撰写过《亚洲观察:中国的艺术与文化》,还主编了"东方智慧丛书",以国别为类,对中国、印度、日本、阿拉伯、埃及、伊朗等国的文学文化进行了介绍,成为当时西方研究东方文化的普及型读物。其中,中国系列就收入了多位汉学家的经典译著。克莱默·宾是继翟理斯之后,以英诗格律体系统译介唐诗的第二人,也是构建唐诗格律体英译经典的核心人物。

2.克莱默·宾编译的《翠玉琵琶:中国古诗选》精选了66首诗歌,其中唐诗59首。译诗以转译为主,参考了翟理斯和德理文的翻译。

3.麦嘉温的《中国人生活的明与暗》一书记录了清末中国社会的三教九流和民俗民风,是一部反映当时中国民间文化的代表作。

公元 1910 年(宣统二年)

一、大事记

本年,翟理斯为《大英百科全书》(*Encyclopaedia Britannica*)第二版撰写了 Art, Language, Literature and Religions of China("中国艺术、语言、文学和宗教")词条,其中"中国语言"部分与儿子翟林奈合写。

二、书(文)目录

1.Bushell, Stephen Wootton: *Description of Chinese Pottery and Porcelain*(《中国陶瓷图说》), Oxford: Clarendon Press, 1910.

2.Giles, Herbert Allen: *Elementary Chinese*(《三字经》), the second edition, Shanghai: Kelly & Walsh, 1910.

3.Giles, Lionel: *Sun Tzu on the Art of War: The Oldest Military Treatise in the World*(《孙子兵法》), London: Luzac, 1910.

4.Hillier, Walter C.: *An English-Chinese Dictionary of Peking Colloquial*(《英汉北京方言词典》), Shanghai: The American Presbyterian Mission Press, 1910.

5.Hillier, Walter C.: *English-Chinese Pocket Dictionary of Peking Colloquial*(《袖珍英汉北京方言词典》), Shanghai: The American Presbyterian Mission Press, 1910.

6.Hillier, Walter C.: *The Chinese Language and How to Learn It: A Manual for Beginners*(《华英文义津逮》), the second edition, London: Kegan Paul, Trench, Trübner, 1910.

7.Johnston,Reginald Fleming：*Lion and Dragon in Northern China*（《威海卫》），London：J. Murray，1910.

8.Little,Archibald：*Gleanings from Fifty Years in China*（《旅华五十年拾遗》），London：Hutchinson，1910.

9.MacGowan,John：*Chinese Folk-Lore Tales*（《中国民俗》），Shanghai：Kelly & Walsh，1910.

10.Moule,Arthur Christopher："The Christian Monument at Hsi-an Fu"（《西安府大秦景教流行中国碑》），*Journal of the North China Branch of the Royal Asiatic Society*，1910.

11.Parker,Edward Harper：*Studies in Chinese Religion*（《中国宗教研究》），London：Chapman & Hall，1910.

12.Richard,Timothy：*The New Testament of Higher Buddhism*（《大乘佛教的〈新约〉》），Edinburgh：T. & T. Clark，1910.

13.Weale,Putnam：*The Human Cobweb：A Romance of Old Peking*（《关系网：老北京的浪漫人文》），London：Macmillan，1910.

三、备注

1.阿绮波德·立德（Archibald Little，1845—1926），英国在华著名商人立德之妻，习称立德夫人。她和在华经商的丈夫在中国整整生活了20年，几乎走遍了中国南方的所有通商口岸。主要著作有《在中国的婚事》（*Marriage in China*，1896）、《熟悉的中国》（*Intimate China*，1899）《穿蓝色长袍的国度》（*The Land of the Blue Gown*，1901）、《李鸿章：他的生平和时代》（*Li Hung-chang：His Life and Times*，1903）、《北京指南》（*Guide to Peking*，1904）、《我的北京花园》（*Round About My Peking Garden*，1905）等。

2.李提摩太在1891年与杨文会合作翻译《大乘起信论》的基础上，又于1910年著成《大乘佛教的〈新约〉》一书。他认为《大乘起信论》和《妙法莲华经》一起构成了"大乘佛教的《新约》"，尝试融通大乘佛教与基督宗教，进而论证净土宗佛教能够导向基督宗教。

3.辛博森（Bertram Lenox Simpson，1877—1930），笔名Putnam Weale。英国人，

中国海关税务司辛盛(Clare Lenox Simpson,1843—1909)的次子。1911年辛亥革命后任伦敦《每日电讯报》(The Daily Telegraph)驻北京记者。1916年被黎元洪聘为总统府顾问,负责对外宣传。1922—1925年兼任张作霖顾问,并创办了英汉合璧的《东方时报》(The Far Eastern Times)。1930年,遇刺身亡。著有《满人与俄国人》(Manchu and Muscovite,1904)、《远东的新调整》(The Re-Shaping of the Far East,1905)、《中国的苦难》(China's Crucifixion,1928)等书。

4.翟林奈《孙子兵法》译本对孙子的兵法思想在西方世界的传播起到了深远的影响。翟林奈选择了很有权威性的孙星衍《孙子十家注》作为蓝本,译本前撰有43页的导论。为保持中国古籍的传统,注释均为页下注;译作以中英文对照的形式出现,先中文后英文,体现了译者对经典原作的尊重。此外,还用阿拉伯数字为《孙子兵法》中的每段长句加上序号,便于西方读者阅读。译本的注释精选自《孙子十家注》,对注释家分别进行介绍,将一些兵法概念、人名、地名、古汉语词汇等加注以求准确,便于读者了解中国古代文化知识。译文流畅,韵律感强,文字长短均衡。直到今天,翟氏译本仍然是《孙子兵法》流传较广的英译本之一。

公元1911年(宣统三年)

一、大事记

1.本年2月10日,翟理斯再度获得法兰西学院的儒莲奖。

2.傅兰雅(John Fryer,1839—1928)捐赠6万两白银在上海的北四川路创办了中国内地第一所盲童学校(Institution for the Chinese Blind)。

二、书(文)目录

1.Beal,Samuel:*The Life of Hiuen-Tsiang*(《大慈恩寺三藏法师传》),the second edition,London:Kegan Paul,1911.

2.Binyon,Laurence:*The Flight of the Dragon:An Essay on the Theory and Practice of Art in China and Japan*(《巨龙腾飞:一篇关于中国与日本艺术理论与实践的论

文》),London:J. Murray,1911.

3.Chen,Huan-chang(陈焕章):*The Economic Principles of Confucius and His School*(《孔门理财学》),London:P. S. King and Son,1911.

4.Forke,Alfred:*Lun-Hêng,Part Ⅱ:Miscellaneous Essays of Wang Ch'ung*(《〈论衡〉选译第二部分》),London:Luzac,1911.

5.Geil,W. E.:*Eighteen Capitals of China*(《中国古都》),Philadelphia & London:J. B. Lippincott,1911.

6.Giles,Herbert Allen:*Chinese Fairy Tales*(《中国民间故事选译》),Glasgow:Gowans and Gray,1911.

7.Giles,Herbert Allen:*The Civilization of China*(《中国之文明》),London:Butterworth,1911.

8.Giles,Lionel:*An Alphabetical Index to the Chinese Encyclopaedia:Ch'in Ting Ku Chin T'u Shu Chi Ch'êng*(《钦定古今图书集成索引》),London:Printed by order of the Trustees of the British,1911.

9.Johnston,Reginald Fleming:*A Chinese Appeal to Christendom Concerning Christian Missions*(《基督教在华事业评议》),London:Watts,1911.

10.MacGowan,John:*Beauty:A Chinese Drama*(《美人"王昭君":一部中国戏曲》),London:E. L. Morice Cecil Court,1911.

11.Moule,Arthur Evans:*Half a Century in China:Recollections and Observations*(《在华五十年》),London & New York:Hodder and Stoughton,1911.

三、备注

1.傅兰雅,英国传教士,1861年来到远东,后被北京同文馆聘请为英文教习,1865年赴上海担任江南制造局编译处编译。从1868年到1896年的28年时间里,傅兰雅和他的合作者一起译介了大量的西方科技书籍和科学期刊,包括数学、物理学、化学、矿物学、医学等多种读物,他的工作对于近代中国普及科学知识和近代中国科学家的成长有着重要的作用。他的译著引进了许多近代科学文明的重要知识,对于中国科学界和思想界都是一次具有重大意义的冲击。

2.翟理斯的《中国之文明》一书的主旨在于粗略勾勒中国文明史,针对的是对中国几乎没有了解的一般性读者。他希望借此引起读者对中国文明的广泛兴趣，从而对它进行更全面、更系统的研究。全书共分为12个部分：(1)封建时代；(2)法律与政治；(3)宗教与迷信；(4)公元200年至1200年；(5)妇女与儿童；(6)文学与教育；(7)哲学与运动；(8)娱乐；(9)元朝(1206—1368)；(10)明清时期(1368—1911)；(11)中国人与外国人；(12)展望未来。

公元1912年

一、大事记

1. 9月初，斯坦因向印度政府提交了中国西部探险的经费申请和计划，为他的第三次探险之旅拉开了序幕。

2. 10月，英王封斯坦因为"印度帝国高级爵士"。

3. 本年，翟林奈出版了《道家义旨:〈列子〉译注》(*Taoist Teachings from the Book of Lieh Tzu*)一书，删去了原书中专论杨朱的内容。同年，安顿·弗克(Anton Forke)出版了《杨朱的乐园》(*Yang Chu's Gardon of Pleasure*)，翻译了《列子》中有关杨朱的内容，两个译著在内容上互为补充。

4. 傅兰雅创立的上海盲童学校于本年1月正式开学。这是中国第一所正规盲童学校。傅兰雅的幼子傅步兰(George Brown Fryer,1877—?)曾任校长。上海被日本攻陷后，傅步兰回到美国。1949年，该校归公立。

5. 加拿大汉学家查尔斯·巴德(Charles Budd,1795—1884)本年在伦敦出版译著《古今诗选》(*Chinese Poems*)，译有张若虚的《春江花月夜》、岑参的《白雪歌送武判官归京》、储光羲的《田家杂兴》以及李白、杜甫、孟浩然等人的唐诗和汉魏六朝的古诗。

6. 英国梵文学家爱理鹗(Charles Norton Edgcumbe Eliot,1862—1931)自本年起到1918年期间担任香港大学副校长。

二、书（文）目录

1. Budd, Charles: *Chinese Poems*(《古今诗选》), Oxford: Oxford University Press, 1912.

2. Douglas, Robert Kennaway: *Europe and the Far East, 1506–1912*(《欧洲和远东（1506—1912）》), Rev. and Corrected with an additional chapter(1901–1912) by Joseph N. Longford, Cambridge: Cambridge University Press, 1912.

3. Forke, Anton: *Yang Chu's Garden of Pleasure*(《杨朱的乐园》), London: J. Murray, 1912.

4. Gemmell, W.: *The Diamond Sutra*(《〈金刚经〉：菩提流支译本》), London: Kegan Paul, 1912.

5. Giles, Herbert Allen: *A Chinese-English Dictionary*(《华英字典》), the second edition, Shanghai: Kelly & Walsh, 1912.

6. Giles, Herbert Allen: *China and the Manchus*(《中国和满人》), Cambridge: Cambridge University Press, 1912.

7. Giles, Lionel: *Taoist Teachings from the Book of Lieh Tzu*(《道家义旨：〈列子〉译注》), London: J. Murray, 1912.

8. Ku, Hung Ming(辜鸿铭): *The Conduct of Life, or the Universal Order of Confucius*(《中庸》), the second edition, London: J. Murray, 1912.

9. Morgan, Evan: *A Guide to Wenli Styles and Chinese Ideals*(《文言文和汉语范文导引》), Shanghai & London: Christian Literature Society for China, 1912.

10. Sowerby, Arthur de Carle: *Through Shên-kan: The Account of the Clark Expedition in North China*(《穿越陕甘》), London: T. Fisher Unwin, 1912.

11. Stein, Mark Aurel: *Ruins of Desert Cathay*(《中国沙漠中的遗址》), London: Macmillan, 1912.

12. Warren, Gilbert G.: *Lessons in Conversational Chinese*(《汉语会话教程》), in two volumes, Methodist Publishing House in China, 1912.

三、备注

1.《列子》一书的英译本较少,直到1912年,翟林奈才首次将《列子》的第一至六章及第八章译为英语,第七章(杨朱)是由安顿·弗克负责翻译的。

2.斯坦因所著的《中国沙漠中的遗址》记录了他在中国西域考古探险和研究敦煌学的重要资料和珍贵文献,其中包括他如何仅用40块马蹄银,就从王道士手中骗取了24箱文书、5箱绘画和刺绣精品。同时书中还收录了大量他在考察途中拍摄的照片,在一定程度上反映了当时西域地区的地形地貌、风土民情,具有较强的可读性。

3.翟理斯前后花20年时间编出了一部篇幅巨大的《华英字典》,于1892年由Kelly & Walsh公司出版。此后,又花了20年时间对这部词典进行修订,于1912年出版了三卷本修订版,在上海、香港、新加坡和日本横滨四地同时发行。这部巨著词目编排较为科学合理,共收汉文单字13838个,设有多种附录,内容极其丰富。同时,释义详细,译文准确,重视对中国传统文化的阐释。词典正文按威氏拼音系统的拉丁字母顺序排列,同时也设有汉字偏旁部首索引。尽管还存在一些不可避免的缺憾,但在汉英字典编纂史上,翟理斯的《华英字典》仍不失为一部具有里程碑性质的经典之作,对现代汉英词典的编写极具参考价值。

4.翟理斯本年出版的《中国和满人》从清朝先祖一直写到推翻清朝的孙中山。除前两章之外,主要以清代历任皇帝为章节名。这本书的奇特之处在于它的封面:一张古代女真鞑鞑图,该图选自剑桥大学图书馆馆藏明刊孤本《异域图志》。

公元1913年

一、大事记

1.本年,斯坦因开始了第三次中国西部探险之旅。他从今克什米尔的斯利那加出发,经过和田、拉瓦克、喀达里克、敦煌、吐鲁番、库车等地,历时两年八个月。在巴楚县图木舒克至麻扎塔格进行了考察,在拉尔塔格遗址发掘了5座唐代僧房遗址，出土了20多件佛像和青铜饰物，测绘了和田和瑚玛喇克河（子里河），以500两白银从王道士处再次获得570余件敦煌写本，他此次的收获是第二次考察的两倍。

2. 本年6月，阿瑟·韦利（Arthur Waley, 1889—1966）成为大英博物馆东方图书与绘本部主管助理，负责馆藏中日绘画编目，并开始编制一个画家人名索引。

3. 本年9月，英国诗人艾伦·厄普尔德在美国《诗刊》（Poetry: A Magazine of Verse）第2卷第6期上发表了一组共29首中国题材的诗《取自中国花瓶的香瓣》（"Scented Leaves from a Chinese Jar"）。

4. 本年，李提摩太出版了《西游记》最早的英译本，是根据邱长春《西游证道书》翻译的，前七回为全译本，第八回至一百回为选译本。英译本书名为《圣僧天国之行》（A Mission to Heaven: A Great Chinese Epic and Allegory），由上海基督教文学会出版。

二、书（文）目录

1. George, Soulie: *Strange Stories from the Lodge of Leisures*（《聊斋志异》）, Written by Songlin Pu, London: Constable, 1913.

2. Hillier, Walter C.: *The Chinese Language and How to Learn It: A Manual for Beginners*（《华英文义津逮》）, the third edition, London: Kegan Paul, Trench, Trübner; Shanghai: Kelly & Walsh, 1913.

3. Johnston, Reginald Fleming: *Buddhist China*（《佛教中国》）, London: J. Murray, 1913.

4. MacGowan, John: *How England Saved China*（《英国如何拯救中国》）, London: T. Fisher Unwin, 1913.

5. MacGowan, John: *The Romance of A Doctor in Far Cathay*（《一个医生在遥远中国的罗曼史》）, London: Edinburgh, 1913.

6. Mateer, A. H.: *New Terms for New Ideas: A Study of the Chinese Newspaper*（《新意新词：中国报纸研究》）, Shanghai: Presbyterian Mission Press, 1913.

7. Morgan, Evan: *Chinese New Terms and Expressions with English Translations*（《中国谚语英译》）, Shanghai: Kelly & Walsh, 1913.

8. Richard, Timothy: *A Mission to Heaven: A Great Chinese Epic and Allegory* (《圣僧天国之行》), Shanghai: Christian Literature Society's Depot, 1913.

9. Upward, Allen: "Scented Leaves from a Chinese Jar" (《取自中国花瓶的香瓣》), *Poetry: A Magazine of Verse*, Vol.2, No.6, 1913.

三、备注

1913年初，大英博物馆东方图书与写本部（The Oriental Sub-department of Prints and Drawings of British Museum）成立，劳伦斯·宾扬担任主任。因工作需要，韦利开始自学中文和日文。

公元1914年

一、大事记

本年，庞德出版了第一本意象派诗选，其中有四首取材于中国古典诗歌：《访屈原》，灵感来源于《九歌》中的《山鬼》；《刘彻》是对汉武帝"落叶哀蝉"的改写；《秋扇怨》模仿班婕妤的《怨歌行》；最后一首出处不详。他的材料来源于翟理斯1901年出版的《中国文学史》。

二、书（文）目录

1. Beal, Samuel: *The Life of Hiuen-Tsiang* (《大慈恩寺三藏法师传》), the third edition, London: Kegan Paul, 1914.

2. Cooper, Elizabeth: *My Lady of the Chinese Courtyard* (《中国庭院中的女人》), London: Fredrick A. Stokes Company, 1914.

3. Hillier, Walter C.: *The Chinese Language and How to Learn It: A Manual for Beginners* (《华英文义津逮》), the second edition, the second volume, Shanghai: Kelly & Walsh, 1914.

4. MacGowan, John: *Beside the Bamboo* (《在竹林边》), London: London Missionary

Society, 1914.

5. Williams, Charles Alfred Speed: *An Anglo-Chinese Glossary for Customs and Commercial Use*(《海关语文津梁》), Shanghai: Commercial Press, 1914.

三、备注

1.《中国庭院中的女人》是一部民国时期女子的家信集,后被翻译成英文,内有 31 幅影像。

2.禧在明将《聊斋志异》中的《促织》《种梨》《骂鸭》《赵城虎》《瞳人语》等 12 篇小说改写为北方口语,收入其所编《华英文义津逮》第二卷中,作为外国人学习汉语的课本。禧在明在改写时,对文言文进行了加工翻译,使整体语言风格由书面语变成了自然流畅的白话;同时还模仿说书人的口吻,对故事进行评论,并通过增加心理描写、对话描写和细节描写等,增加了作品的可读性和趣味性。

3.文林士(Charles Alfred Speed Williams, 1884—?),英国汉学家,1903 年进入中国海关,历任上海、天津等口岸帮办、副税务司。1931 年任北平代理税务司,兼税务专门学校副校长和教授。他是亚洲学会终身会员,并因其在汉学上的突出成就获得 1922 年的法兰西学院的儒莲奖。主要著作有《海关语文津梁》《中国隐喻手册》(*Manual of Chinese Metaphor: Being a Selection of Typical Chinese Metaphors with Explanatory Notes and Indices*, 1920)、《中国的表号艺术》(*Chinese Symbolic Art*, 1931)等。

公元 1915 年

一、大事记

1.本年,牛津大学第二任汉学教授布勒克(Thomas Lowndes Bullock, 1845—1915)去世。

2.本年,庞德根据东方学者芬诺洛萨(Ernest F. Fenollosa, 1853—1908)的 150

首中国古诗笔记进行整理、翻译和再创作,在伦敦出版了中国古诗英译本《华夏集》(*Cathay*,又名《神州集》),由18首短诗歌组成。

3.从本年开始,叶女士(Evangeline Dora Edwards,1888—1957)担任苏格兰长老会在奉天(即现在的沈阳)创办的女子师范学堂的校长,直至1919年。

二、书(文)目录

1. Giles, Herbert Allen: *A Supplementary Catalogue of the Wade Collection of Chinese and Manchu Books in the Library of the University of Cambridge* (《剑桥大学图书馆威氏文库汉、满文书续编目录》), Cambridge: Cambridge University Press, 1915.

2. Giles, Herbert Allen: *Adversaria Sinica* (《曜山笔记》), the second volume, Shanghai: Kelly & Walsh, 1915.

3. Giles, Herbert Allen: *Confucianism and Its Rivals* (《儒家学说及其反对派》), London: Williams and Northgate, 1915.

4. Pound, Ezra: *Cathay* (《华夏集》), London: Elkin Matthews, 1915.

三、备注

1.布勒克,英国外交官,1869年进入英国驻华领事界,1885年任公使馆会计,1886年代理汉文副使、汉务参赞,1888年任汉文副使。1897年任上海领事,是年退休返英。1899年接任理雅各为牛津大学汉学教授。他编过《汉语书面语渐进练习》。

2.叶女士,英国汉学家,父亲是传教士。1913年来华,1915—1919年任苏格兰长老会在奉天办的女子师范学堂校长。返英后,从1921年开始担任伦敦大学汉学讲师,1933年后担任汉学教授,曾经担任过亚非学院远东系的代理主任。叶女士的研究领域主要是中国文学。

公元 1916 年

一、大事记

1.本年,克莱默·宾的译著《花灯盛宴》(*A Feast of Lanterns*)在伦敦出版,收入"东方智慧丛书"。该书可称得上是《翠玉琵琶》的续集,收录了55首译诗,在西方产生了很大的影响。

2.本年,李提摩太辞去广学会总干事的职务回到英国。

3.本年,韦利自费出版了他的第一部翻译著作《中国诗歌》(*Chinese Poems*)。

4.本年年底,法兰西学院接受了翟理斯的提议,设立翟理斯奖,奖金为800法郎,每两年颁发一次。

二、书(文)目录

1.Ayscough,Florence:*The China Society Papers*(《中国社会论文集》),London:East and West,1916.

2.Cranmer-Byng,L.:*A Feast of Lanterns*(《花灯盛宴》),London:J. Murray,1916.

3.Giles,Herbert Allen:*Chinese Without a Teacher*(《汉言无师自明》),the seventh edition,Shanghai:Kelly & Walsh,1916.

4.Giles,Herbert Allen:*Strange Stories from a Chinese Studio*(《聊斋志异》),the third edition,Shanghai:Kelly & Walsh,1916.

5.Hillier,Walter C.:*The Chinese Language and How to Learn It:A Manual for Beginners*(《华英文义津逮》),the fourth edition,London:Kegan Paul,Trench,Trübner,1916.

6.Mears,Isabella:*Tao Teh King*(《老子道德经》),London:Theosophical Publishing House,1916.

7.Richard,Timothy:*Forty-five Years in China:Reminiscences*(《在华四十五年》),London:T. Fisher Unwin,1916.

8.Richard,Timothy:*Calendar of the Gods in China*(《华夏诸神表》),the second edition,Shanghai:Commercial Press,1916.

9.Saeki,Yoshiro(佐伯好郎):"The Nestorian Monument in China"(《大秦景教流行中国碑》),*Society for Promoting Christian Knowledge*,Vol.8,No.3,1916,pp.326-327.

10.Waley,Arthur:*Chinese Poems*(《中国诗歌》),London:Lowe Bros.,1916.

11.Yetts,W.P.:"The Eight Immortals"(《〈列仙传〉选译:八仙过海》),*The Journal of the Royal Asiatic Society of Great Britain and Ireland*,Oct. 1916,pp.773-807.

三、备注

1. 1891年,李提摩太从天津来到上海接任广学会总干事一职,至1916年5月辞去广学会总干事的职务回到英国。

2. 本年,翟理斯开始翻译《异域图志》一书。该书是明朝时期中国人对于陌生国家的有插图的记录,即宣德五年(1430)时中国人所知道的人物和地方的汇编。目前存世仅有一部孤本,藏在剑桥大学图书馆,是威妥玛捐赠的藏书之一。该书共有98页,内容包括中世纪的大约8000个人物和132幅由不同画家所绘的插图。书中鲜少介绍中国的事物,更多的是关于其他国家的植物、动物和来自世界上不同地方的人物。这是中国对15世纪上半叶的世界和世界上人物的认知一个非常简练和有说服力的例证。

3. 与1909年的《翠玉琵琶》相比,克莱默·宾的译诗集《花灯盛宴》收录的诗歌更为全面,且大多数是山水诗,因为克莱默认为山水田园诗歌最能代表中国诗歌之美。这表明作者对中国诗歌的认识更进了一步。这部译诗集与《翠玉琵琶》相似,每个诗人有一个简介,所选诗歌从唐代开始,一直收录到清代,共55首。其中收录唐代诗人9位,唐以后的诗人有11位。

4. 韦利自费出版的《中国诗歌》包含52首译诗,包括屈原、曹植、鲍照、谢朓、李白、杜甫、韩愈、王维、白居易等人的诗作。

5.弗洛伦斯·艾思柯(Florence Ayscough,1878—1942)①,美国汉学家。她出生于上海,随做生意的父母生活到11岁才返回美国求学,20岁时再次回到上海。她担任过皇家亚洲学会北华分会图书管理员一职。在中国、日本、美国和加拿大发表了一系列关于中国主题的演讲,并撰写了大量有关中国文学和风俗的论著。

公元1917年

一、大事记

1.本年,伦敦大学亚非学院(SOAS-University of London)创立。1月1日亚非学院正式开学,丹尼森·罗斯(Denison Ross)担任第一任院长。

2.本年,翟理斯当选为孟加拉亚洲学会(The Asiatic Society of Bengal)荣誉会员。同年,翟理斯还加入了牛津大学汉学教授评议组。

3.本年1月,韦利在《伯灵顿杂志》(*The Burlington Magazine for Connoisseurs*)上发表论文《一幅中国画》("A Chinese Picture"),介绍大英博物馆所藏摹本宋代张择端的《清明上河图》。这是韦利公开发表的第一篇汉学论文。

4.本年6月,韦利又在《伯灵顿杂志》上发表张彦远《历代名画记》("The Rarity of Ancient Chinese Paintings")的摘译。

5.韦利在本年度《伦敦大学东方学院学刊》(*Bulletin of the School of Oriental Studies*)创刊号上发表《唐前诗歌选译》("Pre-T'ang Poetry")37首和《白居易诗38首》("Thirty-Eight Poems by Po Chü-I")。这是韦利第一次公开发表译作,随即在《泰晤士报文学副刊》上受到好评。其中,《白居易诗38首》中的一部分又经由庞德之手,以《八首白居易诗》("Eight Poems by Po Chü-I")之名刊发于《小评论》(*Little Review*)本年10月号和12月号。《新政治家》(*New Statesman*)在10月13日和11月24日也刊登其所译诗共17首。

---

① Florence Ayscough 有两种汉译名,弗洛伦斯·艾思柯和弗洛伦斯·埃斯库弗,本书采用前一种翻译。

6.本年,库寿龄(Samuel Couling,1859—1922)出版了《中国百科全书》(*The Encyclopaedia Sinica*),被认为是当时英国汉学研究的成果汇编与集成,也是英国以中国为主题的第一部百科全书。他因此书获得了1918年的儒莲汉学奖。

二、书（文）目录

1.Alexander,G. G.:"Tao-Te-King"(《道德经》),*Sacred Books and Early Literature of the East*,Vol.12,London:Parke,Austin and Lipscomb,1917,pp.32-74.

2.Couling,Samuel:*The Encyclopaedia Sinica*(《中国百科全书》),Shanghai:Kelly & Walsh,1917.

3.Giles,Lionel:"Notes on the Nestorian Monument at Sianfu"(《大秦景教流行中国碑》),*Bulletin of the School of Oriental Studies*,University of London,Vol.1,No.1,1917,pp.93-96.

4.Parker,Edward Harper:*China:Her History,Diplomacy,and Commerce,from the Earliest Times to the Present Day*(《中国:从古至今的历史、外交和商业》),the second edition,New York:E. P. Dutton,1917.

5.Steele,John:*The I-li,or Book of Etiquette and Ceremonial*(《仪礼》),London:Probsthain,1917.

6.Waley,Arthur:"A Chinese Picture"(《一幅中国画》),*The Burlington Magazine for Connoisseurs*,Vol.30,No.166,1917,pp.3-10.

7.Waley,Arthur:"A Chinese Portrait"(《一幅中国肖像画》),*The Burlington Magazine for Connoisseurs*,Vol.31,No.175,1917,pp.130-131.

8.Waley,Arthur:"Eight Poems by Po Chü-I"(《八首白居易诗》),*Little Review*,Vol.6,1917.

9.Waley,Arthur:"The Rarity of Ancient Chinese Paintings"(《历代名画记》),*The Burlington Magazine for Connoisseurs*,Vol.30,No.171,1917,pp.209-211,213-214.

10.Waley,Arthur:"Thirty-Eight Poems by Po Chü-I"(《白居易诗38首》),*Bulletin of the School of Oriental Studies*,University of London,Vol.1,No.1,1917,pp.53-78.

11. Waley, Arthur: "Pre-T'ang Poetry"(《唐前诗歌选译》), *Bulletin of the School of Oriental Studies*, University of London, Vol.1, No.1, 1917, pp.33–52.

三、备注

1. 东方与非洲研究学院（School of Oriental and African Studies,简称SOAS），又译为亚非学院,创立于1916年,伦敦大学的学院之一。这是全世界最杰出的亚洲和非洲研究中心之一,也是欧洲和英国制定相关亚洲与非洲战略最重要的智囊机构。同时,作为伦敦大学系统里享有世界知名度的杰出高校,亚非学院也是全世界研究东方以及非洲问题拥有学者最多的机构。该学院位于伦敦市中心区,紧邻大英博物馆和大英图书馆,是英国唯一一所专门研究亚洲、非洲、近东和中东的高等教育机构。亚非学院共划分为三个院:法律与社会科学院(法律、经济学、政治学、发展研究、管理与金融研究)、文科与人文学科院(历史、人类学与社会学、宗教研究、音乐、艺术与考古学)、语言与文化学院(非洲、中国与中亚、日本与朝鲜、语言学、近东与中东、南亚、东南亚)。20世纪亚非学院成为英国中国学研究重镇,其拥有相当丰富的中国资料收藏:图书馆至少藏有17万册中国书籍,500多种中文期刊,3000多个缩微胶片。藏书中许多是印刷珍品、手稿和重要的档案与地图收藏。

2. 库寿龄,英国浸礼会传教士,年轻时来华传教,后从事文化教育事业,曾创立山东青州广德书院,与人合著《上海史》。他以收藏甲骨文闻名于世,所藏甲骨文分赠大英博物馆和苏格兰皇家博物馆。曾任亚洲文会名誉干事及编辑。曾获得1918年度国际汉学界的最高荣誉儒莲奖。

3. 库寿龄立志以《大英百科全书》为楷模,花了几十年心血编撰了一部《中国百科全书》。库寿龄在前言中指出,这本书是为了帮助外国读者了解中国,以增进相互尊重和了解。这本书的优点之一是在中国人名和地名(英文)等之后加上中文名称,这一精心安排无论对于汉学家、学生还是普通读者都有所帮助。

公元 1918 年

一、大事记

1.本年,佛来遮(William John Bainbridge Fletcher, 1871—1933)的《英译唐诗选》(*Gems of Chinese Verse*)由上海商务印书馆发行。

2.本年,韦利在伦敦出版了《汉诗170首》(*A Hundred and Seventy Chinese Poems*)。

3.本年,韦利在《皇家亚洲学会学刊》(*Journal of the Royal Asiatic Society*)发表了论文《论汉语诗律》("Notes on Chinese Prosody")。这说明韦利在翻译汉语诗歌伊始就致力于研究汉语诗学。

4.本年,韦利在《伦敦大学东方学院学刊》上发表书评,评论库寿龄1917年出版的《中国百科全书》。这是韦利发表的第一篇书评。

5.本年,英国传教士甘淋(George Thomas Candlin)担任刚成立的燕京大学神学院教授。

6.本年11月,翟理斯在《剑桥大学评论》上发表书评,对韦利翻译的《汉诗170首》提出批评,与韦利开始就中国诗歌翻译进行笔战。

7.本年11月21日,韦利在伦敦大学东方学院中国学会上宣读论文《诗人李白》("The Poet Li Po")。

二、书(文)目录

1.Cranmer-Byng, L.: *A Lute of Jade: Being Selections from the Classical Poets of China*(《翠玉琵琶:中国古诗选》), The Wisdom of the East Series, New York: E. P. Dutton, 1918.

2.Fletcher, William John Bainbridge: *Gems of Chinese Verse*(《英译唐诗选》), Shanghai: The Commercial Press, 1918.

3.Giles, Lionel: "Notes on the Nestorian Monument at Sianfu (Continued)"(《大

秦景教流行中国碑(续)》》,*Bulletin of the School of Oriental Studies*, University of London, Vol.1, No.2, 1918, pp.16-29.

  4. Giles, Herbert Allen: *An Introduction to the History of Chinese Pictorial Art*(《中国绘画史导论》), the second edition, London: Bernard Quaritch, 1918.

  5. Giles, Herbert Allen: "Review of *A Hundred and Seventy Chinese Poems*, Translated by Arthur Waley"(《评韦利译〈汉诗170首〉》), *The Cambridge Review*, Nov.22, 1918, p.130.

  6. Hillier, Walter C.: *An English-Chinese Dictionary of Peking Colloquial*(《英汉北京方言词典》), the second edition, Shanghai: The American Presbyterian Mission Press, 1918.

  7. Parker, Edward Harper: *Chinese Customs*(《中国习俗》), Shanghai: Kelly & Walsh, 1918.

  8. Sowerby, Arthur de Carle: *Sport and Science on the Sino-Mongolian Frontier*(《中蒙边境狩猎和科学研究》), London: A. Melrose, 1918.

  9. Waley, Arthur: *A Hundred and Seventy Chinese Poems*(《汉诗170首》), London: Constable, 1918.

  10. Waley, Arthur: "Notes on Chinese Prosody"(《论汉语诗律》), *The Journal of the Royal Asiatic Society of Great Britain and Ireland*, Apr. 1918, pp.249-261.

  11. Waley, Arthur: "Further Poems by Po Chü-I and an Extract from His Prose Works, together with Two Other T'ang Poems"(《白居易诗作再选译》), *Bulletin of the School of Oriental Studies*, University of London, Vol.1, No.2, 1918, pp.98-112.

  12. Waley, Arthur: "To the Editor of the Cambridge Review"(《致〈剑桥评论〉编辑》), *The Cambridge Review*, Dec.6, 1918, p.162.

三、备注

  1. 佛来遮,又名符佑之,20世纪初来华,曾任领事馆翻译,1908年先后担任福州、琼州、海口等地副领事和领事职务。退休后被广州中山大学聘为英语教授,逝于广州。佛来遮对唐诗颇有研究。他的两册《英译唐诗选》几乎囊括了唐代的好诗,第一本收录180多首,第二本收录105首,并且为重要的诗人、诗作都加了注释,为唐诗英译做出了很大贡献。

2.韦利的《汉诗170首》重印十几次,并被转译成法文、德文,极受读者欢迎。此书前有"导言""翻译方法""中国历史简表""作者生卒简表"。正文选译的诗歌分作两大部分:第一部分是从先秦到明末的诗,第二部分是白居易诗59首。这部译作被文学史家誉为"至今尚有生命力的唯一意象派诗集"。导言共有三节,第一节题为"中国文学的局限",第二节题为"中国诗歌的技巧",第三节题为"中国诗歌的产生与发展"。关于中国诗史,韦利还专门辟出一节讲述了中国诗歌的渊源和演进。对于中国文学史上第一部诗集《诗经》,韦利的看法与中国文学史的传统观点基本一致,接受了《诗经》是孔子编选的传统观点。

公元 1919 年

一、大事记

1.本年,佛来遮在上海商务印书馆出版了《英译唐诗选续集》(*More Gems of Chinese Poetry*)。

2.本年,库寿龄开始代理上海麦伦书院院长一职,同时获得了1918年度法兰西学院儒莲奖。

3.本年3月4日,庄士敦被聘为溥仪的英文教师。

4.本年4月20日,李提摩太在伦敦逝世。

5.本年6月,韦利与丁文江相识,丁文江作为梁启超的随身翻译与梁启超等人在欧洲考察。6月底至7月中旬,丁文江教了韦利半个月的中文。

6.本年,韦利在伦敦出版了《中国诗歌再辑》(*More Translations from the Chinese*)。

7.库寿龄在上海创办了《新中国评论》(*The New China Review*),旨在继承1901年停刊的《中国评论》(*The China Review*)。

8.本年,颜慈(W. P. Yetts,1878—1957)编译的《道家传说:焦山隐士》("Taoist Tales:The Hermit of Chiao Shan")刊登在《新中国评论》第1期上,其中选译了《搜

神记》的第 10、12 则。

二、书（文）目录

1. Cornaby, W. Arthur: "The Secret of the 'Red Chamber'"(《红楼之秘:〈红楼梦〉选译》), *The New China Review*, 1919.

2. Fletcher, William John Bainbridge: *More Gems of Chinese Poetry*(《英译唐诗选续集》), Shanghai: The Commercial Press, 1919.

3. Gaunt, T.: *A Little Garland from Cathay: Being a Translation, with Notes, of Some Poems of the Tang Dynasty*(《中国的小花冠:唐诗小集》), Shanghai: The American Presbyterian Mission Press, 1919.

4. Gaunt, T.: "Chinese Legends"(《西湖佳话古今遗迹》), *The New China Review*, 1919.

5. Giles, Herbert Allen: *How to Begin Chinese: The Hundred Best Characters*(《百个最好的汉字》), London & Shanghai: Bernard Quaritch, 1919.

6. Hillier, Walter C.: *The Chinese Language and How to Learn It: A Manual for Beginners*(《华英文义津逮》), the fifth edition, London: Kegan Paul, Trench, Trübner, 1919.

7. Hosie, Alexander: *Travels Abroad: Notes on a Journey to China*(《海外旅行:中国旅行提示》), 1919.

8. Kliene, C.: "The Land of Peach Bloom"(《桃花源记》), *Journal of the North China Branch of the Royal Asiatic Society*, new series, Vol.50, 1919, pp.109-121.

9. Waley, Arthur: *More Translations from the Chinese*(《中国诗歌再辑》), London: George Allen & Unwin, 1919.

10. Waley, Arthur: *The Poet Li Po, A.D.701-762*(《诗人李白》), London: East and West, 1919.

11. Werner, Edward Theodore Chalmers: *China of the Chinese*(《中国人的中国》), London: Sir Isaac Pitman & Sons, 1919.

12. Yetts, W. P.: "Taoist Tales: The Hermit of Chiao Shan"(《道家传说:焦山隐士》), *The New China Review*, 1919.

三、备注

1.库寿龄在上海创办的《新中国评论》见证了两位英国汉学巨擘翟理斯和韦利因中国古诗的翻译问题而进行的长达数年之久的论战。翟理斯主张韵体翻译和意译,韦利则强调散体翻译和直译,两人围绕诗歌翻译的不同译法展开了一场较量。这几篇文章分别是:翟理斯《评韦利译〈汉诗170首〉》("Review of A Hundred and Seventy Chinese Poems, Translated by Arthur Waley"),原载《剑桥评论》1918年11月22日,后又转载于《新中国评论》翟理斯《冠带》一文中;翟理斯《公元前2世纪的一位诗人》("A Poet of the 2nd Cent. B.C."),载《新中国评论》1920年第2卷第1期;翟理斯《重译》("A Re-Translation"),载《新中国评论》1920年第2卷第4期;韦利《〈琵琶行〉译注》("Notes on the 'Lute-girl's Song'"),载《新中国评论》1920年第2卷第6期;翟理斯《韦利与〈琵琶行〉》("Mr. Waley and 'The Lute Girl's Song'"),载《新中国评论》1921年第3卷第4期;韦利《关于〈琵琶行〉——答翟理斯教授》("'The Lute Girl's Song', Mr. Waley's Reply to Prof. Giles"),载《新中国评论》1921年第3卷第5期;翟理斯《冠带》("The Caps and Bells"),载《新中国评论》1922年第4卷第5期。

2.为了简化学习方式,激发学习热情,翟理斯精心设计编撰了《百个最好的汉字》一书,精挑细选了100个"最好的"汉字,并列出了一个相关的词汇表,可以供学习者随时随地地活学活用。这是一本仅有72页的启蒙读物,但出版后深受汉语初学者的欢迎。

3.韦利本年出版的《诗人李白》是他1918年在中国学会宣读的论文,该作品共译李白诗23首,即《古风》第六首和《远别离》《蜀道难》《战城南》《将进酒》《日出行》《采莲曲》《长干行》《江上吟》《忆旧游寄谯郡元参军》《梦游天姥吟留别》《金陵酒肆留别》《江夏别宋之悌》等。在译文前面,韦利对李白的生平及影响进行了介绍。

4.韦利本年出版的第二部诗集《中国诗歌再辑》,包括屈原的《大招》,李白的《月下独酌》等8首,白居易诗52首,以及王维、元稹、白行简、王建、欧阳修的诗作。从这部诗集中,读者们可以看到韦利对中国诗歌的涉猎更加深入和广泛,翻译技巧也更加朴实无华,韵律的运用也更为娴熟自如。

5.倭纳(Edward Theodore Chalmers Werner,1864—1954),英国汉学家。生于新西兰,1884年来华,初为使馆翻译生,1889年任使馆助理。1914年退休后居住在北京。倭纳潜心研究中国文化,著作很多,代表作包括《中国人的中国》、《中国神话与传说》(*Myths and Legends of China*,1922)、《秋叶:自传》(1928)、《中国文明史》(*A History of Chinese Civilization*,1940)等。

6.颜慈,英国著名汉学家,曾担任伦敦大学中国艺术考古系暨世界上第一个中国艺术考古系的第一任教授。

公元1920年

一、大事记

1.本年,牛津大学第三任汉学教授苏慧廉(William Edward Soothill,1861—1935)到任。

2.本年,由于成本增加,翟理斯《曜山笔记》的出版撰写工作被迫终止,转而准备出版《唐诗合选》。

3.本年7月1日,翟理斯前往牛津大学评选汉学教授。

4.本年,包伊斯·马瑟斯(E. Powys Mathers,1892—1939)的译著《清水园》(*The Garden of Bright Waters*)在牛津出版。

5.本年,韦利在《泰晤士报文学副刊》及《伦敦大学东方学院学刊》发表书评4篇。

6.本年,韦利的论文《〈琵琶行〉译注》("Notes on the 'Lute-girl's Song'")在《新中国评论》第2卷刊出。

二、书(文)目录

1.Ayscough, Florence:"Notes on the Symbolism of the Purple Forbidden City"(《紫禁城的象征纪事》),*Journal of the North China Branch of the Royal Asiatic Society*,1920.

2. Ayscough, Florence: "Chinese Poetry and Its Connotations"(《中国诗歌及注释》), *Journal of the North China Branch of the Royal Asiatic Society*, 1920.

3. Cornaby, W. A.: "Old-World Stories of Hanyang"(《汉阳老故事》), *The New China Review*, 1920.

4. Giles, Herbert Allen: "A Poet of the 2nd Cent. B.C."(《公元前2世纪的一位诗人》), *The New China Review*, Vol.2, No.1, Feb. 1920, pp.25-36.

5. Giles, Herbert Allen: "A Re-Translation"(《重译》), *The New China Review*, Vol.2, No.4, Aug. 1920, pp.319-340.

6. Giles, Lionel: "Notes on the Nestorian Monument at Sianfu (Continued)"(《大秦景教流行中国碑(续)》), *Bulletin of the School of Oriental Studies*, University of London, Vol.1, No.3, 1920, pp.39-49.

7. Giles, Lionel: "Notes on the Nestorian Monument at Sianfu (Concluded)"(《大秦景教流行中国碑(完)》), *Bulletin of the School of Oriental Studies*, University of London, Vol.1, No.4, 1920, pp.15-26.

8. Waley, Arthur: "Chinese Philosophy of Art-I. Note on the Six Methods"(《中国艺术哲学(一): 六法》), *The Burlington Magazine for Connoisseurs*, Vol.37, No.213, Dec. 1920, pp.309-310.

9. Waley, Arthur: "Hymns to Kuan-Yin"(《观音赞》), *Bulletin of the School of Oriental Studies*, University of London, Vol.1, No.3, 1920, pp.145-146.

10. Waley, Arthur: "Notes on the 'Lute-girl's Song'"(《〈琵琶行〉译注》), *The New China Review*, Vol.2, No.6, Dec. 1920, pp.591-597.

11. Williams, Charles Alfred Speed: *Manual of Chinese Metaphor: Being a Selection of Typical Chinese Metaphors with Explanatory Notes and Indices*(《中国隐喻手册》), Shanghai: Commercial Press, 1920.

12. Wilson, David Alec: "Tao Chien's Return to the Country"(《陶潜〈归园田居〉》), *Asia Quarterly Review, Imperial and Asiatic Quarterly Review, Asiatic Review*, Vol.16, 1920, pp.110-111.

三、备注

包伊斯·马瑟斯,英国作家、翻译家。

公元 1921 年

一、大事记

1.去年 12 月至本年,韦利在《伯灵顿杂志》上发表一组题为《中国艺术哲学》("Chinese Philosophy of Art")的文章,共 9 篇,主要是对中国画论的翻译,内容涉及六法、王维、张彦远、荆浩、郭熙、董其昌等专题。

2.本年,韦利的论文《莱布尼茨与伏羲》("Leibniz and Fu Hsi")在《伦敦大学东方学院学刊》第 2 卷刊出。

3.本年,韦利在《泰晤士报文学副刊》及《皇家亚洲学会学刊》发表书评 4 篇。

4.本年,庄士敦的《中国戏剧》(The Chinese Drama)由上海别发洋行出版。

5.第一次世界大战结束不久后,叶女士回到英国,于本年开始担任伦敦大学亚非学院的中文讲师。

6.本年,韦利在《皇家亚洲学会学刊》上发表了对两部德文汉学著作的短评。

7.本年,翟林奈的译著《唐写本〈搜神记〉》("A T'ang Manuscript of the Sou Shen Chi")刊登在《新中国评论》第 3 期。

二、书(文)目录

1.Giles,Herbert Allen:"Mr.Waley and 'The Lute Girl's Song'"(《韦利与〈琵琶行〉》),The New China Review,Vol.3,No.4,1921.

2.Giles,Lionel:"A T'ang Manuscript of the Sou Shen Chi"(《唐写本〈搜神记〉》),The New China Review,Vol.3,1921.

3.Hillier,Walter C.:The Chinese Language and How to Learn It:A Manual for Beginners(《华英文义津逮》),the sixth edition,London:Kegan Paul,Trench,Trübner,

1921.

4.Johnston, Reginald Fleming: *The Chinese Drama*(《中国戏剧》), Shanghai: Kelly & Walsh, 1921.

5.Mason, Issac: *The Arabian Propnet*, *Tchi Cheng Chi Lou*(《至圣实录》), Shanghai: Commercial Press, 1921.

6.Moule, Arthur Christopher: "Bibliographical Terms"(《目录学名词》), *The New China Review*, Vol.3, 1921.

7.Reynolds, M. E.: *The Rhythm of Life*(《生活的节奏》), London: J. Murray, 1921.

8.Stein, Mark Aurel: *Serindia*: *Detailed Report of Exploration*(《西域考古图记》), Oxford: Clarendon Press, 1921.

9.Stein, Mark Aurel: *The Thousand Buddhas*(《千佛洞》), London: Bernard Quaritch, 1921.

10.Waley, Arthur: "'The Lute Girl's Song', Mr. Waley's Reply to Prof. Giles"(《关于〈琵琶行〉——答翟理斯教授》), *The New China Review*, Vol.3, No.5, 1921, pp.376-377.

11.Waley, Arthur: "Chinese Philosophy of Art-Ⅱ. Wang Wei and Chang Yen-yüan"(《中国艺术哲学(二):王维与张彦远》), *The Burlington Magazine for Connoisseurs*, Vol.38, No.214, Jan. 1921, p.32.

12.Waley, Arthur: "Chinese Philosophy of Art-Ⅲ. Ching Hao"(《中国艺术哲学(三):荆浩》), *The Burlington Magazine for Connoisseurs*, Vol.38, No.216, Mar. 1921, pp.111-112.

13.Waley, Arthur: "Chinese Philosophy of Art-Ⅳ. Kuo Hsi (Part Ⅰ)"(《中国艺术哲学(四):郭熙(一)》), *The Burlington Magazine for Connoisseurs*, Vol.38, No.218, May 1921, pp.244-247.

14.Waley, Arthur: "Chinese Philosophy of Art-V. Kuo Hsi (Part Ⅱ)"(《中国艺术哲学(五):郭熙(二)》), *The Burlington Magazine for Connoisseurs*, Vol.39, No.220, Jul. 1921, pp.10-11.

15.Waley, Arthur: "Chinese Philosophy of Art-Ⅵ"(《中国艺术哲学(六)》), *The

Burlington Magazine for Connoisseurs, Vol.39, No.221, Aug. 1921, pp.84-89.

16. Waley, Arthur: "Chinese Philosophy of Art-Ⅶ. Tung Ch'i-ch'ang"(《中国艺术哲学（七）：董其昌》), *The Burlington Magazine for Connoisseurs*, Vol.39, No.222, Sept. 1921, pp.128-131.

17. Waley, Arthur: "Chinese Philosophy of Art-Ⅷ"(《中国艺术哲学（八）》), *The Burlington Magazine for Connoisseurs*, Vol.39, No.224, Nov. 1921, pp.235-236.

18. Waley, Arthur: "Chinese Philosophy of Art-Ⅸ. (Concluded)"(《中国艺术哲学（九）：结语》), *The Burlington Magazine for Connoisseurs*, Vol.39, No.225, Dec. 1921, pp.292, 297-298.

19. Waley, Arthur: "Leibniz and Fu Hsi"(《莱布尼茨与伏羲》), *Bulletin of the School of Oriental Studies*, University of London, Vol.2, No.1, 1921.

三、备注

1. 斯坦因所著的《西域考古图记》收录了他在中国西域考古探险和研究敦煌学的重要资料和珍贵文献。全书共五卷，卷一至卷三为文字部分，卷四为图版，共收图 175 幅，其中包括敦煌写本、绢画、塑像、碑铭等资料的彩色或黑白照片，卷五有彩色地图 94 幅，为斯坦因实地勘察绘制。这部学术著作较旅行游记更为系统、详细，是研究敦煌学以及西域文物考古的最基本资料。

2. 庄士敦的《中国戏剧》是一本小册子，纸质简装，内文共 36 页，含 6 幅彩色京剧脸谱插图，分别为赵云、武松、侍女、明装妇女、满装妇女、明装宰相等。6 幅插画均为英国画家查尔斯·弗里格罗夫·温泽尔（Charles Freegrove Winzer, 1886—1940）所作。

公元 1922 年

一、大事记

1. 本年，文林士因在汉学上的突出成就获得了法兰西学院的儒莲奖。

2.本年,倭纳的译著《中国神话与传说》(*Myths and Legends of China*)由伦敦 Harrap 出版社出版。

3.本年,韦利在《伦敦大学东方学院学刊》第 2 卷第 2 期上发表论文《长恨歌》("The Everlasting Wrong")、《利玛窦与董其昌》("Ricci and Tung Ch'i-ch'ang")。

4.本年,英国著名传记作家与评论家斯特雷奇(Lytton Strachey,1880—1932)读了翟理斯选译的《古文选珍》之后,写了《论翟理斯的〈古文选珍〉》一文,收入其所著《书籍与人物》(*Books and Characters*,1922)一书。

5.本年 5 月 11 日,翟理斯荣获皇家亚洲学会三年一度的金奖。

6.本年 10 月份,中国政府(北洋政府)授予翟理斯嘉禾奖章。

7.本年,日本翻译家小畑熏良英译的《李白诗集》(*The Works of Li Po,the Chinese Poet*)在伦敦出版,共收诗 124 首。

二、书(文)目录

1.Arlington,Lewis Charles:"Sinological Notes"(《拆狱奇闻》),*The New China Review*,1922.

2.Bruce,Joseph Percy:*The Philosophy of Human Nature*(《中国古典理学书籍》),London:Probsthain,1922.

3.Budd,Charles:*Chinese Poems*(《古今诗选》),the second edition,Oxford:Oxford University Press,1922.

4.Chavannes,Edouard:"Introduction to the 'Documents Chinois' decouverts par Aurel Stein dans les Sables du Turkestan Oriental"(《斯坦因敦煌文献导读》),*The New China Review*,Vol.4,1922,pp.440-441.

5.Giles,Herbert Allen:*Chinese Without a Teacher*(《汉言无师自明》),the eighth edition,Shanghai:Kelly & Walsh,1922.

6.Giles,Herbert Allen:*How to Begin Chinese:The Second Hundred Best Characters*(《第二批百个最好的字》),Shanghai:Kelly & Walsh,1922.

7.Hosie,Alexander:*Szechwan:Its Products,Industries and Resources*(《四川的物产、实业和资源》),Shanghai:Kelly & Walsh,1922.

8. Lyall, Leonard A.: "Drinking Song"(《将进酒》), *The New China Review*, 1922.

9. Obata, Shigeyoshi(小畑熏良): *The Works of Li Po, the Chinese Poet*(《李白诗集》), London: Dent, 1922.

10. Ross, Ivan D.: "Verse Translations of Mencius"(《孟子》), *The New China Review*, Vol.4, No.2, 1922.

11. Sowerby, Arthur de Carle: *The Naturalist in Manchuria*(《博物学家在满洲》), Tientsin: Tientsin Press, 1922.

12. Waley, Arthur: *An Index of Chinese Artists Represented in the Sub-department of Oriental Prints and Drawings in the British Museum*(《英国博物馆东方图片及绘画分部藏品之中国艺术家人名索引》), London: Printed by order of the Trustees, 1922.

13. Waley, Arthur: *Zen Buddhism and Its Relation to Art*(《禅宗及其与艺术的关系》), London: Luzac, 1922.

14. Werner, Edward Theodore Chalmers: *Myths and Legends of China*(《中国神话与传说》), London: Harrap, 1922.

三、备注

1.斯特雷奇在他的《论翟理斯的〈古文选珍〉》评论中认为唐诗有以下几个特点:(1) 唐诗给人的印象是一连串的、片段的、短暂的景象和感情,暗示一种美的情景。(2) 唐诗往往采用含蓄的手法轻淡地描写,烘托一种感伤、忧郁的气氛。其基调是忧郁的,常写久别爱人、远离家乡的思念。(3) 西方的爱情诗多写恋爱时的激情;唐诗多写中年后的回忆与安静,或者寂寞孤独的环境。(4) 唐诗的声韵低沉和谐,令人陶醉,如同干花始终保有一种令人回味无穷的香味。

2.韦利发表的《利玛窦与董其昌》中引述一段董其昌自述钻研天主教的文字,并指出不可夸大题画文字的重要性。

3.韦利在本年发表的文章《长恨歌》中比较了自己的译文与翟理斯的不同。

4.倭纳所著的《中国神话与传说》,1922 年在伦敦出版,同年在纽约再版,1924 年又在伦敦再版,1933 年在纽约再版,1956 年又出新的版本,1971 年再版,1978 年在台北又再版。事实上,这部书并未收录真正的中国神话故事,其依据只有四部古籍,其中最主要的是明代小说《封神演义》,其他两部是道教的《历代神仙通鉴》《列仙传》,都不算古神话,只有第四部《搜神记》里面收有经后世阐释过的一些神话故事。显然,倭纳将后代文人的创作和古代民间流传的故事混在一起,并把完全不属于中国的佛经故事统统收罗到著作里,同时也采用了中国神话的巴比伦起源说。此书在西方神话学者间享有盛誉,流传甚广。1929年,中国著名作家茅盾评论这本书时一针见血地指出:"我想倭纳先生大概不知道他视为中国神话重要典籍的《封神演义》等书竟是元、明人做的,否则他将说中国大部分或竟全部的神话是在六百年前,始由文学家从口头的采辑为书本了。"

5.嘉禾奖章设立于1912年7月,共九等,授予有勋劳于国家或有功绩于学问、事业的人,授予等级按授予对象的功勋大小及职位高低酌定。

公元1923年

一、大事记

1.本年,帕克斯·罗伯逊(Pax Robertson)选译了元代戏曲作家武汉臣的喜剧《老生儿》,题名《刘员外》(*Lew Yuen Wae*),由伦敦切尔西出版社出版。

2.本年,苏柯仁与美国人福开森(John Calvin Ferguson,1866—1945)在上海联合创办《中国科学美术杂志》。《中国科学美术杂志》原为双月刊,每年一卷。两年后改为月刊,1926年起每年出两卷。

3.本年,韦利翻译的欧阳修散文《鸣蝉赋》("Cicada")在《亚细亚杂志》第23期(1923年4月号)上发表,这是西方读者第一次通过译介接触到中国宋代的散体赋。

4.本年,翟林奈在皇家亚洲学会百年庆典上宣读了关于《秦妇吟》("The Lament of the Lady of Ch'in")的论文。

二、书(文)目录

1. Ayscough, Florence: "Preliminary Notes on the Literary Background of 'The Great River'"(《关于"大河"文献的初步注解》), *Journal of the North China Branch*

of the Royal Asiatic Society,1923.

2.Ayscough,Florence:"The Chinese Idea of a Garden"(《中国园林》),China Journal of Science and Arts,1923.

3.Douglas,Carstairs:*Chinese-English Dictionary of the Vernacular or Spoken Language of Amoy*(《厦英大辞典/闽南语-英语词典》),the second edition,London:Trübner,1923.

4.Giles,Herbert Allen:*Gems of Chinese Literature*(《古文选珍》),the second edition,Shanghai:Kelly & Walsh,1923.

5.Giles,Herbert Allen:*Some Truths About Opium*(《有关鸦片的一些真相》),Cambridge:W. Heffer and Sons,1923.

6.Giles,Herbert Allen:*The Travels of Fa-hsien*(399-414 A.D.)(《佛国记》),Cambridge:Cambridge University Press,1923.

7.Jamieson,C. A.:"Chu-goh Leang and the Arrows"(《草船借箭——〈三国演义〉选译》),Journal of the North China Branch of the Royal Asiatic Society,1923.

8.Robertson,Pax:*Lew Yuen Wae*(《刘员外》),London:Chelsea,1923.

9.Sowerby,Arthur de Carle:*A Naturalist's Holiday by the Sea*(《博物学家海滨休假记》),London:George Routledge & Sons;New York:E. P. Dutton,1923.

10.Waley,Arthur:"Animals in Chinese Art"(《中国艺术中的动物》),The Burlington Magzine for Connoisseurs,Vol.42,No.242,May. 1923,pp.214-217.

11.Waley,Arthur:"T'ai Tsung's Six Chargers"(《太宗六骏》),The Burlington Magzine for Connoisseurs,Vol.43,No.246,Sept. 1923,pp.117-118.

12.Waley,Arthur:*An Introduction to the Study of Chinese Painting*(《中国绘画研究导读》),London:Ernest Benn,1923.

13.Waley,Arthur:*The Temple and Other Poems*(《庙歌及其他》),London:George Allen & Unwin,1923.

三、备注

1.1883年,翟理斯自费印刷了一本《古文选珍》。书中翟理斯首次将总体文学的概念引入对中国文学的介绍,他翻译了不同时期中国著名散文作家选篇,所有翻译均为首次翻译。1884年,翟理斯通过他的朋友伯纳德·夸里奇(Bernard Quaritch,1819—1899)出版该书,装帧精美,封面是用篆书题写的书名——"古文选珍",封底是一篇中文短序。1923年,《古文选珍》第二版(也译作《中国文学瑰宝》)出版。第二版是在修订、增补第一版的《古文选珍》和《古今诗选》的基础上完成的,分为两卷:散文卷和诗歌卷。《古文选珍》基本上按照中国历史朝代进行划分,散文卷节译了老子、孔子、屈原、庄子、宋玉、孟子、荀子、韩非子、司马迁、汉文帝、晁错、汉武帝、王充、法显、柳宗元、刘禹锡、白居易、司马光、苏东坡、王安石、岳飞、文天祥、曹雪芹、蒲松龄、袁枚、曾国藩、谭嗣同、袁世凯、梁启超等89位作家的186篇作品,其中也收入了不少诗人的作品,如白居易的《琵琶行》等。诗歌卷翻译了屈原、宋玉、曹植、陶渊明、贺知章、陈子昂、李白、王昌龄、张九龄、韩愈、元稹、李商隐、欧阳修、黄庭坚、苏东坡、陆游、蒲松龄、秋瑾等人的诗歌。该书的特点是选取作品多,题材极其丰富,并附有作者的生平简介。

2.福开森,美国人,于1888年受美以美会委派到南京传教,曾创办汇文书院,协助盛宣怀创办上海高等工业学堂,曾担任过北洋政府总统府顾问和国民政府行政院顾问。

3.武汉臣,元代戏曲作家。济南(今属山东)人,生卒年、字号不详。作杂剧12种,今存《散家财天赐老生儿》《李素兰风月玉壶春》《包待制智赚生金阁》3种。《散家财天赐老生儿》是写家资巨万的员外刘从善无子嗣,女婿为争夺家财,迫害、排挤刘之亲侄,还想暗害已经怀孕的刘妾。刘从善广散家财,多行善事,终于得一老生儿。故事起伏跌宕,戏剧性较强。曲文当行,宾白生动。此剧在19世纪初即被译为英文,后又有法、德、日译文。德庇时翻译的《老生儿》(*Laou-seng-urh*, or "*An Heir in His Old Age*", *A Chinese Drama*),1817年由伦敦默里出版社出版。之后有罗伯逊在1923年的英译本。

公元 1924 年

一、大事记

1.本年,老舍(原名舒庆春)在北京缸瓦市伦敦会基督教堂的主持人宝广林先生和北京大学英文教授易文思(Robert Kenneth Evens)先生的推荐下,被英国伦敦大学东方学院聘为该院中文讲师。伦敦传教会驻北京代表、北京萃贞女中校长伍英贞小姐(Myfanwy Wood)代表东方学院对老舍进行考察,并和他签订了赴英教授五年中文的合同,年薪为250镑,按月支付。老舍于9月24日抵达伦敦。当时东方学院中文系有三位老师,一位是老舍,一位是布鲁斯(Bruce),另一位是叶女士。

2.本年,韦利在《伦敦大学东方学院学刊》《泰晤士报文学副刊》上发表书评9篇,涉及语言、文物考古、绘画、佛教等诸方面,涉猎广博。

3.本年,翟理斯获得了牛津大学荣誉文学博士学位。

4.本年5月24日,韦利在《国家》(*The Nation*)杂志上发表短篇小说《送礼》("Presentation")。

5.本年8月,皇家医学会(Royal Society of Medicine)将翟理斯的《洗冤录》英译本收入该学会论文集。

6.本年12月8日,翟理斯当选为法兰西学院海外通讯院士。

二、书(文)目录

1.Baller, Frederick William: *The Sacred Edict*(《〈圣谕广训〉选译》), the second edition, Shanghai & London: China Inland Mission, 1924.

2.Giles, Herbert Allen: *The Hsi Yuan Lu, or Instructions to Coroners*(《洗冤录》), London: J. Bale Sons and Danielsson, 1924.

3.Giles, Herbert Allen: *Chaos in China*(《中国之动荡:狂想曲》), Cambridge: W. Heffer & Sons, 1924.

4.Waley, Arthur: "Presentation"(《送礼》), *The Nation*, 1924.

5.Webster,James: "The Kan Ying Pien"(《太上感应篇》), *The Journal of the Royal Asiatic Society of Great Britain and Ireland*, No.3, Jul. 1924.

三、备注

1.韦利的短篇小说《送礼》后收入其著译集《蒙古秘史集》(*The Secret History of the Mongols*)。

2.翟理斯在《中国之动荡:狂想曲》一书中对当时中国的动荡局势进行了思考,并对儒家经典和道德为当代人所忽视而深表遗憾。另外,鉴于庚子赔款应该如何使用这个问题一直悬而未决,翟理斯在书中还提出了一份庚子赔款使用计划书。

公元1925年

一、大事记

1.本年,艾伦·李(Alan Simms Lee)编译的《花影》(*Flower Shadows*)在伦敦出版。

2.本年,韦利在大英博物馆东方图片及绘画分部工作。在《泰晤士报文学副刊》《新政治家》等报刊上发表书评10篇。

3.本年,徐志摩游历欧洲来到伦敦,拜访韦利。

4.本年,英国国会正式通过"中国赔款案",成立咨询委员会。成员配置英籍8人,华籍3人。中方的成员有胡适、丁文江、王景春。

5.本年,英国汉学家邓罗(Charles Henry Brewitt-Taylor,1857—1938)翻译的《三国志演义》(*San Kuo, or Romance of the Three Kingdoms*)由上海别发洋行出版了英文全译本,但其中的诗歌大多都删去了。

6.本年7月11日,韦利的译作《夜云》("Clouds by Night")在《国家》杂志上发表。

7.豪厄尔的《今古奇观》选译本《不坚定的庄夫人及其他中国故事》由伦敦沃

纳·劳里公司再版。

8. 美国马里兰大学比较文学教授祖克（A. E. Zucker）在美国波士顿和英国伦敦同时出版了《中国戏剧》(The Chinese Theater)。

9. 韦利在《东方艺术与文化年鉴（1924—1925）》上发表关于恽寿平的长篇介绍。

10. 韦利在《亚洲艺术》(Artibus Asiae)第2期上发表论文《观音与妙善传说》("Avalokiteśvara and the Legend of Miao-Shan")。这是西方汉学界有关这一问题较早的一篇专题论文。

二、书（文）目录

1. Ayscough, Florence: *A Chinese Mirror, Being Reflections of the Reality Behind Appearance*(《一面中国镜子：表象背后真实的倒影》), London: Jonathan Cape, 1925.

2. Ball, James Dyer: *Things Chinese*(《中国风土人民事物记》), the second edition, Shanghai: Kelly & Walsh, 1925.

3. Brewitt-Taylor, Charles Henry: *San Kuo, or Romance of the Three Kingdoms*(《三国志演义》), Shanghai: Kelly & Walsh, 1925.

4. Forke, Alfred: *The World-Conception of the Chinese* (《世界眼中的中国——〈三国志〉〈晋书〉〈隋书〉选译》), London: Arthur Probsthain, 1925.

5. Giles, Herbert Allen: *Quips from a Chinese Jest-Book*(《中国笑话选》), Shanghai: Kelly & Walsh, 1925.

6. Giles, Lionel: "The Lament of the Lady of Ch'in"(《〈秦妇吟〉之考证与校释》), *T'oung Pao*, No.24, 1925/1926, pp.305-380.

7. Lee, Alan Simms: *Flower Shadows*(《花影》), London: Elkins Mathews, 1925.

8. Lyall, Leonard A.: *The Sayings of Confucius*(《论语》), the second edition, London: Longman, 1925.

9. Parker, Edward Harper: "Partings of the Ways, or Laocius and Confucius as Rival Moralists"(《道德经》), *Asiatic Review*, Vol.21, Jan. 1925, pp.129-140.

10. Waley, Arthur: "A Note on Two New Studies of Chinese Mythology"(《对中国神话两个新研究的述评》), *Man*, Vol.25, 1925, pp.133-134.

11. Waley, Arthur: "Christ or Bodhisattva"(《基督或菩萨》), *Artibus Asiae*, Vol.1, No.1, 1925, pp.4-5.

12. Waley, Arthur: "Avalokiteśvara and the Legend of Miao-Shan"(《观音与妙善传说》), *Artibus Asiae*, Vol.1, No.2, 1925, pp.130-132.

13. Woodhead, Henry George Wandesforde: *The Truth about the Chinese Republic*(《中华民国真相》), London: Hurst & Blackett, 1925.

三、备注

1. 邓罗，英国人，天津英文《时报》编辑宓吉（Alexander, 1833—1902）的女婿。1880年来华，任福州船政学堂航行专业教授。1898年进中国海关，曾任税务司。他将《三国演义》译成英文，由上海别发洋行出版，这是在中国本土出版全译本之前唯一的英文全译本。

2. 伍德海（Henry George Wandesforde Woodhead, 1883—1959），英国人，1902年来华，任上海《字林西报》外勤记者。辛亥革命时，在北京担任路透社通讯员。1912年担任北京政府所办的英文报纸《北京日报》的总主笔，1913—1914年任《京报》（*Peking Gazette*）总主笔，1914—1930年任天津英文报纸《京津泰晤士报》总主笔。除了报纸的日常编辑任务外，他从1912年开始编撰《中华年鉴》（*The China Yearbook*）。

3. 本年翟理斯出版的《中国笑话选》共翻译了清代游戏人生所著《笑林广记》中的笑话242则。由于欧洲人一直以来认为中国人性情比较沉闷，为了消除欧洲人对中国的偏见，翟理斯觉得很有必要向西方介绍中国的幽默。在该书序言部分，他指出"本书的宗旨在于展示中国人智慧与幽默的一面……除此之外，这些笑话还能真实地反映中国社会生活，反映中国的男男女女、老老少少的行为、语言和思想"。在选译《笑林广记》时删去了他认为一些不合适的笑话，同时又根据英国读者的品位对原文字进行了修饰，译文生动有趣。

公元 1926 年

一、大事记

1.豪厄尔编译的《归还新娘及其他中国故事》(The Restitution of the Bride and Other Stories from the Chinese)在伦敦出版,收录了《裴晋公义还新娘》《杜十娘怒沉百宝箱》《钝秀才一朝交泰》《羊角哀舍命全交》等六个故事。

2.本年,何丙郁(Ho Peng-Yoke)出生,他是国际著名的科学史家,自 20 世纪 50 年代以来,长期与李约瑟合作共事。作为李约瑟主持的"中国的科学与文明"(《中国科学技术史》)项目的重要研究成员和作者之一,何丙郁曾任英国剑桥大学李约瑟研究所所长。

3.本年,韦利在《泰晤士报文学副刊》发表书评 3 篇。

4.本年,由苏柯仁和美国人福开森在上海联合创办的《中国科学美术杂志》从月刊改为每年出两卷。

5.本年,翟林奈出版了《秦妇吟》的英译本。译本有中文注释,及原文不同版本文字的考证,为中英双语对照,汉字为刻版的繁体。

6.本年春,威灵顿(Arthur Wellesley)子爵率领咨询委员会调查团来华访问,苏慧廉被英国政府派遣任英中庚款顾问委员会委员,并作为代表团团员,再度前往中国。

7.本年 7 月,胡适随庚款调查团赴英继续商谈庚款助学相关事宜。在英期间,胡适与伯希和、翟林奈、韦利、庄士敦等人见面,互通学术。据胡适日记记载,1926 年 8 月至 12 月底,胡适与伯希和会面有 10 次,谈话 3 次;与翟林奈见面 9 次,谈话 1 次;与庄士敦会面 8 次,谈话 6 次;与韦利会面 15 次,谈话 11 次。

8.本年 8 月 1 日起,老舍被续聘三年,继续担任伦敦大学东方学院的标准中国官话和中国古典文学讲师,年薪为 300 镑。

二、书（文）目录

1.Ceil, William Edgar: *The Sacred 5 of China*（《中国五岳》）, Boston & New York: Houghton Mifflin Company, 1926.

2.Crane, Louise: *China in Sign and Symbol*（《中国招幌》）, Shanghai: Kelly & Walsh, 1926.

3.Edwards, Evangeline Dora: *A Collection of Chinese Proverbs (in Mandarin) for Students*（《中国谚语汇编》）, Shanghai: Kwang Hsueh Publishing House, 1926.

4.Giles, Herbert Allen: *Strange Stories from a Chinese Studio*（《聊斋志异》）, the fourth edition, Shanghai: Kelly & Walsh, 1926.

5.Giles, Herbert Allen: *Chuang Tzǔ: Mystic, Moralist, and Social Reformer*（《庄子: 神秘主义者、伦理学家和社会改革家》）, the second edition, London: Bernard Quaritch, 1926.

6.Giles, Lionel: *The Lament of the Lady of Ch'in, Translated with Chinese Text, Introduction and Notes, from the Original Mss. in the British Museum*（《秦妇吟》）, Leyden: E. J. Brill, 1926.

7.Giles, Lionel: *The Sayings of Lao Tzǔ*（《老子语录》）, the fifth edition, London: the Orient Press, 1926.

8.Howell, E. B.: *The Restitution of the Bride and Other Stories from the Chinese*（《归还新娘及其他中国故事》）, London: T. Werner Laurie, 1926.

9.Legge, James: *The Texts of Confucianism*（《儒教读本》）, the second edition, Oxford: Clarendon Press, 1926.

10.MacIver, D.: *A Chinese-English Dictionary, Hakka-Dialect*（《客英大字典》）, Revised by M. C. Mackenzie, the second edition, Shanghai: Presbyterian Mission Press, 1926.

11.Waley, Arthur: "Quartette"（《四位一体》）, *New Statesman*, Jan. 1926, pp.356-357.

12.Waley, Arthur; Yetts, W. P.: "The Tao-T'ieh"（《饕餮》）, *The Burlington Magazine for Connoisseurs*, Vol.48, No.275, 1926, pp.104, 107-108.

13. Waley, Arthur: *Kai Khosru Monographs on Eastern Art*(《东方艺术专论》), London: E. Benn, 1926.

14. Waley, Arthur: *The Sacred Tree*(《贤木》), London: George Allen & Unwin, 1926.

三、备注

1. 1926年9月，中英之间爆发"万县惨案"，之后中国掀起了反英运动，英国在中国的势力受到沉重打击。

2. 理雅各在1879年出版了《东方圣书》第三卷，含《书经》《诗经中的宗教》和《孝经》，1926年再版更名为《儒教读本》。

3. 韦利的《四位一体》一文讨论了中国小说的四个构成部分，即情节、对话、心理描写、作者意图。他在文中指出，中国小说的这四个要素对于西方作者很有参考价值。

公元1927年

一、大事记

1. 本年7月，韦利的译作《胡旋女》（"Foreign Fashion"）（白居易诗）在《论坛》（*Forum*）上发表，此译作未收入韦利的任何一种译著集。

2. 本年，《中国科学美术杂志》中文刊名更改为《中国杂志》（*China Journal*）。该杂志以刊登短文为主，配以精美照片，风格清新明快。

3. 本年，倭纳将戴遂良所著的法文本《中国宗教信仰及哲学观点通史》（*A History of the Religious Beliefs and Philosophical Opinions in China from the Beginning to the Present Time*）转译为英文出版。

4. 本年，庄士敦复任威海卫行政长官。

5. 本年，韦利在《泰晤士报文学副刊》上发表书评3篇。

二、书（文）目录

1.Colvin, Ian Duncan: *After the Chinese*(《仿中国诗集》), London: P. Davies, 1927.

2.Dubs, Homer Hasenpflug: *Hsun-tze: The Moulder of Ancient Confucianism*(《荀子:古代儒学的定型者》), London: Arthur Probsthain, 1927.

3.Ellam, J. E.: *The Religion of Tibet: A Study of Lamaism*(《西藏的宗教:喇嘛教研究》), London: J. Murray, 1927.

4.Grantham, A. E.: *Hills of Blue*(《蓝山:忧郁的群山》), London: Methuen, 1927.

5.Hillier, Walter C.: *The Chinese Language and How to Learn It: A Manual for Beginners*(《华英文义津逮》), the third edition, the second volume, Shanghai: Kelly & Walsh, 1927.

6.Legge, James: *The Texts of Daoism*(《道德经》), Oxford: Clarendon Press, Photo-litho reprint, 1927.

7.Lyall, Leonard A. & King Chien-kün: *The Chung-yung or the Centre, the Common*(《中庸》), London: Longmans, Green, 1927.

8.Lyall, Leonard A.: *The Sayings of Confucius*(《论语》), London: J. Murray, 1927.

9.Mei, Yi-pao(梅贻宝): *The Ethical and Political Works of Motse*(《墨子的伦理及政治论著》), London: Probsthain, 1927.

10.Waley, Arthur: *A Wreath of Cloud*(《云冠》), London: George Allen & Unwin, 1927.

11.Waley, Arthur: "Foreign Fashion"(《胡旋女》), *Forum*, Vol.6, 1927, pp.877–880.

12.Waley, Arthur: *Poems from the Chinese*(《中国诗歌》), London: E. Benn, 1927.

三、备注

德效骞(Homer Hasenpflug Dubs, 1892—1969), 美国人, 汉学家。1918年以圣道会传教士身份来华, 1925年获得芝加哥大学哲学博士学位, 论文是把《荀子》翻译成英文并加以批注。常常在欧洲汉学杂志《通报》上发表文章。二战后, 曾获得法兰西学院的儒莲奖。1948年后在英国牛津大学讲学。德效骞曾将《汉书》的本纪部分译成英文，分三卷于1938年、1944年、1955年在美国出版。

公元1928年

一、大事记

1.本年6月，韦利译作《英译汉诗三首》（"Three Chinese Poems"）在《论坛》上发表。其中韩愈诗一首、白居易诗两首，皆未收入韦利任何一种译著集。

2.本年，韦利在《泰晤士报文学副刊》《伦敦大学东方学院学刊》上发表书评3篇。

二、书（文）目录

1.Dubs, Homer Hasenpflug: *The Works of Hsun Tze*（《荀子的著作》），London: Probsthain, 1928.

2.Duyvendak, Jan J. L.: *The Book of Lord Shang*（《商君书》），London: Probsthain, 1928.

3.Mathers, E. Powys: *Love Stories and Gallent Tales from Chinese*（《中国爱情传说》），London: John Radker, 1928.

4.Stein, Mark Aurel; Binyon, Laurence: *Un Dipinto Cinese Della Raccolta Berenson*（《一位书画收藏家：贝尔森》），Milano-Roma: Casa editrice d'arte Bestetti & Tumminelli, 1928.

5.Stein, Mark Aurel: *Innermost Asia*（《亚洲腹地考古记》），Oxford: Oxford University Press, 1928.

6.Waley, Arthur: "Three Chinese Poems"（《英译汉诗三首》），*Forum*, June 1928.

7.Wilhelm, Richard: *The Soul of China*（《中国之魂》），London: Jonathan Cape, 1928.

三、备注

本年,纽约阿普尔顿出版社再版翟理斯的《中国文学史》(*A History of Chinese Literature*)。

公元 1929 年

一、大事记

1. 本年,美国汉学家弗洛伦斯·艾思柯翻译的《杜甫》(*Tu Fu*)由伦敦 Jonathan Cape 出版社出版,介绍了杜甫的生平和诗作。

2. 本年,杰弗里·邓洛普(Geoffrey Dunlop)在伦敦出版了《水浒传》70 回英译本,书名为《强盗与士兵》(*Robbers and Soldiers*)。

3. 本年,王际真(Chi-chen Wang,1899—2001)英译的《红楼梦》120 回的节译本在纽约出版,韦利作序。

4. 本年,修中诚(Ernest Richard Hughes,1883—1956)开始任职于上海中华基督教青年会,一直到 1932 年。

5. 本年,詹姆斯·拉弗(James Laver,1899—1975)根据阿尔弗雷德·亨施克(Alfred Henschke)的德文改编本转译了《灰阑记》(*The Circle of Chalk*)的英译本。

6. 本年 11 月,韦利译自《老残游记》(*The Wanderings of Lau Ts'an*)的译作《歌女》("Singing-girl")在《亚洲》(*Asia*)杂志上发表,表明韦利也关注中国近现代的小说作品。

7. 本年 12 月,韦利译自日语的《爱虫女》(*The Lady Who Loved lnsects*)由伦敦 The Blackamore Press 出版。此篇译作后收入其著译集《真实的唐三藏》(*The Real Tripitaka and Other Pieces*)。

8. 本年 12 月 31 日,韦利以健康原因,辞去了在大英博物馆东方图书与写本部的工作,打算专心致志地译书。他在大英博物馆前后共工作了 16 年。

9. 本年,梅贻宝(Yi-pao Mei,1900—1997)在伦敦出版了他的博士论文的部分内容《墨子的伦理及政治论著》(The Ethical and Political Works of Motse)。

二、书（文）目录

1. Ayscough, Florence: *Tu Fu*(《杜甫》), London: Jonathan Cape, 1929.

2. Dunlop, Geoffrey: *Robbers and Soldiers*(《强盗与士兵》), London: Gerald Howe, 1929.

3. Laver, James: *The Circle of Chalk*(《灰阑记》), London: William Heinemann, 1929.

4. Mei, Yi-pao(梅贻宝): *The Ethical and Political Works of Motse*(《墨子的伦理及政治论著》), London: Probsthain, 1929.

5. Purcell, Victor William Williams Saunders: *The Spirit of Chinese Poetry, An Original Essay*(《中国诗歌的神韵》), Shanghai: Kelly & Walsh, 1929.

6. Waley, Arthur: "Singing-girl"(《歌女》), *Asia*, Vol.11, 1929, pp.876–877.

7. Wang, Chi-chen(王际真): *Dream of the Red Chamber*(《红楼梦》), London: Routledge, 1929.

三、备注

1.《灰阑记》为元代李行道所著，全名《包待制智赚灰阑记》，是世界戏剧史上比较著名的元杂剧作品之一。该剧通过审判二母夺一子的故事，颂扬了包公铁面无私、智谋果断的精神。海外有多种译本。1832年有法译本，1929年英译本从德译本转译而来。

2.《强盗与士兵》是杰弗里·邓洛普根据爱林斯坦(Albert Ehrenstein)的德译本转译的《水浒传》70回本的第一个英译本。

3. 伯塞尔(Victor William Williams Saunders Purcell, 1896—1965)，英国人，毕业于剑桥大学。1920年考入马来西亚英国行政界。1921年来华，在广州学习汉语六年。1926年回马来西亚任职，后升为华民政务司。1949年后任剑桥大学远东史讲师。

4. 梅贻宝，天津人，1928年在美国获博士学位，回国后受聘于燕京大学，历任注册课主任、教务处主任、讲师、教授、文学院院长、成都燕京大学代校长、美国爱荷华大学东方学教授、香港中文大学新亚书院校长、台中东海大学教授等职。与其兄清华大学校长梅贻琦教授齐名。他在哥伦比亚大学完成了题为"Motse, the Neglected Rival of Confucius"(《墨子：一位被人忽视却与孔子匹敌的对手》)的博士论文，翻译了现存《墨子》53 篇中的 36 篇。这部分译文于 1929 年在伦敦普罗赛因出版社单独出版，书名为《墨子的伦理及政治论著》。梅贻宝的翻译以清代孙诒让的《墨子间诂》为底本，紧扣原文且注释翔实，译文质量较高，是研究《墨子》英译的重要参考书之一。

5. 韦利的译作《歌女》选自《老残游记》第二回"明湖湖边美人绝调"中"白妞说书"一节。

6. 王际真，著名的翻译家，曾在美国哥伦比亚大学任教。翻译过《红楼梦》《醒世姻缘传》《吕氏春秋》等中国古代典籍和鲁迅的小说。王译本的《红楼梦》虽然只是节译本，但在杨宪益、戴乃迭 1978 年合译英文全译本出版之前，王际真的译本一直是英、美最为流行的《红楼梦》版本，在西方颇受推崇。

7. 修中诚，英国伦敦会传教士，1911 年来华，在福建传教 18 年。1929—1932 年在上海中华基督教青年会全国协会任职。1933 年返英，在母校牛津大学担任中国宗教和哲学教师。1948—1952 年在美国加利福尼亚大学任教。作品包括《中国古典哲学》(Chinese Philosophy in Classical Times, 1942)、《中国的宗教》(Religion in China, 1950)、《两位中国诗人：汉代生活和思想简介》(Two Chinese Poets: Vignettes of Han Life and Thought, 1960) 等。

公元 1930 年

一、大事记

1. 本年，海伦·赫斯(Helen M. Hayes)节译的《佛教徒天国历程：〈西游记〉》(The Buddhist Pilgrim's Progress from the Shi Yeu Ki: "The Records of the Journey to the Western Paradise" by Wu Ch'eng-en)在伦敦出版，此书为 100 回的选译本。

2. 本年，斯坦因第四次来到新疆喀什葛尔，在吐鲁番盆地寻觅古迹；后被我国文化界发现，遭到强烈反对，南京政府下令禁止他进行任何挖掘工作，并吊销了他的护照签证。

3. 本年，上海别发洋行出版了美国人阿灵顿（Lewis Charles Arlington, 1859—1942）的《古今中国戏剧》，翟理斯作序。

4. 本年，慕阿德（Arthur Christopher Moule, 1873—1957）获得法兰西学院的儒莲奖。

5. 本年，韦利在《泰晤士报文学副刊》、《古董》（Antiquity）等报刊上发表书评9篇。

6. 本年，韦利在《伦敦大学东方学院学刊》第6卷第1期上发表《论中国的炼金术》（"Notes on Chinese Alchemy"）。

二、书（文）目录

1. Budd, Charles: "The South Bank of the Brook"（《南溪》）, *Journal of North China Branch of the Royal Asiatic Society*, 1930.

2. Hayes, Helen M.: *The Buddhist Pilgrim's Progress from the Shi Yeu Ki*: "The Records of the Journey to the Western Paradise" by Wu Ch'eng-en（《佛教徒天国历程：〈西游记〉》）, London: J. Murray, 1930.

3. Hsu, Sung-Nien（徐仲年）: *Poems from the Chinese*（《中国诗选》）, London, 1930.

4. Mei, Yi-pao（梅贻宝）: *The Ethical and Political Works of Motse*（《墨子的伦理及政治论著》）, the third edition, London: Probsthain, 1930.

5. Moule, Arthur Christopher: *Christians in China before the Year 1550*（《1550年前的中国基督教史》）, London: SPCK, 1930.

6. Soothhill, William Edward: *The Lotus of the Wonderful Law, or the Lotus Gospel*（《妙法莲华经》）, Oxford: Clarendon Press, 1930.

7. Waley, Arthur: "Notes on Chinese Alchemy"（《论中国的炼金术》）, *Bulletin of the School of Oriental Studies*, Vol.6, No.1, 1930, pp.1–24.

三、备注

1.本年,中英两国政府关于中英庚款正式换文。换文规定以英国全部退回之庚款,设置基金,借充建筑铁路及经营其他生产项目,再以所得利息兴办教育文化事业。

2.本年10月1日,中国与英国就收复威海卫问题长达9年的谈判结束,民国政府派外交次长王家桢为接受专员,参加了行政长官署前的交接仪式。

3.慕阿德,英国传教士,汉学家。1898年在剑桥大学毕业后来华,任教会的建筑师。1904年后,在山东传教。1909年返英。1933年开始继任翟理斯在剑桥大学的汉学教授一职。1938年退休。慕阿德在中西交通史研究领域颇有建树。代表作有《1550年前的中国基督教史》,并因此书获得了1930年的法兰西学院的儒莲奖。其他著作包括《西安府的景教碑——附亚洲文会会刊1858—1917年目录》(*The Christian Monument at Si An Fu*, with Catalogue of the North-China Branch of the Royal Asiatic Society from the Foundation of the Society, 1858-1917)和与伯希和合著的《〈马可·波罗游记〉校注》(*Marco Polo, the Description of the World*)(两卷,1938)一书。

公元1931年

一、大事记

1.本年,国民政府和英国政府达成一项协议,将部分庚子赔款用于中英文化交流,因而建立了大学中国委员会,根据英国皇家特许状成立,负责管理20万英镑,用于加强中英两国之间的教育联系。

2.本年,李高洁(Cyril Drummond Le Gros Clark,1894—1945)英译的《苏东坡文选》[*Selections from the Works of Su Tung-p'o*(A.D. 1036-1101)]由伦敦Jonathan Cape出版社首次出版。

3.本年,韦利在《泰语士报文学副刊》《古董》上发表书评5篇。

4.本年,叶女士因为对唐代文学的翻译与研究获得了伦敦大学文学博士学位。

5.本年6月,韦利的译作《长春真人西游记》(*The Travels of an Alchemist：The Journey of the Taoist Ch'ang-Ch'un from China to the Hindukush at the Summons of Chingiz Khan*)由伦敦 George Routledge & Sons 出版。此书在英国重印一次,在美国重印两次。

6.本年到 1939 年,叶女士受聘于伦敦大学东方研究学院汉学准教授。

7.本年,翟理斯 85 岁寿辰,清华大学的傅尚霖在英文版《中国社会及政治学报》上发表长文介绍其生平业绩,感谢他为研究中国文化做出的贡献。

二、书（文）目录

1.Baynes,Cary F.：*The Secret of the Golden Flower*(《太乙金华宗旨》),London：Kegan Paul,1931.

2.Candlin,Clara M.；Tzǔ-jén Ku：*Songs of Cathay*,*An Anthology of Songs Current in Various Parts of China Among Her People*(《民间音乐》),Shanghai：Association Press,Kelly & Walsh,1931.

3.Clark,Cyril Drummond Le Gros：*Selections from the Works of Su Tung-p'o*(*A.D. 1036-1101*)(《苏东坡文选》),London：Jonathan Cape,1931.

4.Mathews,R. H.：*Chinese-English Dictionary*(《汉英字典》),Shanghai：China Inland Mission and Presbyterian Mission Press,1931.

5.Mears,I.；Mears,L. E.：*Creative Energy*(《易经》),London：J. Murray,1931.

6.Waley,Arthur：*A Catalogue of Paintings Recovered from Tun-huang by Sir Aurel Stein*,*K. C. I. E.*,*Preserved in the Sub-department of Oriental Prints and Drawings in the British Museum*,*and in the Museum of Central Asian Antiquities*,*Delhi*(《斯坦因所得敦煌绘画目录》),London：Printed by Order of the Trustees of the British Museum and of the Government of India,1931.

7.Waley,Arthur："Notes on the History of Chinese Popular Literature"(《中国通俗文学史概述》),*T'oung Pao*,second series,Vol.28,Nos.3/5,1931,pp.346-354.

8.Waley,Arthur：*The Travels of an Alchemist：The Journey of the Taoist Ch'ang-Ch'un from China to the Hindukush at the Summons of Chingiz Khan*,*Recorded by His Disciple*

Li Chih-ch'ang(《长春真人西游记》),London:George Routledge & Sons,1931.

三、备注

1.大学中国委员会负责英国的一切有关中国文化的活动。该委员会的委员多为英国各大学副校长、外交部代表、著名汉学家、学者及一些中国学者。主要工作为照料享受庚子赔款赴英留学的中国留学生;支付牛津、剑桥和伦敦三所大学汉学教授的薪金;安排与中国学有关的研讨会;出版中国研究的书籍和期刊;为从事中国研究的英国学者提供资助;等等。

2.李高洁,军人出身,曾在伦敦的国王学院读书,1914年参军。1923年,他从印度军队退役,先后到欧洲和美洲游历,最后又回到亚洲,于1925年成为沙捞越(Sarawak)政府公务员,负责处理中国相关事务,曾到厦门大学进修汉语,后来一直做到沙捞越的辅政司。1945年7月6日在北婆罗洲丛林中被日军秘密杀害。

3.李高洁翻译的《苏东坡文选》初版本是16开的精装本,选译了苏东坡《赤壁赋》《喜雨亭记》等19篇赋、记,并配有19幅精美的木刻插图和大量木刻尾饰,木刻插图出自其夫人之手,可说是珠联璧合。

4.韦利所译的《中国通俗文学史概述》一文着重论述明代小说《今古奇观》,以及冯梦龙、凌濛初、金圣叹对中国小说的贡献。

5.韦利翻译的《长春真人西游记》为元朝李志常所撰,记述了金元之际全真教丘处机(1148—1227)应成吉思汗邀请,从山东前往中亚大雪山觐见并传授长生之术的经历。

公元1932年

一、大事记

1.本年,英国作家哈罗德·艾克顿(Harold Acton,1904—1994)出于对中国文化的热爱,到北京大学教授英国文学,长达7年。

2.本年,韦利在《伦敦大学东方学院学刊》第6卷第4期上发表《佛经中谈到的炼金术》("References to Alchemy in Buddhist Scriptures")。

3.本年,英国汉学家吉德炜(David N. Keightley)出生于伦敦。

4.本年,翟理斯辞去剑桥大学汉学教授一职。

二、书(文)目录

1.Cranmer-Byng, L.: *Vision of Asia, An Interpretation of Chinese Art and Culture*(《亚洲视角:中国艺术文化解读》), London: J. Murray, 1932.

2.Edwards, Evangeline Dora: *Festivals and Songs of Ancient China*(《中国古代的祭礼与歌谣》), London: George Routledge & Sons, 1932.

3.Giles, Lionel: "A Chinese Geographical Text of the Ninth Century"(《9世纪的中国地理文本》), *Bulletin of the School of Oriental Studies*, University of London, Vol.6, No.4, 1932, pp.825-846.

4.Lyall, Leonard A.: *Mencius*(《孟子》), London: Longmans, Green, 1932.

5.Suzuki, D. T.: *The Lankavatara Sutra: A Mahayana Text*(《楞伽阿跋多罗宝经》), London: George Routledge and Sons, 1932.

6.Swann, Nancy Lee: *Pan Chao: Foremost Woman Scholar of China*(《班昭:中国最早的女学者》), London: The Century, 1932.

7.Waley, Arthur: "Did Buddha Die of Eating Pork? With a Note on Buddha's Image"(《佛陀之死是因为吃了猪肉吗？佛陀形象的描述》), *Melanges Chinois et Bouddhiques*, Vol.1, 1932, pp.343-354.

8.Waley, Arthur: "References to Alchemy in Buddhist Scriptures"(《佛经中谈到的炼金术》), *Bulletin of the School of Oriental Studies*, University of London, Vol.6, 1932, pp.1102-1103.

9.Werner, Edward Theodore Chalmers: *A Dictionary of Chinese Mythology*(《中国神话词典》), New York: Julian Press, 1932.

三、备注

1.哈罗德·艾克顿,英国著名诗人、汉学家,出生于意大利贵族家庭,热爱中国文化,积极向西方译介中国古典文学,将大量的中国文学戏剧作品翻译成英文,其中包括明代作家冯梦龙的《醒世恒言》(部分)、《中国名剧》(三十三折)、昆曲《狮吼记》《林冲夜奔》《春香闹学》《桃花扇》等。

2. 吉德炜,1932 年出生于伦敦,是西方甲骨文研究的先锋,后移居美国。他是以美国加州大学为中心的学术组织"古代中国研究会"的主席,并担任该组织出版的刊物《古代中国》(*Early China*)的主编,退休前任加州大学伯克利分校历史系教授。著有《商代甲骨文研究》(*Sources of Shang History：The Oracle-Bone Inscriptions of Bronze Age China*, 1978),编著《中国文明的起源》(*The Origins of Chinese Civilization*, 1983)。

3. 钱锺书在《清华周刊》第 36 卷第 11 期(1932 年 1 月 16 日)上发表了对李高洁翻译的《苏东坡文选》的书评,总体上肯定了译者的水平,但也指出在翻译过程中,不仅中国旧有文体之别消失了("赋"和"记"译成英文后都成了明快的散文),而且一些作品在译后也发生了某些风格和意义的变化。此外还有些误译,如将"苏子"译成"苏的儿子",将"东坡居士"译成"退休的学者东坡"。不过在那篇书评的最后,钱锺书高度赞扬了李高洁夫人的木刻插图。他说,此书因李高洁夫人的漂亮木刻和尾饰而魅力大增。

4. 叶女士的《中国古代的祭礼与歌谣》系法国汉学家葛兰言(Marcel Granet)法文著作的英译本。

公元 1933 年

一、大事记

1. 本年,弗洛伦斯·艾思柯出版了 1929 年《杜甫》一书的下卷《中国诗人游记——杜甫:江湖客》(*Travels of a Chinese Poet：Tu Fu, Guest of Rivers and Lakes*),以游记的形式,按照时间顺序,详尽地介绍了杜甫一生的履历和不同时期创作的诗歌。

2. 本年,韦利在《古董》《皇家亚洲学会学刊》上发表书评 7 篇。

3. 本年,韦利在斯德哥尔摩出版的《远东古物博物馆馆刊》(*Bulletin of the Museum of Far Eastern Antiquities*)第 5 期上发表论文《论〈周易〉》("The Book of

Change")。在本文中系统提出自己对《周易》一书的看法:此书是两个文本系统的杂合,一个是农人对自然现象的朴素解释,另一个是后起的更加复杂的神化阐释。

4.本年,英国著名的宋代诗词翻译家克拉拉·凯德琳(Clara M. Candlin)的译著《信风:宋代诗词歌赋选》(*The Herald Wind:Translations of Sung Dynasty Poems, Lyrics and Songs*)在伦敦出版。

5.本年,李约瑟(Joseph Needham)在剑桥大学岗维尔-凯厄斯学院晋升为高级讲师。

6.本年,慕阿德开始任剑桥大学中国语言及历史学教授一职。

7.本年,修中诚在牛津大学开始代理苏慧廉的汉学教席,教授中国宗教和哲学,帮助促进该校的汉学研究和教学工作。

8.本年,叶女士开始任伦敦大学中文教授一职。

二、书(文)目录

1.Ayscough,Florence:*Travels of a Chinese Poet:Tu Fu,Guest of Rivers and Lakes*(《中国诗人游记——杜甫:江湖客》),London:Jonathan Cape,1933.

2.Candlin,Clara M.:*The Herald Wind:Translations of Sung Dynasty Poems,Lyrics and Songs*(《信风:宋代诗词歌赋选》),London:J. Murray,1933.

3.Cheng,Te-kun(郑德坤):"The Travels of Emperor Mu"(《穆天子传》),*Journal of the North China Branch of the Royal Asiatic Society*,1933.

4.Clark,Barrett H.:*World Drama*(《世界戏剧》),London:D. Appleton,1933.

5.Fitzgerald,C. P.:*Son of Heaven,A Biography of Li Shih-min,Founder of the T'ang Dynasty*(《唐朝的建立者——天子李世民传》),Cambridge:Cambridge University Press,1933.

6.Giles,Lionel:*The Analects of Confucius:Translated from the Chinese,with an Introduction and Notes*(《论语》),Shanghai:Commercial Press,1933.

7.Headland,Isaac Taylor:*Chinese Rhymes for Children,with a few from India,Japan,and Korea*(《小孩儿语》),London:Fleming H. Revell Company,1933.

8.Legge,James:*The Four Books:Confucian Analects,the Great Learning,the Doctrine of the Mean, and the Works of Mencius（《四书》）, Shanghai: The Chinese Book Company, 1933.

9. Mason, Issac: "When and How Muhammadanism Entered China"（《伊斯兰教进入中国史》）, Asiatic Review, No.29, 1933.

10. Morgan, Evan: Tao, The Great Luminant: Essays from Huai Nan Tzu（《〈淮南鸿烈〉选译》）, Shanghai: Kelly & Walsh, 1933.

11. Siren, Osvald: History of Early Chinese Painting（《佩文斋书画谱》）, London: the Medici Society, 1933.

12. Stein, Mark Aurel: On Ancient Central-Asian Tracks: Brief Narrative of Three Expeditions in Innermost Asia and North-Western China（《斯坦因西域考古记》）, London: Macmillan, 1933.

13. Waley, Arthur: "Books in Review: A Tale of Righteous Bandits"（《一个关于正义的强盗们的传说》）, New Republic, Vol.77, Issue 990, 1933, p.51.

14. Waley, Arthur: "The Book of Change"（《论〈周易〉》）, Bulletin of the Museum of Far Eastern Antiquities, Vol.5, 1933, pp.121-142.

三、备注

1. 弗洛伦斯·艾思柯的《中国诗人游记——杜甫：江湖客》力图以诗叙事，译诗尽量贴近中文原文，并配以很多精美插图，图文并茂，是一部不可多得的用心之作。

2. 克拉拉·凯德琳是英国著名的汉学家、翻译家。其译著《信风：宋代诗词歌赋选》选译了79首宋代诗词歌赋，对每位入选诗人都有小传介绍，译文生动优美，可读性很强。书前附有胡适和克莱默·宾分别撰写的序言和长篇导论。胡适在序言中着重介绍了宋词的三个特点；克莱默·宾在导论中系统地介绍了宋代诗词的创作情况、艺术特点及宋代文学对西方文化的影响。

3. 李约瑟曾与哈隆合作翻译《管子》，并在《中国的科学与文明》第2卷《科学思想史》中提到此事。

公元 1934 年

一、大事记

1.本年,瑞恰慈(Ivor Armstrong Richards,1893—1979)的《孟子论心》(*Mencius on the Mind*)在伦敦出版。

2.本年,韦利在《古董》上发表书评一篇。

3.本年,熊式一(S. I. Hsiung)将京剧《红鬃烈马》改编为《宝川夫人》(*Lady Precious Stream*)在伦敦出版。

4.本年,骆任廷编译的《英译中国诗歌选》(*Ying i Chung-kuo ko shih hsüan：Select Chinese Verses*)在上海出版,中英文对照,所选译诗取自翟理斯和韦利的旧作,即翟理斯的《古文选珍》、韦利的《汉诗 170 首》《庙歌及其他》和《中诗英译续编》,系先秦至唐宋诗歌。

5.本年 10 月,韦利关于《道德经》的著名译著《〈道德经〉探研：它的意向和力量,以及它在中国思潮中的地位》(*The Way and Its Power：A Study of the Tao Tê Ching and Its Place in Chinese Thought*)由 George Allen & Unwin 出版。到 1977 年,已重印 6 次。

6.本年冬,熊式一亲自导演的《宝川夫人》在伦敦上演,三年内连演 900 场,盛况空前,玛丽王后携儿媳与孙女及各国外交使节亲临观看。后于 1935 年秋在美国百老汇上演,成为第一部在美国上演的中国戏。

二、书(文)目录

1.Bredon,Juliet：*Hundred Altars*(《百坛记》),New York：Dodd,Mead,1934.

2.Giles,Lionel："A Topographical Fragment from Tun-huang"(《敦煌地质残片,伦敦藏石室本 s.788 号》),*Bulletin of the School of Oriental Studies*,University of London,Vol.7,No.3,1934,pp.545-572.

3.Giles,Lionel："Reviewed Work：*All Men Are Brothers*(*Shui Hu Chuan*) by Pearl

S. Buck"(《四海之内皆兄弟:〈水浒传〉书评》), *Bulletin of the School of Oriental Studies*, University of London, Vol.7, No.3, 1934, pp.629-636.

4.Hsiung, S. I. (熊式一): *Lady Precious Stream*(《宝川夫人》), London: Methuen, 1934.

5.Johnston, Reginald Fleming: *Confucianism and Modern China*(《儒家与近代中国》), London: Victor Gollancz, 1934.

6.Johnston, Reginald Fleming: *Twilight in the Forbidden City*(《紫禁城的黄昏》), London: Victor Gollancz, 1934.

7.Liu, Hsien(刘咸): "Three Letters from Buddhist Kings to the Chinese Court in the Fifth Century"(《〈宋书〉选译》), *The Journal of the Royal Asiatic Society of Great Bri-tain and Ireland*, No.2, Apr. 1934, pp.352-353.

8.Lockhart, James Haldance Stewart: *Ying i Chung-kuo ko shih hsüan: Select Chinese Verses*(《英译中国诗歌选》), Shanghai: Commercial Press, 1934.

9.Richards, Ivor Armstrong: *Mencius on the Mind*(《孟子论心》), London: Kessinger Publishing, 1934.

10.Waley, Arthur: "Note on the Word 'Chiao'"(《"徼"字解》), *Bulletin of the School of Oriental Studies*, University of London, Vol.7, 1934, pp.717-718.

11.Waley, Arthur: "The Verb 'to Say' as an Auxiliary in Africa and China"(《动词"说"在非洲与中国语言中所起的一种辅助作用》), *Bulletin of the School of Oriental Studies*, University of London, Vol.7, 1934, pp.573-576.

12.Waley, Arthur: *The Way and Its Power: A Study of the Tao Tê Ching and Its Place in Chinese Thought*(《〈道德经〉探研:它的意向和力量,以及它在中国思潮中的地位》), London: George Allen & Unwin, 1934.

三、备注

1.《红鬃烈马》是一出京剧,主要讲述薛平贵与王宝钏的爱情故事。共包括13场折子戏,分别为《花园赠金》《彩楼配》《三击掌》《闹窑降马》《别窑投军》《误卯三打》《母女会(探寒窑)》《鸿雁修书》《赶三关》《武家坡》《算军粮》《银空山》《大登殿》。

2.瑞恰慈,英国人,著名文学批评家、美学家、诗人、语言教育家,曾在英国剑桥大学(1922—1929)、中国清华大学(1929—1930)、美国哈佛大学(1944—1963)任教授,是"新批评派"理论的创始人之一。瑞恰慈利用语义理论分析解读了儒家经典《孟子》,写成《孟子论心》一书。

3.本年,广学会出版了《四福音大辞典》。

4.裴丽珠(Juliet Bredon),英国女作家。中国海关代理总税务司裴式楷之女,总税务司赫德的内侄女。长期在华居住,代表作有《赫德爵士传奇》(Sir Robert Hart, The Romance of a Great Career, 1909)、《北京》(Peking: A Historical and Intimate Description, 1922)、《中国风俗节日记》(The Moon Year: A Record of Chinese Customs and Festival, 1927)等。

5.韦利的《〈道德经〉探研:它的意向和力量,以及它在中国思潮中的地位》是其著名译著之一,包括前言、导论、附录短文六篇、《道德经》译文等。全书的译文、解说和论述的共同目的在于准确地反映老子的生平,同时就"无为主义""道""圣""唯实论者""唯实论的神秘基础""名与实""《道德经》的表现方法"等论题,进行了深入的探讨。书中附录的六篇短文,分别就老聃与《道德经》写作的传说、《道德经》的各种中文注释本、阴阳与五行的含义、《道德经》在世界上的影响等方面作了详细介绍。韦利的《道德经》译本注重表达老子的哲学思想,对老子思想在西方的传播有较大影响,多次重印。

公元1935年

一、大事记

1.本年,李高洁出版了《苏东坡赋》(The Prose-Poetry of Su Tung-p'o)。

2.本年,牛津大学汉学教授苏慧廉去世。

3.本年,韦利在《新政治家》《皇家亚洲学会学刊》发表书评3篇。

4.本年,熊式一翻译了王实甫的《西厢记》(The Romance of the Western Chamber),在伦敦出版。

5.本年,著名汉学家翟理斯在剑桥家中去世。

二、书（文）目录

1.Allan, Charles Wilfrid: *Jesuits at the Court of Peking*(《北京宫廷中的耶稣会士》), Shanghai: Kelly & Walsh, 1935.

2.Candlin, Clara M.: *The Herald Wind*(《宋代诗歌选译》), London: J.Murray, 1935.

3.Clark, Cyril Drummond Le Gros: *The Prose-Poetry of Su Tung-p'o*(《苏东坡赋》), Shanghai: Kelly & Walsh; London: Kegan Paul, 1935.

4.Fitzgerald, C. P.: *China, A Short Cultural History*(《中国文化简史》), London: Cresset Press, 1935.

5.Hsiung, S. I.(熊式一): *The Romance of the Western Chamber*(《西厢记》), London: Methuen, 1935.

6.Lin, Yutang(林语堂): "The Technique and Spirit of Chinese Poetry"(《中国诗歌的技巧和精神》), *Journal of the North China Branch of the Royal Asiatic Society*, new series, No.66, 1935, pp.37-40.

7.Lockhart, James Haldance Stewart: *Ying i Chung-kuo ko shih hsüan: Select Chinese Verses*(《英译中国歌诗选》), the second edition, Shanghai: Commercial Press, 1935.

8.Morgan, Evan: *Tao, The Great Luminant: Essays from Huai Nan Tzu*(《〈淮南鸿烈〉选译》), London: Kelly & Walsh, 1935.

9.Sakanishi, Shio(坂西志保): *Kuo Hsi: An Essay on Landscape Painting*(《郭熙：林泉高致》), London: J. Murray, 1935.

10.Thomas, Edward J.: *Early Buddhist Scriptures*(*Ta-tsang Ching*)(《大藏经》), London: Kegan Paul, 1935.

三、备注

1.李高洁的《苏东坡赋》在1945年再版时由钱锺书为之作序。

2.林辅华(Charles Wilfrid Allan),英国循道会传教士,1878年来华,在汉口、长沙等地传教。1926年调往上海广学会担任编辑。

公元 1936 年

一、大事记

1.本年,德国汉学家西门华德(Simon Walter,1893—1981)来到伦敦大学亚非学院,除了授课,还担任图书馆馆长。

2.本年,亨利·H.哈特(Henry H. Hart)在伦敦 H.米尔福德出版社、牛津大学出版社、斯坦福大学出版社同时出版了翻译的《西厢记:中世纪戏剧》(*The West Chamber: A Medieval Drama*)。

3.本年,韦利在《民间传说》(*Folklore*)杂志上发表书评 1 篇。

4.本年 10 月,韦利在《天下月刊》(*T'ien Hsia Monthly*)上发表论文《日蚀诗及其类别》("The Eclipse Poem and Its Group")。

5.牛津大学请来中国学者向达,于本年起草了一份购买中文书刊的报告,拨出专款 600 镑用于填补藏书空缺。

6.本年,英国汉学家哈罗德·艾克顿与陈世骧合作选编、翻译了《现代中国诗选》。这是中国新诗的第一个英译本,由伦敦的达克沃斯出版公司出版。

二、书(文)目录

1.Chi, Ch'ao-ting(冀朝鼎):*Key Economic Areas in Chinese History*(《中国历史上的基本经济区》),London: Augustus Kelley Publishers,1936.

2.Hart, Henry H.: *The West Chamber: A Medieval Drama*(《西厢记:中世纪戏剧》),London: H. Milford; Oxford: Oxford University Press; Stanford: Stanford University Press,1936.

3.Sowerby, Arthur de Carle: *China's Natural History*(《中国自然史》),Shanghai: Royal Asiatic Society,1936.

4.Watts, Alan: *The Spirit of Zen*(《禅宗的精神》),London: J. Murray,1936.

三、备注

1.本年7月,西班牙内战期间李约瑟任剑桥工会联合会之科学工作者协会代表;是年,在剑桥大学创办科学史讲座。

2.韦利在论文《日蚀诗及其类别》中把《诗经》里一部分习惯上叫作"变雅"、被他称为"政治性哀歌"的作品专门进行了译介和讨论。通过这篇论文,韦利事实上参与了中国学者有关古代一次大日蚀的考证和争论。

3.西门华德,德国人,著名的汉藏语研究学者,专攻中国语言学,尤其是在汉藏语言的对比研究方面;同时也比较关注汉语教学。他在古代汉语的变化和中国古文发展历程方面所做的研究堪与瑞典的汉学大师高本汉(Klas Bernhard Johannes Karlgren,1889—1978)相比。

4.《天下月刊》是一份以现代中国留学欧美的知识分子为主而创办的英文文学、文化类刊物,其宗旨为向西方阐释中国文化。主要读者对象为在华西方人,具有西方教育背景的中国知识分子(主要是归国留学生)以及海外对中国文学、文化有兴趣并希望有进一步认识和了解的西方读者。《天下月刊》由南京中山文化教育馆资助主办,担任编辑的先后有吴经熊、温源宁、全增嘏、林语堂、姚莘农、叶秋原。《天下月刊》创刊于1935年8月,终刊于1941年9月。《天下月刊》着重向西方乃至世界介绍中国,既介绍传统中国,也介绍现代中国,是现代中国一份不可多得的向外传播中国文化的窗口,也是外国人看中国的一个文化信息渠道。

公元1937年

一、大事记

1.哈罗德·艾克顿与美国的中国戏剧专家阿灵顿合作,把三十三折比较流行的京剧译为英文,题为《中国名剧》(*Famous Chinese Plays*),本年由北平的出版商Henri Vetch出版,后于1963年在纽约出版。

2.本年,程修龄(Cecilia S. I. Zung)编著的《中国戏典》(*Secrets of the Chinese*

Drama)在上海别发洋行出版,后由伦敦阿诺出版社(Arno)重印出版。

3.本年,中国留学生初大告(Ta-kao Ch'u,1898—1987)翻译了《新定章句老子〈道德经〉》(*A New Translation of Lao Tzu's Tao Te Ching*),由 George Allen & Unwin 出版。

4.本年,初大告选取《聊斋》中的《种梨》《三生》和《偷桃》等几个单篇翻译,并以《中国故事选》(*Stories from China*)为题在英国出版。

5.本年,葛瑞汉(Angus Charles Graham,1919—1991)在希罗普郡的埃尔斯大学毕业后,遵父命就读于牛津大学神学院。

6.本年,叶女士翻译的《莺莺传》收入她所编译的《中国唐代散文文学》(*Chinese Prose Literature of the T'ang Peroid*,A.D.618-906)第二卷,在伦敦出版。该书分上、下两卷。上卷介绍散文,下卷介绍唐传奇。

7.本年,初大告翻译了宋词《中华隽词》(*Chinese Lyrics*),收译词50首,由剑桥大学出版社出版。

8.本年5月,在华的大英圣经公会、美国圣经公会和苏格兰圣经公会决定合并,成立中华圣经会(The Bible Society of China)。

9.本年7月12日,伦敦《诗歌评论》(*Poetry Review*)中写道:初大告先生翻译的 *Chinese Lyrics*(《中华隽词》)保留了原作特有的神韵,值得人们深思并拿来和非中国籍译者的英译本比较。该书句调朴素纯真,译者仔细地模拟了原作的节奏。

10.本年8月1日,《伦敦信使》(*London Mercury*)杂志对初大告的译著也作了评价:一个中国人翻译这些词时,不但运用了地道的英语习语,而且能够如此深刻地领会英语语词的音乐价值,这不能不令人叹为观止。

11.本年9月,韦利的译作《诗经》(*The Book of Songs*)由 George Allen & Unwin 出版。此书出版后曾多次重印,经过修订后,曾出过美国版。1996年,纽约 Grove Press 还出过一个最新版。

12.本年10月7日,英国著名刊物《英语新周刊》(*New English Weekly*)刊登了一篇文章,对初大告的翻译进行了评论:"在翻译中国诗词的比赛中,韦利先生遇到了一位强有力的竞争者——初先生。这些词不但是以令人钦佩的鉴赏力精选出来的,而且译得极其优美,因而得到了奎勒·库奇(Quiller Couch)先生的盛赞与介绍。"

13.本年,广学会迁至西南,与成都华英书局组成基督教联合出版社。

二、书（文）目录

1. Acton, Harold; Arlington, Lewis Charles: *Famous Chinese Plays*(《中国名剧》), Peiping: Henri Vetch, 1937.

2. Ch'u, Ta-kao(初大告): *A New Translation of Lao Tzu's Tao Te Ching*(《新定章句老子〈道德经〉》), London: George Allen & Unwin, 1937.

3. Ch'u, Ta-kao(初大告): *Stories from China*(《中国故事选》), London: Kegan Paul, Trench, Trübner, 1937.

4. Ch'u, Ta-kao(初大告): *Chinese Lyrics*(《中华隽词》), Cambridge: Cambridge University Press, 1937.

5. Eberhard, Wolfram: *Chinese Fairy Tales and Folk Tales*(《中国寓言民谣》), London: Kegan Paul, 1937.

6. Edwards, Evangeline Dora: *Chinese Prose Literature of the T'ang Period, A.D. 618-906*(《中国唐代散文文学》), London: Probsthain, 1937.

7. Giles, Lionel: *The Sayings of Confucius*(《论语》), the second edition, London: J. Murray, 1937.

8. Hart, Henry H.: *Seven Hundred Chinese Proverbs*(《七百中国谚语》), Oxford: Oxford University Press, 1937.

9. Hughes, Ernest Richard: *The Individuals in East and West*(《东西方的个人》), Oxford: Oxford University Press, 1937.

10. Jackson, J. H.: *The Water Margin*(《水浒传》), Shanghai: Commercial Press, 1937.

11. Soothhill, William Edward; Hodous, Lewis: *A Dictionary of Chinese Buddhist Terms*(《佛学辞典》), London: Kegan Paul, Trench, Trübner, 1937.

12. Soothhill, William Edward: *The Analects of Confucius*(《论语》), Oxford: Oxford University Press, 1937.

13. Waley, Arthur: "Mystics and Scholars"(《神秘主义者与学者》), *The Aryan Path*, 1937, pp.399-400.

14. Waley, Arthur: *The Book of Songs*(《诗经》), London: George Allen & Unwin, 1937.

15. Waley, Arthur: "Chinese Folk-Lore Society"(《中国民俗学学会》), *Journal of Chinese Folk-Lore*, Vol.1, 1937, pp.62-63.

16. Zung, Cecilia S. I. (程修龄): *Secrets of the Chinese Drama*(《中国戏典》), Shanghai: Kelly & Walsh, 1937.

三、备注

1.本年开始，李约瑟在中国及世界各地采购回来很多中国典籍，包括《道藏》《大藏经》《四库全书》等。

2.初大告，北京外国语学院英语系教授、图书馆前馆长，"九三"学社中央委员。对英国文学、戏剧和英语语音学深有研究，并精通世界语，是我国推广世界语的先行者之一。20世纪30年代在剑桥大学留学期间，因翻译中国诗词和老子《道德经》而享誉英国学界。他是较早进行中文典籍英译并获得成功的中国学者之一，曾为中西文化交流和海外汉学的发展做出过重要贡献。主要译著有《新定章句老子〈道德经〉》《中华隽词》《中国故事选》等英译本(在英国出版)。编著有《英语语音学讲义》《英文教学法》《中英文法的比较》《英语发音法》等。

3.葛瑞汉，英国著名汉学家。葛瑞汉在其学术生涯中，对中国哲学进行了开创性的研究，同时也对中国语言、中国哲学和诗词有较多的精品译作。葛瑞汉对宋代理学家程颢(程明道)、程颐(程伊川)的哲学颇有研究，他的开山之作《中国的两位哲学家——程明道和程伊川》一书，对新儒学领域最核心的两位哲学家的思想作了全面系统的论述和严密的分析，这在该领域的文献中是绝无仅有的。葛瑞汉治学严谨、言必有据，为自己赢得了20世纪著名的汉学家之一的声誉。

4.鲁桂珍(Gwei-djen Lu, 1904—1991)，本年进入剑桥大学攻读生物化学博士。李约瑟开始受到来剑桥攻读博士学位的沈诗章、王应睐和鲁桂珍三位中国留学生的深刻影响，对中国古代文明产生浓厚兴趣，并刻苦学习汉语。

5.韦利本年出版的《诗经》译本以译文准确、典雅广受好评。其内容包括前言、导论、译诗、注释、附录及索引。

6.韦利所撰的《中国民俗学学会》一文主要是对中国民俗学学会的介绍。

7.中华圣经会:由当时在华的大英圣经公会、美国圣经公会和苏格兰圣经公会合并成立。大英圣经公会(British and Foreign Bible Society,又称大英圣书会)成立于1804年,是英国规模最大、实力最强的圣经推广组织。曾经资助过新教来华第一人马礼逊等人翻译和出版中文版的《圣经》。美国圣经公会(American Bible Society,又称美国圣书公会)于1816年在美国纽约成立,派葛立克(L. H. Gulick)到北京、上海、福州、汉口等地设立分支机构,曾资助裨治文等翻译《圣经》。苏格兰圣经公会(National Bible Society of Scotland)主要资助杨格非翻译《圣经》。三家圣经推广机构曾因《圣经》的中译问题产生纷争,后来于1843年、1890年两次召开代表大会,摒弃成见,同心协力,由新教各派联合协作,分为文言文、半文半白和白话三个小组再次翻译中文版《圣经》,成为英国汉学史和翻译史上的一段佳话。

8.《中国名剧》一书收入多部京剧折子戏,包括《长坂坡》《击鼓骂曹》《捉放曹》《状元谱》《群英会》《法门寺》《汾河湾》《蝴蝶梦》《尼姑思凡》《宝莲灯》《碧玉簪》《打城隍》《貂蝉》《天河配》《翠屏山》《玉堂春》等。

公元1938年

一、大事记

1.本年,亨利·H.哈特翻译的《牡丹园:中国古诗英译集》(*A Garden of Peonies:Translations of Chinese Poems into English Verse*)出版。

2.本年,牛津大学邀请中国历史学家陈寅恪接替已去世的苏慧廉担任汉学教授职务,但是因战乱长期未能到职。

3.本年,韦利在《民间传说》《新政治家》发表书评3篇。

4.本年11月,韦利译作《论语》(*The Analects of Confucius*)由George Allen & Unwin出版。此书出版后曾多次重印,在美国也至少有两种版本。1946年,曾在荷兰翻译出版。

5.本年7月,胡适赴欧洲宣传抗日,8月在伦敦与韦利相见。

6.霍古达(Gustav Haloun,1898—1951,又译为古斯塔夫·哈隆)自本年11月移居英国,成为剑桥大学第四任汉学教授。李约瑟曾师从霍古达学习汉语。

7. 伦敦大学东方学院更名为伦敦大学亚非学院。

8. 修中诚编著的《中国:躯体与灵魂》(China:Body and Soul)一书收入了英尼斯·杰克逊(Innes Jackson)选译的几首李白诗,本年在伦敦出版。

9. 英国汉学家杜德桥(Glen Dudbridge,1938—2017)本年出生于英格兰的萨默塞特郡。

10. 本年,庄士敦开始担任伦敦大学亚非学院汉学教授一职。

二、书(文)目录

1. Dubs, Homer Hasenpflug: *The History of the Former Han Dynasty*(《〈汉书〉选译》),Baltimore:Waverley Press,1938.

2. Edwards, Evangeline Dora: *The Dragon Book: An Athology of Chinese Literature, in Translation*(《龙书:中国的文学选译》),London:W. Hodge,1938.

3. Hart, Henry H.: *A Garden of Peonies: Translations of Chinese Poems into English Verse*(《牡丹园:中国古诗英译集》),Stanford:Stanford University Press,1938.

4. Hughes, Ernest Richard: *China: Body and Soul*(《中国:躯体与灵魂》),London:Secker & Warburg,1938.

5. Hughes, Ernest Richard: *The Invasion of China by the Western World*(《西方世界对华侵略》),New York:Macmillan,1938.

6. Waley, Arthur: "Chuang Tzǔ and Hui Tzǔ: Intuition Versus Intellect"(《庄子与惠子》),in *China: Body and Soul*(《中国:躯体与灵魂》),London:Secker & Warburg,1938,pp.157-166.

7. Waley, Arthur: "The Lucky Stone and the Lung Stone"(《吉祥碑与龙碑》),*Bulletin of the School of Oriental Studies*, University of London, Vol.9, No.3, 1938, pp.729-732.

8. Waley, Arthur: *The Analects of Confucius*(《论语》),London:George Allen & Unwin,1938.

三、备注

1.杜德桥,英国剑桥大学博士、英国学术院院士、原欧洲汉学会主席、英国牛津大学教授、英国牛津大学中国学术研究所所长。1938年出生,1962年于剑桥大学获得学士学位。1963年至1964年就读于香港新亚研究所(New Asia Institute of Advanced Chinese Studies)。1967年于牛津大学获得博士学位。1965年至1985年任牛津大学讲师。1985年被剑桥大学委任为教授。1989年起任牛津大学教授、汉学系主任。现为牛津大学荣休教授,并兼任英国学术院中国组主席、当代亚洲研究委员会主席等职。杜德桥的主要研究方向包括中国传统叙述、中国古典小说、中国通俗文学、中国史学与历史文献。早年以博士论文《〈西游记〉研究》一举成名。20世纪70年代以《妙善传说》研究享誉国际学坛。主要代表作有《〈西游记〉:对16世纪中国小说的一种探究》(*The Hsi-yu Chi:A Study of Antecedents to the Sixteenth-Century Chinese Novel*,1970)、《妙善传说》(*The Legend of Miao-Shan*,1978)、《〈李娃传〉:对一个9世纪中国故事的研究与校勘》(*The Tale of Li Wa:Study and Critical Edition of a Chinese Story from the Ninth Century*,1983)、《中国唐代社会的宗教体验和世俗社会:对〈广异记〉的一种阅读》(*Religious Experience and Lay Society in T'ang China:A Reading of Tai Fu's Kuang-i Chi*,1995)、《中国的白话文化》(*China's Vernacular Cultures*,1996)等。

2.霍古达,生于捷克斯洛伐克,在德国莱比锡大学学习汉学,而后在布拉格、哈雷、哥廷根等大学任教,是一位无国籍的汉学家。他1938年移居英国剑桥,开始担任剑桥大学的汉学教授,主要从事中国古籍尤其是散佚的诸子作品的整理工作,并致力于中国古籍中出现的大夏和大月氏问题的研究。此外,他还曾为任职的各大学搜集善本汉籍图书。到了晚年,他开始研究《管子》。

3.韦利的《论语》译本比较具有现代的气息,通畅易读,是目前英语世界比较通行的译本。在《论语》译本中,有韦利所撰《导论一》《导论二》,论述孔子以及与孔子同时的学者的学说,介绍《论语》中的一些术语,如"仁""道""诗""君子""小人""天""信""思""王""霸"等。还另有专文介绍《论语》中提到的古代礼仪、丧仪、音乐、舞蹈,介绍由《论语》所开创的语录文体的写作传统。书后附录孔子年表、译文注释、索引。书中,韦利系统地发表了他对于《论语》文本考据的观点。

这些观点在西方学术界影响很大。

公元 1939 年

一、大事记

1.哈罗德·艾克顿翻译的《春香闹学》("Ch'un Hsiang Nao Hshueh")发表在《天下月刊》的第 8 卷 4 月号上。

2.本年,伯纳德·米奥尔(Bernard Miall)翻译,韦利作序的《金瓶梅》(Chin P'ing Mei)在伦敦出版。前言中,韦利考证认为徐渭最有可能是此书作者。英译本是根据库恩(Franz Kuhn)的德译本转译的。

3.本年,德国作家布莱希特(Berltot Brecht,1898—1956)在 1939 年出版的《中国诗歌》中转译了韦利翻译的七首中国古诗。

4.本年,二战爆发,韦利进入英国情报部担任新闻报道审查官,直至 1945 年二次大战结束。

5.本年,汉学家霍古达开始着手为剑桥大学创建一套综合性的图书收藏方案,尽管因战争而搁置,但也为剑桥大学的汉学研究带来了新气象。

6.本年,韦利在《新政治家》上发表书评 1 篇。

7.本年,叶女士接替庄士敦担任伦敦大学亚非学院汉学系教授,直至 1955 年。

8.本年 11 月,韦利的著作《古代中国的三种思维方式》(Three Ways of Thought in Ancient China)出版。此书出版后曾多次重印,在美国至少有两个版本,并被译为法、德、波兰等文字。

9.本年,修中诚对牛津大学汉学教学和研究体制进行了重大改革,创办了汉学特优学院(Chinese Honor School),确定四年本科学制,学生通过考试可以获得正式学位,推动了牛津大学汉学的发展。

10.本年秋,萧乾到访伦敦,专程拜访韦利。

11.艾支顿(Frederick Clement Egerton)在老舍的协助下翻译了《金瓶梅》,改名为《金莲》(*The Golden Lotus*)在伦敦出版。这是西方最早最全的《金瓶梅》译本。

二、书（文）目录

1.Acton, Harold:"Ch' un Hsiang Nao Hshueh"(《春香闹学》), *Tian Hsia Monthly*, Vol.8, No.4, 1939.

2.Edwards, Evangeline Dora; Blagden, C. O.: "A Chinese Vocabulary of Cham Words and Phrases"(《中文闪族词汇表》), *Bulletin of the School of Oriental Studies*, University of London, Vol.10, No.1, 1939, pp.53-91.

3.Egerton, Frederick Clement: *The Golden Lotus*; *A Translation, from the Chinese Original, of the Novel Chin P' ing Mei*(《金莲》), London: George Routledge & Sons, 1939.

4.Foster, John: *Nestorian Tablet of Sian-fu*(《西安府大秦景教流行中国碑》), London: Society for Promoting Christian Knowledge, 1939.

5.Foster, John: *The Church of the T' ang Dynasty*(《唐代的教会》), London: Society for Promoting Christian Knowledge, 1939.

6.Lee, P. C.(吕碧城): *The Two Buddhist Books in Mahayana*(Part of the Avatamsaka and Other Sutras)(《华严宗经典》), London: Luzac, 1939.

7.Liao, W. K.(廖文奎): *The Complete Works of Han Fei Tzu*(《韩非子》), London: Probsthain, 1939.

8.Mason, Issac: "The Mohammedans of China"(《中国回教徒》), *Journal of the North China Branch of Royal Asiatic Society*, 1939.

9.Miall, Bernard: *Chin P' ing Mei: The Adventurous History of Hsi Men and His Six Wives*(《金瓶梅》), with an introduction by Arthur Waley, from the abridged version by Franz Kuhn, London: John Lane, The Bodley Head, 1939.

10.Sakanishi, Shio(坂西志保): *The Spirit of the Brush, Being the Outlook of Chinese Painters on Nature, from Eastern Chin to Five Dynasties*(《神来之笔——中国书画家的自然观：从东晋到五代》), London: J. Murray, 1939.

11.Waley, Arthur: *Three Ways of Thought in Ancient China*(《古代中国的三种思维方式》), London: George Allen & Unwin, 1939.

三、备注

1. 艾支顿,现译克莱门特·埃杰顿,英国语言学家、汉学家。第一次世界大战时当过军官,后在伦敦研究社会心理学。他懂拉丁文、希腊文、德文、法文等多种语言。1925 年到 1928 年他和老舍合住一处,由老舍教他学习中文。在老舍的帮助下,他用五年时间翻译出了《金瓶梅》。艾支顿在书的扉页上还专门写了"此书献给 C. C. Shu",C. C. Shu 就是老舍。

2. 李约瑟与鲁桂珍合撰第一篇中国科技史论文《中国营养学史上的一个贡献》。

3. 韦利为《金瓶梅》节译本所作的序言分为"关于《金瓶梅》的创作情况""关于《金瓶梅》的流传情况""《金瓶梅》之被查禁""创作《金瓶梅》之环境"四个章节,是他研究有关《金瓶梅》多种资料后的一篇有参考价值的作品。他在序言中提出《金瓶梅》作者为徐渭一说,引起世界《金瓶梅》研究者的注目。

4. 哈罗德·艾克顿本年在《天下月刊》上发表的《春香闹学》是他唯一独立翻译的译本。译文前有关于剧本内容的介绍。他在前言中说明了该剧的重要意义:"《牡丹亭》与《琵琶记》被公认为是明代南戏的杰作。"

5. 韦利的《古代中国的三种思维方式》介绍了先秦时期对后世影响比较大的几个学术流派,包括儒家、道家、法家、墨家等,对中国古代思想进行了阐释,语言流畅浅显,内容深入浅出,成为英语世界中有关中国先秦思想史的一部普及性著作。

公元 1940 年

一、大事记

1. 本年,大英博物馆东方典藏部助理管理员索姆·詹尼斯(Soame Jenyns,1904—1976)翻译的《唐诗选》(*Poems of the T'ang Dynasty*)在伦敦出版。该书封面题目为《唐诗选》,内页题目为《唐诗三百首诗选》(*Selections from the Three Hun-*

dred Poems of the T'ang Dynasty），收入"东方智慧丛书"系列。

2.本年，韦利在《皇家亚洲学会学刊》《新政治家》上发表书评3篇。

3.本年7月，韦利在《亚细亚评论》(The Asiatic Review)上发表《我们对中国的情义》("Our Debt to China")一文，主要介绍徐志摩在翻译及介绍英国文化方面的贡献。

4.本年12月，韦利在《地平线》(Horizon)第2期上发表诗作《审查：用中国体》("Censorship: A Poem in the Chinese Style")，并将此诗题献给萧乾。

5.葛瑞汉本年从牛津大学神学院毕业，参加英国皇家空军。

6.龙彼得(Piet van der Loon,1920—2002)从本年开始至1946年在荷兰莱顿大学汉学院攻读汉学，毕业后在英国剑桥大学执教多年，后来晋升为汉学教授。

7.伦敦大学亚非学院的学报（英文原名是 Bulletin of the School of Oriental Studies）是发布学院教师论文的专门刊物，本年改名为 Bulletin of the School of Oriental and African Studies。

二、书（文）目录

1. Edwards, Evangeline Dora: *Confucius*(《孔子》), London & Glasgow: Blackie & Son, 1940.

2. Jenyns, Soame: *Poems of the T'ang Dynasty*(《唐诗选》), London: J. Murray, 1940.

3. Moule, Arthur Christopher: *The Ta-Ming Shihlu*(《大明实录》), Leiden: E. J. Brill, 1940.

4. Sowerby, Arthur de Carle; Gibson, Harry E.: *Nature in Chinese Art*(《中国艺术中的自然》), New York: J. Day, 1940.

5. Waley, Arthur: "Censorship: A Poem in the Chinese Style"(《审查：用中国体》), *Horizon*, Vol.2, Dec. 1940.

6. Waley, Arthur: "Et Pourtant cest triste quant meurent les empires"(《帝国死亡堪悲哀》), *New Statesman*, Vol.11, No.23, 1940, p.513.

7. Waley, Arthur: "Our Debt to China"(《我们对中国的情义》), *The Asiatic Review*, Vol.36, July 1940.

三、备注

1.韦利从本年开始在政府部门工作，担任英国军情处的检查员，审阅过中国驻英记者萧乾等人发自伦敦的中文新闻稿，也检查过日本商人字迹潦草、语法不通的电报，有关细节他在战后的诗文中都有过自嘲式的追忆。

2.龙彼得，欧洲著名汉学家。1940—1946 年就读于荷兰莱顿大学中文系，1948—1972 年任剑桥大学中文讲座教授，1972 年转任牛津大学讲座教授。1982 年荣任欧洲汉学协会会长。1987 年退休，仍保留荷兰国籍。他也是剑桥大学图书馆名誉馆员、日本道教学会理事、法兰西亚洲学会名誉会员，长期致力于中国的宗教及戏曲研究，兼具汉学和版本目录学的浓厚造诣。

3.韦利的《我们对中国的情义》一文介绍了中国作家徐志摩的事迹。韦利非常佩服徐志摩的才学和为人，在此文中也表达了英国人对处于世界大战中的中国人民的深切同情。

4.英国汉学家詹尼斯是西方最早对唐诗进行英译工作的学者之一，他曾任职于大英博物馆，是著名的东方艺术收藏家和鉴赏家。他的译作《唐诗选》(又名《唐诗三百首诗选》)于 1940 年在伦敦出版，共分 10 个主题对 298 首唐诗进行了编译。

公元 1941 年

一、大事记

1.《教务杂志》(*Chinese Recorder*)本年停刊。

2.《中国杂志》本年停刊。

3.本年，哈罗德·艾克顿与李宜燮合译了冯梦龙的白话小说《醒世恒言》中的四个故事，合编为《如胶似漆》(*Glue and Lacquer*)，在伦敦出版，韦利作序。

4.本年，李约瑟当选为英国皇家学会会员(FRS)。

5.本年，韦利在《新政治家》等刊物上发表书评 7 篇。

6.本年 2 月,韦利《译自中国文》(*Translations from the Chinese*)由纽约 Alfred A. Knopf 出版。此书中的译作绝大多数选自《汉诗 170 首》,配有插图,在英、美两国都曾多次重印。

7.本年 7 月 12 日,韦利在《新政治家》上发表诗作《无枪炮》("No Discharge")。此诗于本年 12 月 1 日又刊载于《新共和》(*New Republic*),小有修订。后来据初版收入《蒙古秘史集》。

8.本年 7 月 24 日,韦利在《听众》杂志上发表诗作《天鹅》("Swan")。此诗收入《蒙古秘史集》时小有修订。在这首诗之前,《蒙古秘史集》还收入其诗作两篇:《闪电战诗》("Blitz Poem")、《歌》("Song"),似未在报刊上登载过。

二、书(文)目录

1. Acton, Harold; Lee, Yi-Hsieh(李宜燮): *Glue and Lacquer*(《如胶似漆》), London: The Golden Cockerel Press, 1941.

2. Acton, Harold: *Peonies and Ponies*(《牡丹与马驹》), Oxford: Oxford University Press, 1941.

3. Dubs, Homer Hasenpflug: "The Date and Circumstances of the Philosopher Laodz"(《哲学家老子的时间和环境》), *Journal of the American Oriental Society*, Vol.61, Dec. 1941, pp.215-221.

4. Waley, Arthur: *Translations from the Chinese*(《译自中国文》), New York: Alfred A. Knopf, 1941.

三、备注

1.《教务杂志》是 1868 年美国美以美会传教士保灵(S. L. Baldwin)在福州创办的中英文月刊,最初的名称为 *Missionary Recorder*,1869 年起改名为 *Chinese Recorder*。1872 年 5 月停刊。1874 年英国传教士伟烈亚力复刊于上海,双月刊。1885 年 3 月起恢复为月刊。这是一份以英美传教士为读者对象的杂志,虽为新教传教士的信息媒介,但在前半期也刊发了不少关于中国社会、历史、文化等方面的学术文章。1941 年终刊,前后共 72 年。

2.《中国杂志》由英国汉学家苏柯仁与美国人福开森 1923 年在上海联合创

办,原名为《中国科学美术杂志》,从 1925 年第 3 卷开始改为月刊,1926 年起又改为一年两卷。1927 年该杂志中文刊名更改为《中国杂志》,英文名称也相应改为 China Journal。该刊以刊登短文为主,配以精美照片,风格清新明快。其内容最初泛论中国宗教、历史、语言及远东问题等方面,后来逐步转向专论科学和艺术。

公元 1942 年

一、大事记

1.李约瑟本年受命于英国文化委员会(The British Council),随同该协会代表团访华,在重庆和昆明等地做文化联络工作,组建了中英科学合作馆(The Sino-British Science Co-operation Office),被聘为中央研究院动植物研究所通信研究员,协助中国科研单位和各大学重建科研组织,考察教学、科研以及图书和设备的使用情况。

2.鲁惟一(Michael Loewe,1922—　),本年开始至 1956 年在英国政府联络总部担任特派员,自学古汉语,研究中国古代史。

3.蒲立本(Edwin George Pulleyblank,1922—2013),本年从艾伯塔大学毕业后,在太平洋战争情报站工作,结合业务自学过日语和汉语。

4.韦利本年出版了《西游记》的节译本《猴》(Monkey)。

二、书(文)目录

1.Giles,Lionel：*The Book of Mencius,the Abridged*(《〈孟子〉节译本》),London：J. Murray,1942.

2.Hughes,Ernest Richard：*Chinese Philosophy in Classical Times*(《中国古典哲学》),London：J. M. Dent & Sons；New York：E. P. Dutton,1942.

3.Hughes,Ernest Richard："*The Great Learning*" and "*the Mean-in-Action*"(《〈大学〉与〈中庸〉》),London ：J. M. Dent & Sons,1942.

4.Waley,Arthur：*Monkey*(《猴》),London：George Allen & Unwin,1942.

5. Walter, Simon; Chien-hsün Lu: *Chinese Sentence Series, First Fifty Lessons* (*with Two Bibliographical Appendices*) (《中文句子系列，前五十课》), London: Probsthain, 1942-1944.

三、备注

1. 鲁惟一，英国著名汉学家。先后就学于剑桥珀斯学校(The Perse School)和牛津大学曼达琳学院(Magdalen College)。1947 年，他来到北京的英国领事馆，馆内的一个汉文秘书给他取了"鲁惟一"这个名字。1951 年，他凭借对中国汉代历史的杰出研究获得了伦敦大学亚非学院的最高荣誉奖，1963 年获得了伦敦大学的博士学位。同年进入剑桥大学执教，直到 1990 年退休。曾任剑桥大学东亚系主任，现为剑桥大学荣休教授。1982 年，鲁惟一被选为欧洲汉学协会(European Association of Chinese Studies)的副会长，也是《剑桥中国史·秦汉卷》主编之一。鲁惟一专攻中国古代历史，在中国先秦史和秦汉史研究上贡献颇多，撰有多种有关中国古代历史和文化的著述。在整个西欧，鲁惟一是唯一一个研究简牍的汉学家。自 20 世纪 60 年代，鲁惟一开始涉猎此学，走遍了西欧各国的图书馆，继承和发展了日本的森鹿三首创的居延汉简研究，被国内外学术界评价为"汉简研究中绕不开的人物"。

2. 蒲立本，加拿大汉学家。艾伯塔省卡尔加里人。1942 年毕业于艾伯塔大学，主修希腊文和拉丁文经典。参与太平洋战争期间情报工作时接触日本语，私下也在渥太华的卡尔顿学院学习汉语。1946 年到伦敦大学攻读中国语言和历史。1951 年获哲学博士学位，论文为《安禄山的家世和早年生活》，后到日本东京和京都的图书馆进修至 1952 年。1953 年担任剑桥大学汉学教授。在《伦敦大学亚非学院学刊》《通报》和《大亚细亚》上发表多篇唐代历史论文，兼及中亚历史。

3. 韦利的《西游记》节译本书名为《猴》，1942 年出版，后多次再版，并被转译成西班牙文、德文、瑞典文、比利时文、法文、意大利文、斯里兰卡文等，在欧美产生了广泛的影响。全书共 30 章，内容相当于《西游记》的 30 回，约为原书篇幅三分之一。书前附有胡适《西游记考证》一文。虽是节译本，但译文能传达原著的风格，在西方被认为翻译水平很高，成为《西游记》英译本中影响最大的一个译本。欧美一些重要的百科全书，在评介《西游记》时都是以韦利的译本为依据的。

公元 1943 年

一、大事记

1. 本年至1946年，国民政府教育部在牛津大学、剑桥大学和伦敦大学设立了为期三年的中国文化奖学金，鼓励大学进行中国学研究。

2. 李约瑟本年起担任中英科学合作馆馆长。

3. 韦利本年在《新政治家》上发表书评1篇。

4. 修中诚于本年再次来华，担任英国驻华使馆所属科学联络局成员，其间他曾专程到桂林广西大学商谈聘请陈寅恪去牛津大学任教事宜。

二、书（文）目录

1. Giles, Lionel; Clarke, John: *Roots of Strategy: A Collection of Military Classics*（《战略之根本：兵书汇编——〈孙子兵法〉》），London: John Lane, The Bodley Head, 1943.

2. Jenyns, Soame: *Poems of the T'ang Dynasty*（《唐诗选》），the second edition, London: J. Murray, 1943.

3. Lin, Yutang（林语堂）: *The Wisdom of Confucius*（《孔子的智慧》），London: H. Hamilton, 1943.

4. Waley, Arthur: "Animals in Chinese Art"（《中国艺术中的动物》），*The Listener*, Vol.6, No.10, 1943, p.698.

5. Waley, Arthur: *Monkey*（《猴》），New York: John Day Company, 1943.

6. Walter, Simon: *Chinese National Language*（《中国的国语》），London: Lund Humphries, 1943.

三、备注

1. 本年2月，李约瑟由加尔各答经缅甸汀江抵达昆明，以英国驻华科学使团团长身份,访问考察战时迁至昆明附近的众多高校与科研机构。3月21日,抵达国民政府陪都重庆。6月,中英科学合作馆在重庆正式建立,亲任馆长。是年夏,赴中国西部考察旅行;是年秋冬,赴西北考察旅行。

2.王铃,号静宁,是李约瑟最得力的合作学者之一,1943年在重庆中央研究院历史语言研究所与李约瑟结识。1946年移居剑桥。

公元1944年

一、大事记

1.本年,韦利在《新政治家》上发表书评1篇。

2.本年,詹尼斯出版了《唐诗三百首诗选续篇》(*A Further Selection from the Three Hundred Poems of the T'ang Dynasty*),是1940年《唐诗选》的下卷,收入译诗147篇。

3.从本年到1948年,韦利担任伦敦大学亚非学院的客座讲师。

4.在艾登爵士(Sir Robert Anthony Eden)的建议下,英国政府于本年成立了一个特别调查委员会,由斯卡布勒伯爵担任主席,负责调研英国大学和其他教育机构为研究东方、斯拉夫及东欧地区以及非洲的语言文化所提供设施的情况,并针对现状提出相应的建议。

二、书(文)目录

1.Giles, Lionel; Clarke, John: *Roots of Strategy: A Collection of Military Classics* (《战略之根本:兵书汇编——〈孙子兵法〉》), the second edition, London: Luzac, 1944.

2.Giles, Lionel: *Six Centuries at Tunhuang: A Short Account of the Stein Collection of Chinese Manuscripts in the British Museum*(《敦煌的六个世纪:大英博物馆藏斯坦因中国文献报告》), China Society Sinological Series, Vol.2, 1944.

3.Jenyns, Soame: *A Further Selection from the Three Hundred Poems of the T'ang*

Dynasty(《唐诗三百首诗选续篇》), London: J. Murray, 1944.

4. Lin, Yutang(林语堂): *The Wisdom of China*(《中国智慧》), London: M. Joseph, 1944.

5. Walter, Simon: *How to Study and Write Chinese*(《如何学和写中文》), London: Lund Humphries, 1944.

6. Wong, Mou-lam(黄茂林): *The Sutra of Wei Lang (or Hui Neng)*(《六祖坛经》), London: Luzac, 1944.

三、备注

1. 由于《唐诗选》出版后反响热烈，詹尼斯于1944年又出版了《唐诗三百首诗选续篇》，续篇没有延续上卷的编排体例，只按照诗人出生的前后顺序排列。

2. 1944年至1945年，葛瑞汉在军营中学习日语，后来被派到马来西亚和泰国等地英军中任日语翻译，退役时军阶为中尉。

3. 1944年2月，李约瑟在重庆中国农学会所作《中国与西方的科学和农业》的演讲中，首次提出近代科学为何在西方诞生而未在中国发生的著名的"李约瑟难题"(Needham's Question)。

公元1945年

一、大事记

1. 本年，李约瑟任英国驻华大使馆科学参赞，与李大斐(Dorothy M. Needham)合编的摄影集《中国科学》(*Chinese Science*)在伦敦出版。

2. 本年，苏柯仁在抗战胜利后返回英国。

3. 本年，韦利当选为剑桥大学国王学院荣誉院士。

4. 本年，韦利当选为英国学术院院士。

5. 本年，英国诗人和翻译家屈维廉(R. C. Trevelyan, 1872—1951)编译的《中国诗选》(*From the Chinese*)由牛津大学出版社出版。

6.本年12月,韦利在《科恩希尔杂志》(Cornhill Magazine)上发表小说《美猴王》。这篇小说模拟《西游记》而作,后来被收入《真实的唐三藏》。

7.霍克思(David Hawkes,1923—2009)本年至1947年在牛津大学研修汉语。

8.秦乃瑞(John Derry Chinnery,1924—2010)本年开始在伦敦大学亚非学院教授汉语。

二、书（文）目录

1.Needham, Joseph; Needham, Dorothy M.: *Chinese Science*(《中国科学》), London: Pilot Press, 1945.

2.Trevelyan, R. C.: *From the Chinese*(《中国诗选》), Oxford: Oxford University Press, 1945.

三、备注

1.霍克思,20世纪后半叶英国著名的汉学家。1948年,经香港来到北京大学做研究生,是北京城唯一的一位外国研究生。1951年秋返回牛津,在万灵学院任研究员。霍克思是一位杰出的语言学家,精通汉语和日语,长期从事中国文学和日本语言文学的研究工作;曾于1960—1971年出任牛津大学的汉学教授,多年来一直领导牛津大学的中国学研究工作。任职期间,他主编"牛津东亚文学丛书",出版英文版的《中国汉魏晋南北朝诗集》(*An Anthology of Chinese Verse: Han, Wei, Chin and the Northern and Southern Dynasties*, 1967)、《李贺诗集》(*Poems of Li Ho*, 1970)、《陶潜诗集》(*Poetry of Tao Chien*, 1970)、《刘志远诸宫调》(*Ballad of the Hidden Dragon*, 1971)等多种。20世纪80年代,他把自己的中文藏书都捐献给了英国威尔士国家图书馆。霍克思热爱中国文学,翻译了《红楼梦》(*The Story of the Stone*)前80回,还以专研楚辞、杜甫诗著名,所译《楚辞:南方之歌》(*Ch'u Tz'ǔ: The Songs of the South, An Ancient Chinese Anthology*, 1959)和《杜诗初阶》(*A Little Primer of Tu Fu*, 1967)为世人所重视。

2.秦乃瑞,英国汉学家。他是中国旅英著名女作家凌淑华的女婿。从1945年开始在伦敦大学教授中文课程,后晋升为伦敦大学高级讲师。1965年,秦乃瑞在爱丁堡大学设立中文系,任系主任。从此讲授中国语文直到1989年退休。作为20世纪50年代后活跃在英国汉学领域并成为中国古典文学研究代表人物的汉学家之一，秦乃瑞翻译过数部传记，其中包括《新凤霞回忆录》(The Memoirs of Xin Fengxia, 2001)、《中国的瑰宝：巨龙之国的辉煌》(Treasures of China, 2008)。1974年翻译出版了一本对话和书信集《不为人知的毛泽东》。他还完成了一部鲁迅的传记，一部关于评剧的著作，《英汉俚谚合璧》也是其重要著作之一。

3. 屈维廉是英国诗人、翻译家，他出版的《中国诗选》主要是从一些已有的诗集中编选而来，包括翟理斯、艾思柯、宾纳、韦利翻译的诗集。他在导言中指出伟大的诗篇标准为直接、简单和真诚，他认为中国最优秀的诗人可以与希腊和英国的诗人媲美。该诗集共收入62首译诗，其中唐代诗歌最多，有37首，但没有收录宋词。同时还收入了12首中国现代诗作，包括徐志摩、戴望舒、何其芳等人的作品。

公元1946年

一、大事记

1. 本年，陈寅恪先生到达英国，准备就任牛津大学第四任汉学教授，但因眼病不治，未能赴任。

2. 本年，格劳特·布雷德(Gerald Bullett)翻译的《范成大的黄金年代》(The Golden Year of Fan Ch'eng-ta)出版。

3. 本年，葛瑞汉开始在伦敦大学亚非学院攻读文学学士学位。

4. 本年，克拉拉·凯德琳翻译并作传的《中国的爱国诗人——陆游之剑》(The Rapier of Lu, Patriot Poet of China)在伦敦出版。

5. 本年，李约瑟卸任中英科学合作馆馆长一职，离开重庆前往巴黎，任职于联合国教科文组织。

6. 本年，蒲立本开始在英国伦敦大学亚非学院攻读汉语和中国史。

7. 本年，韦利在《伦敦大学亚非学院学刊》第11卷第4期上发表《作为汉学家的威廉·琼斯爵士》("Sir William Jones as Sinologue")。

8.本年 12 月,韦利的译作《中国诗歌》(*Chinese Poems*)由 George Allen & Unwin 出版。

9.本年秋,韦利在《科恩希尔杂志》上发表短篇小说《龙杯》("The Dragon Cup")。此篇小说后来收入《真实的唐三藏》。

10.斯科特小姐(Miss M. I. Scott)本年至 1947 年担任剑桥大学图书馆东方文学馆馆长。

二、书(文)目录

1.Bullett,Gerald:*The Golden Year of Fan Ch'eng-ta*(《范成大的黄金年代》),Cambridge:Cambridge University Press,1946.

2.Bynner,Witter:*The Way of Life According to Lao Tzu*(《道德经》),London:Edition Poetry London,1946.

3.Candlin,Clara M.:*The Rapier of Lu,Patriot Poet of China*(《中国的爱国诗人——陆游之剑》),London:J. Murray,1946.

4.Ould,Herman:*The Way of Acceptance,A New Version of Lao Tse's Tao Te Ching*(《道德经》),London:A. Pakers,1946.

5.Waley,Arthur:*Chinese Poems*(《中国诗歌》),London:George Allen & Unwin,1946.

6.Waley,Arthur:"Sir William Jones as Sinologue"(《作为汉学家的威廉·琼斯爵士》),*Bulletin of the School of Oriental and African Studies*,Vol.11,1946,p.842.

7.Waley,Arthur:"The Dragon Cup"(《龙杯》),*The Cornhill Magazine*,Vol.162,1946,pp.121-127.

8.Waley,Arthur:*Three Ways of Thought in Ancient China*(《古代中国的三种思维方式》),the second edition,London:George Allen & Unwin,1946.

三、备注

韦利的译著《中国诗歌》中的译作绝大多数选自《汉诗 170 首》《诗经》《译自中国文》等几种旧作,但收入此书前作过修订。此书后来曾多次重印,1946 年的新版在选目上有所增删。1963 年,被译为德语出版,其中一些作品被配乐。

公元1947年

一、大事记

1.本年,德效骞侨居英国,直至1959年。他任教于牛津大学东方学院,担任第五任汉学教授。

2.本年,斯卡布勒报告历时两年正式发布并被政府采纳,成为英国东方研究发展过程中的一个里程碑。1947—1952年间,英国政府拨出一笔专款用于伦敦大学亚非学院加强东方研究,包括增设教职、创建研究部门、开展学术活动等,这一系列的措施吸引了不少年轻学者进入这个领域,带来了学术研究的新气象,促进了东方研究的发展。

3.本年,韦利在《伦敦大学亚非学院学刊》发表书评1篇。

4.本年3月,韦利的文章《中国的灰姑娘故事》("The Chinese Cinderella Story")在《民间传说》上刊出。

5.本年5月22日,韦利在《听众》上发表《中国最伟大的作家——阿瑟·韦利谈韩愈》("China's Greatest Writer: Arthur Waley on Han Yu")一文。此文原为广播稿。

6.本年,广学会改组为中华基督教出版协会。

7.陈寅恪上年到牛津大学就任汉学教授时已双目失明,未能赴任,不得不于本年请辞回国。

二、书(文)目录

1.Acton, Harold; Lee, Yi-Hsieh(李宜燮): *Four Cautionary Tales*(《醒世恒言》), London: Lehmann, 1947.

2.Chu, Ch'an(竹禅): *The Huang Po Doctrine of Universal Mind*(《黄檗传心法要》), London: Buddhist Society, 1947.

3.Price, A. F.: *The Diamond Sutra*(《〈金刚经〉菩提流支译本》), London: Buddhist Society, 1947.

4. Waley, Arthur: "China's Greatest Writer: Arthur Waley on Han Yu"(《中国最伟大的作家——阿瑟·韦利谈韩愈》), *Listener*, Vol.5, No.22, 1947, pp.799-800.

5. Waley, Arthur: "Social Organization in Ancient China"(《中国古代社会的组织》), *The Modern Quarterly*, Vol.2, No.3, 1947, pp.208-214.

6. Waley, Arthur: "The Chinese Cinderella Story"(《中国的灰姑娘故事》), *Folk-Lore*, Vol.1, 1947, pp.226-238.

7. Walter, Simon: *1200 Chinese Basic Characters: An Elementary Text Book Adapted from the Thousand Character Lessons*(《1200个基本汉字》), the second edition, London: Lund Humphries, 1947.

8. Walter, Simon: *A Beginner's Chinese-English of the National Language*(《初学者的汉英国语词典》), London: Lund Humphries, 1947.

三、备注

1.斯卡布勒报告勾勒了英国应该重视东方研究的时代大背景,指出英国目前落后的研究状况和人才缺乏的困境,强调现有的研究规模和教学水平都不能满足各方面的需要。报告说明应尽快改善几个世纪以来只在几所大学里设立少数各自为政的汉学或东方学教授的情况,建议大学设立东方研究的科研传统,建立专门院系研究东方语言并从事相关研究;同时平衡科研中语言与研究、古典与现代研究之间的关系,使东方学成为对东方诸国政治、经济、文化(包括宗教、哲学、民族学、考古学等)各个方面进行综合研究的学科。报告认为主要由伦敦大学亚非学院来建立和发展有关亚非各个领域的研究。对于其他大学里的研究机构,也建议增设教授和研究职位,提高教学人员的资质,改善图书馆设施建设,为研究者、教师和学生提供资助,以便更好地开展研究工作。

2.韦利的《中国的灰姑娘故事》介绍了段成式《酉阳杂俎》中的《叶限》篇,同时还介绍了这个故事的朝鲜版、土耳其版、波斯版。

3.韦利的《中国古代社会的组织》一文主要介绍白居易生活时代的社会背景。

公元 1948 年

一、大事记

1. 本年,韦利被伦敦大学亚非学院聘为中国诗歌名誉讲师。

2. 本年1月,韦利的论文《道家布莱克》("Blake the Taoist")在 BBC 播出。此文后来收入其著译集《蒙古秘史集》。

3. 本年2月26日,韦利在《听众》上发表《儒家与中庸之道》("Confucianism and the Virtues of Moderation")一文。此文原为广播稿。

4. 本年,翟林奈在伦敦出版了《仙人群像:中国列仙传记》(*A Gallery of Chinese Immortals: Selected Biographies Translated from Chinese Sources*)。

5. 霍克思从本年开始至1951年在北京大学中文系进修。

6. 修中诚从本年至1952年执教于美国加利福尼亚大学。

7. 德效骞从本年开始在牛津大学讲学。

8. 本年,李约瑟在教科文组织任职期满后回到剑桥,在王铃的协助下开始撰写《中国科学技术史》。同时,与李大斐合编的在华工作报告集《科学前哨》(*Science Outpost*)在伦敦出版。

9. 本年,秦乃瑞正式成为伦敦大学亚非学院教师。

10. 本年,韩南(Patrick Dewes Hannan,1927—2014)从伦敦大学亚非学院去哈佛大学教授中国文学。

11. 杨宪益(H. Y. Yang,1915—2009)、戴乃迭(Gladys Yang,1919—1999)夫妇翻译了《老残游记》,本年在伦敦出版。前一年译本曾在南京由独立出版社出版。

二、书(文)目录

1. Blofeld, John: *The Path to Sudden Attainment*(《顿悟入道要门论》), London: Sidgwick and Jackson, 1948.

2. Derrick, Michael: *Ways of Confucius and of Christ*(《孔子之道和基督之道》),

London:Burns & Oates,1948.

3.Edwards, Evangeline Dora: "A Classified Guide to the Thirteen Classes of Chinese Prose"(《中国十三经分类指南》), *Bulletin of the School of Oriental and African Studies*, Vol.12,1948,pp.770−788.

4.Edwards, Evangeline Dora: *Bamboo, Lotus and Palm: An Anthology of the Far East, South-East Asia and the Pacific*(《竹子、荷花和棕榈:远东、东南亚和太平洋选集》), London:W. Hodge,1948.

5.Giles, Lionel: *A Gallery of Chinese Immortals: Selected Biographies Translated from Chinese Sources*(《仙人群像:中国列仙传记》), London:J. Murray,1948.

6.Lin, Yutang（林语堂）: *The Wisdom of China*(《中国智慧》), the second edition, London:M. Joseph,1948.

7.Moule, Arthur Christopher: "British Sinology: With Reference to the Report of the Inter-departmental Commission of Enquiry on Oriental, Slavonic, East European, and African"(《英国汉学》), *Asiatic Review*, London:Westminster Chambers,1948.

8.Needham, Joseph; Needham, Dorothy M.: *Science Outpost: Papers of the Sino-British Science Co-operation Office (British Council Scientific Office in China) 1942−1946*(《科学前哨:中英科学合作馆文件汇编》), London:Pilot Press,1948.

9.Waley, Arthur: "Confucianism and the Virtues of Moderation"(《儒家与中庸之道》), *Listener*, Vol.2,No.26,1948,pp.349−350.

10.Waley, Arthur: "Gedichte als Prüfstein: Aufnahmenprufunegn für den Staatsdienst zur Zeit der T'ang-dynastie"(《作为试金石的诗歌:唐代国家入学考试》), *Neue Auslese*, Vol.7,No.7,1948.

11.Waley, Arthur: "Note on Iron and the Plough in Early China"(《有关早期中国的铁与犁的介绍》), *Bulletin of the School of Oriental and African Studies*, University of London, Vol.12,1948,pp.803−804.

12.Yang, H. Y.(杨宪益); Yang, Gladys(戴乃迭): *Mr. Derelict*(《老残游记》), London:George Allen & Unwin,1948.

三、备注

1. 戴乃迭,著名翻译家、中英文化交流活动家。生于北京一个英国传教士家庭。7岁时返回英国,1937年考入牛津大学,最初学习法国语言文学,后转攻中国语言文学,是牛津大学首位中文学士。自20世纪40年代起定居中国,1999年11月18日于北京逝世。从1953年起,担任北京外文出版社翻译部专家;1954年起兼任英文版《中国文学》杂志专家和主要翻译人员、语言顾问。她与丈夫杨宪益合作翻译了多部中国古典文学作品。

2. 韩南是英国汉学第三代的代表人物之一,他于1948年从伦敦大学亚非学院前往哈佛大学教授中国文学。著有《中国白话小说史》(*The Chinese Vernacular Story*, 1981)等研究中国古典小说的专著。

3. 杨宪益,中国著名翻译家、外国文学研究专家、诗人。杨宪益曾与夫人戴乃迭合作翻译全本《红楼梦》、全本《儒林外史》等多部中国历史名著,在国外皆获得好评,产生了广泛影响。

公元1949年

一、大事记

1. 本年,陈依范(Jack Chen)的《中国戏剧》(*The Chinese Theater*)在伦敦出版。

2. 本年,葛瑞汉从伦敦大学亚非学院毕业,获得文学学士学位,留校担任古汉语讲师。

3. 本年,霍古达专程来华,用英国政府专款购买中文书籍一万余册。

4. 本年,林语堂在伦敦出版了他的英文著述《老子的智慧》(*The Wisdom of Laotse*)。

5. 本年,秦乃瑞作为主要创始人之一,在伦敦设立了英中友好协会。后由于中苏关系破裂,协会的内部分歧导致协会解散。

6. 本年,韦利在《亚洲学刊》(*Asia Major*)上发表论文《〈孟子〉注说》("Notes

on Mencius")。此文修订了理雅各翻译《孟子》的若干错讹之处,并收入1960年版的理雅各译本。

7.本年1月,韦利应邀到剑桥大学做演讲。

8.本年12月,韦利的著作《白居易的生平与时代》(*The Life and Times of Po Chü-I*,772-846 A.D.)在伦敦出版。截至1970年,此书已重印两次。1959年,此书出版日译本,并于1988年重印,译者为日本著名汉学家、白居易研究专家花房英树。

二、书(文)目录

1.Chen,Jack(陈依范):*The Chinese Theater*(《中国戏剧》),London:D. Dobson,1949.

2.Duyvendak,Jan J. L.:*China's Discovery of Africa*(《中国发现非洲——〈酉阳杂俎〉选译》),London:Arthur Probsthain,1949.

3.Edwards,Evangeline Dora:*Liu Tsung-yuan and the Earliest Chinese Essays on Scenery*(《柳宗元与中国最早的风景散文》),1949.

4.Giles,Lionel:*The Book of Mencius, the Abridged*(《〈孟子〉节译本》),the second edition,London:J. Murray,1949.

5.Lin,Yutang(林语堂):*The Wisdom of Laotse*(《老子的智慧》),London:Random House,1949.

6.Sullivan,Michael:*Chinese Art Catalogue*(《中国艺术目录》),London:Dartington Hall,1949.

7.Waley,Arthur:"Notes on Mencius"(《〈孟子〉注说》),*Asia Major*,new series,Vol.1,1949,pp.99-108.

8.Waley, Arthur:*The Great Summons*(《大招》),Hawaii, Honolulu:The White Knight Press,1949.

9.Waley,Arthur:*The Life and Times of Po Chü-I*,772-846 A.D.(《白居易的生平与时代》),London:George Allen & Unwin,1949.

三、备注

1.《老子的智慧》是林语堂向西方介绍道家乃至整个中国古代哲学思想的一

部重要著作。全书阐释了老子思想的独特性、道家与儒家的差异,并强调要结合庄子研究老子。

2.《白居易的生平与时代》向西方读者介绍了中国唐代的大诗人白居易。此书内容主要是以白居易的诗文译介为主,共分14章,是韦利多年研究白居易的一部力作。韦利在书中特别指出了白诗的一个重要特点:平易浅切,明白晓畅。由于这个特点,白诗广泛流传于当时社会各阶层以及国外。韦利还阐述了白居易的诗歌理论,即把诗歌比作果树,提出了"根情、苗言、华声、实义"(《与元九书》)的著名论点;同时也指出白诗并未完全执行其所提倡的诗歌理论。如著名的叙事长诗《长恨歌》《琵琶行》叙事曲折,写情入微,铺排渲染,声韵流转,艺术上达到很高成就,韦利却认为缺乏政治和道德寓意。

公元1950年

一、大事记

1. 本年,葛瑞汉继续留任伦敦大学古汉语讲师。

2. 本年,李约瑟发起成立英中友好协会,亲任会长至1964年。

3. 本年,珀西瓦尔·维克托·戴维(Percival Victor David,1892—1964)将自己所收藏的1500件明清时期的收藏品及一个有关中国文化和艺术的图书馆捐赠给了伦敦大学,并在此基础上成立了珀西瓦尔·戴维中国艺术基金会(Percival David Foundation of Chinese Art),专门促进对中国及邻近地区的艺术研究和教学工作。

4. 本年,韦利在《皇家亚洲学会学刊》上发表书评3篇。

5. 本年,韦利在《骑手评论》(*Rider's Review*)上发表寓言故事《死亡之王》("The King of Death")。此文后来收入《真实的唐三藏》,改题为"The King of the Dead",是一篇有着鲜明的中国古代志怪小说风格的作品。

6. 本年,韦利在伦敦出版了代表作之一的《李白的诗歌与生平》(*The Poetry and Career of Li Po*)。

7.本年10月20日,作家兼翻译家科恩(J. M. Cohen)在《泰晤士报文学增刊》上发表《韦利博士的翻译》一文,对韦利的翻译给予高度评价。

二、书(文)目录

1. Herbert, Edward: *A Confucian Notebook*(《儒家笔记》), London: J. Murray, 1950.

2. Hughes, Ernest Richard: *Religion in China*(《中国的宗教》), London: Hutchinson's University Library, 1950.

3. Lin, Yutang(林语堂): *The Wisdom of China*(《中国智慧》), the third edition, London: M. Joseph, 1950.

4. Pulleyblank, Edwin George: "*The Tzyjyh Tongjian Kaoyih* and the Sources for the History of the Period 730-763"(《〈资治通鉴考异〉及其关于730至763年的史料》), *Bulletin of the School of Oriental and African Studies*, University of London, Vol. 13, No.2, 1950, p.460.

5. Waley, Arthur: "The King of Death"(《死亡之王》), *Rider's Review*, Vol.76, 1949/1950, pp.25-28.

6. Waley, Arthur: *The Poetry and Career of Li Po*(《李白的诗歌与生平》), London: George Allen & Unwin, 1950.

三、备注

1. 珀西瓦尔·维克托·戴维,英国实业家、东方美术爱好者和研究者。他在伦敦大学取得文学博士学位,后曾参加调查清代故宫流传下来的艺术文物,爱好收集研究中国艺术品尤其是陶瓷品。晚年将自己的藏品捐赠给伦敦大学,并成立了基金会以资助东亚的艺术研究。

2. 韦利的《李白的诗歌与生平》是西方英语世界出现最早、影响较大的一本关于李白的评传。书中首次较详细地介绍了唐代的社会以及与李白同时期不少著名诗人的情况,所选译的李白诗多为第一次新译,是早期译著《诗人李白》中未曾译过的。该书紧扣《白居易的生平与时代》一书的写作风格,结合李白的诗词,对其所经历的历史事件做了详尽的阐述。遗憾的是,从撰写第一篇李白论文到出版这本评传,经过了数十年,韦利对李白的偏见并未消除。尽管存在文化的误读,该书仍然标志着西方世界对李白已经进入到了一个自觉研究的新阶段。这部作品多次重印,1969年被译为西班牙文,1973年被译为日文。

公元1951年

一、大事记

1.本年,当时担任英国政府联络总部特派员的鲁惟一以其对中国汉代历史的研究获得伦敦大学亚非学院的最高荣誉奖。

2.本年,霍古达教授去世。

3.本年,霍克思结束了在北京大学中文系的进修课程,返回牛津大学。

4.本年,蒲立本在英国伦敦大学攻读汉语和中国史,获哲学博士学位,后留校教授古代汉语。

5.本年,韦利在《皇家亚洲学会学刊》《泰晤士报文学副刊》上发表书评7篇。

6.本年,英国人在中国出版的历史最久的英文报纸《字林西报》,以及《北华捷报》同时停刊。

7.本年,曾在剑桥大学图书馆东方文献部工作的斯科特小姐被聘任为负责汉学文献的助理馆长。

8.本年5月,韦利的译作《近期中国诗歌》("Recent Chinese Poetry")在《舞台》(*Arena*)发表。其中选择马凡陀(袁水拍)、亦门(阿垅)等人的诗5首。这说明韦利对中国当代诗歌也颇为关注。

9.本年6月18—19日,韦利被牛津大学授予荣誉文学博士学位。

10.本年开始,英国由于经济危机,大学经费锐减,英国政府资助给伦敦大学亚非学院用于东方研究的专款也被迫中止。

二、书(文)目录

1.Baynes, Cary F.: *The I Ching*, *Book of Changes*(《易经》,译自卫礼贤的德文译

本》),London:Kegan Paul,1951.

2.Haloun, Gustav:"Legalist Fragments:Part Ⅰ:Kuan-tsi 55 and Related Texts"(《法家佚文第一部分:〈管子〉及相关文本》),*Asia Major*, new series, Vol.2, No.1, 1951, pp.85-120.

3.Lu, Gwei-Djen(鲁桂珍);Needham, Joseph:*A Contribution to the History of Chinese Dietetics*(《中国饮食学史的贡献》),Publication and Editorial Office, Department of History and Sociology of Science, University of Pennsylvania, 1951.

4.Needham, Joseph:*Human Law and the Laws of Nature in China and the West*(《人类法律以及中西方法律的内在本质》),London:Geoffrey Cumberlege;Oxford:Oxford University Press,1951.

5.Sayer, Geoffrey R.:*Ching-te-chen T'ao-lu, or The Potteries of China*(《景德镇陶录》),London:Routledge and Kegan Paul,1951.

6.Waley, Arthur:*The Poetry and Career of Li Po*(《李白的诗歌与生平》),the second edition, London:George Allen & Unwin,1951.

三、备注

《字林西报》(*North China Daily News*)曾是在中国出版的最有影响力的一份英文报纸。原为英商奚安门(Henry Shearman)创办的英文周报《北华捷报》(*North-China Herald*)。该刊于1850年8月3日在上海创办,又译为《华北先驱周报》或者《先锋报》,主要报道中外新闻和商情及英租界和公共租界的动态。这是上海境内第一份近代意义上的报纸。1856年增出《航运日报》和《航运与商业日报》副刊。1864年,《航运与商业日报》扩大业务,改名为《字林西报》独立发行。《北华捷报》作为《字林西报》所属周刊继续刊行。主要读者是外国在中国的外交官员、传教士和商人,1951年3月停刊。该报撰稿者包括长期在华活动的传教士,如麦都思、裨治文、玛高温、伟烈亚力、艾约瑟等,内容丰富,经常刊登有关中国的政治、经济、文化、社会等信息,还报道了晚清很多影响重大的中外事件,受到中外人士的重视,中国不少官员包括李鸿章在内,都非常注重他们的报道和言论动向。

公元1952年

一、大事记

1.本年,李约瑟参加"调查在朝鲜和中国细菌战事实国际委员会",并兼任秘书长。

2.本年,斯波尔丁托管基金(Spalding Trust Fund)创始人斯波尔丁(H. N. Spalding)赞助在杜伦大学(University of Durham)人文系设立汉学研究专业。雷蒙·道森(Raymond Dawson,1923—2002)被聘任为第一位中国宗教与哲学讲师,兼东方博物馆馆长。

3.本年,苏利文(Michael Sullivan,1916—2013)获得哈佛大学博士学位。

4.本年,外交官金璋(Lionel Charles Hopkins,1854—1952)将珍藏的800余片甲骨捐赠给了剑桥大学。

5.本年,威廉·埃克(William Acker)翻译、撰写的《隐士陶潜——陶潜诗60首》(*T'ao the Hermit: Sixty Poems by T'ao Ch'ien*)在伦敦出版。

6.本年,韦利被授予大英帝国勋爵(Companion of the British Empire)爵位。

7.本年,韦利在《皇家亚洲学会学刊》《泰晤士报文学副刊》上发表书评5篇。

8.本年,修中诚结束了在美国加利福尼亚大学的任教工作。

9.本年,韦利的著译集《真实的唐三藏》(*The Real Tripitaka and Other Pieces*)出版。

二、书(文)目录

1.Acker, William: *T'ao the Hermit: Sixty Poems by T'ao Ch'ien*(《隐士陶潜——陶潜诗60首》), London: Thames & Hudson, 1952.

2.Graham, Angus Charles: "A Probable Fusion-Word: 勿 'wuh' = 毋 'wu' + 之 'jy'"(《可能的合成词:勿=毋+之》), *Bulletin of the School of Oriental and African Studies*, University of London, Vol.14, No.1, 1952, pp.139-148.

3. Loon, Piet van der: "On the Transmission of *Kuan-tzu*"(《论〈管子〉的传播》), *T'oung Pao*, second series, Vol.14, Livr.4/5, 1952, pp.357-393.

4. Waley, Arthur: *The Real Tripitaka and Other Pieces*(《真实的唐三藏》), London: George Allen & Unwin, 1952.

5. Winter, H. J. J.: *Eastern Science: An Outline of Its Scope and Contribution*(《东方科技:范围与影响》), London: J. Murray, 1952.

三、备注

1. 雷蒙·道森,当代英国著名的中国学家,曾任牛津大学汉学教授,主要研究领域为中国古文和先秦哲学。著有《中国遗产》(*The Legacy of China*,1964)、《中国人的经验》(*The Chinese Experience*,1978)等书,《中国变色龙——对于欧洲中国文明观的分析》(*The Chinese Chameleon: An Analysis of European Conceptions of Chinese Civilization*,1967)是其代表作之一。

2. 苏利文,英国著名汉学家、艺术史家,是最早向西方介绍中国现代美术的西方学者之一,是西方研究中国现代美术史与批评的权威。他是世界上研究东方尤其是中国艺术史的顶尖人物,在世界文艺界有相当大的影响。苏利文被称为西方中国艺术史研究的开创性学者,国际最负盛名的东方艺术研究专家之一,同时也是欧洲最知名的中国书画收藏与鉴赏专家。他编写的《中国美术史》(*The Arts of China*)在1973年至2008年间被译成三种语言再版了26次,成为西方高校研究东方艺术的通用教材,并被全球2300多家图书馆收藏。

3. 威廉·埃克的《隐士陶潜》是专门翻译和研究陶渊明诗歌的著作,包括对陶潜60首诗歌的翻译、注解,导言和附录部分介绍了陶潜的生平、诗歌特点及中国诗歌翻译的难点。

4. 韦利的《真实的唐三藏》一书由五部分组成,内容庞杂,既有著作,亦有译作,既有译自中文的,也有译自日文的,还包括韦利的几篇以中国题材创作的短篇小说。

5. 金璋,英国外交官,于1874年来华,先后担任过英国驻沪领事馆副领事、烟台领事和天津总领事。1908年退休回国。金璋研究汉学,发表过多篇关于甲骨文和古钱币的文章。

公元 1953 年

一、大事记

1.本年,葛瑞汉获得伦敦大学的哲学博士学位,论文题目是《两位中国哲学家——程明道和程伊川》("Two Chinese Philosophers:Ch'eng Ming-tao and Ch'eng Yi-ch'uan")。

2.本年,霍克思从牛津大学毕业并留校担任讲师。

3.本年,蒲立本被聘为剑桥大学汉学教授。

4.本年,韦利的《古代中国的三种思维方式》(Three Ways of Thought in Ancient China)在伦敦再版。

5.本年,韦利在《泰晤士报文学副刊》上发表书评,评论洪业撰写的《杜甫》。

6.本年,伊利莎白女王登基,韦利被授予女王诗歌奖(Queen's Medal for Poetry)。

7.本年2月,韦利在《今日历史》(History Today)杂志上发表《汉代统治下的社会生活:中国1—2世纪文明论述》("Life under the Han Dynasty:Notes on Chinese Civilization in the First and Second Centuries,A.D.")一文。

二、书(文)目录

1.Ceadel,Eric B.:*Literatures of the East:An Appreciation*(《东方文学欣赏》),London:J. Murray,1953.

2.Graham,Angus Charles:*The Philosophy of Ch'eng Yi-ch'uan*(《程伊川的哲学》),London:University of London,1953.

3.Waley,Arthur:"Life under the Han Dynasty:Notes on Chinese Civilization in the First and Second Centuries,A.D."(《汉代统治下的社会生活:中国1—2世纪文明论述》),*History Today*,Vol.2,1953,pp.89-98.

4.Waley,Arthur:*Three Ways of Thought in Ancient China*(《古代中国的三种思维

方式》),the third edition,London:George Allen & Unwin,1953.

5.Wong,Mou-lam(黄茂林):*The Sutra of Wei Lang*(*or Hui Neng*)(《六祖坛经》),the second edition,London:Luzac,1953.

三、备注

韦利的《汉代统治下的社会生活:中国1—2世纪文明论述》中附有7幅中国西部汉墓的艺术插图。

公元1954年

一、大事记

1.本年,苏柯仁逝世。

2.本年,韦利在《亚洲艺术》《民间传说》上发表书评5篇。

3.本年9月12日,韦利的译作《寒山诗27首》("27 Poems by Han-shan")在《相逢》(*Encounter*)杂志上刊出。

4.崔瑞德(Denis Crispin Twitchett,1925—2006)于本年至1956年任教于伦敦大学亚非学院。

5.葛瑞汉于本年至1955年在香港大学讲学。

6.苏利文于本年至1960年任教于新加坡大学。

二、书(文)目录

1.Duyvendak,Jan J. L.:*Tao Te Ching:The Book of the Way and Its Virtue*(《道德经》),London:J. Murray,1954.

2.Hopkins,Lionel Charles:*The Six Scripts*(《六书故》),Cambridge:Cambridge University Press,1954.

3.Hughes,Ernest Richard:*Chuang Chou,The Poet of Freedom,and Five Other Writers in Chuang Tzu Book*(《自由诗人庄周及其作品中的五位作家》),London:J.

M. Dent Sons,1954.

4.Hume,Frances：*The Story of the Circle of Chalk*(《灰阑记》)，from the French version of Stanislas Julien,London：Rodale Press,1954.

5.Lin,Yutang(林语堂)：*The Wisdom of China*(《中国智慧》)，the fourth edition，London：M. Joseph,1954.

6.Needham, Joseph：*Science and Civilisation in China：Introductory Orientations*(《中国科学技术史：导论》)，London：Cambridge University Press,1954.

7.Robinson,Richard H.：*Chinese Buddhist Verse*(《中国佛教诗歌》)，London：J. Murray,1954.

8.Waley,Arthur："27 Poems by Han-shan"(《寒山诗27首》)，*Encounter*,Vol.3, No.9,1954.

9.Waley,Arthur："Texts from China and Japan"(《中国与日本的佛教经典》)，in *Buddhist Texts Through the Ages*(《几个世纪以来流行的佛经》)，Edited by Edward Conze,New York：Philosophical Library,1954.

10.Waley,Arthur："Reviewed Work：The Poems of T'ao Ch'ien by Lily Pao-hu Chang,Marjorie Sinclair"(《书评：陶潜诗歌》)，*Artibus Asiae*,Vol.17,No.2,1954,pp. 178-180.

三、备注

1.崔瑞德,中文名也叫杜希德,英国二战以来最重要的汉学家之一,也是西方隋唐史研究的奠基人。他在这一领域的著述具有开创性的意义,填补了西方汉学研究的一大空白。二战结束前的汉学研究,除法国的沙畹(Edouard Chavannes)、伯希和(Paul Pelliot)以及德国的福兰阁(Otto Franke)之外,很少有学者对中国漫长帝制时代的政治运作产生兴趣。崔瑞德是这方面的先驱。他从唐代的官僚体制入手,以能为今人充分理解的方式,再现了当时的政治与社会环境,对唐朝的行政机构、政策法规、经济调控,以及地区差异进行了深入而全面的考察,并细化到税收征集、货币制度、印刷术、佛教对社会生活的影响,以至音乐表演和中国与中亚及日本的关系等全方位研究。崔瑞德专注中国中世纪早期阶段的历史,与美国著名中国史学家费正清教授主编《剑桥中国史》。代表作有《唐代的金融机构》

(*Financial Administration under the T'ang Dynasty*,1963)、《中国知识精英的诞生：唐代中国的官僚和科举制度》(*The Birth of the Chinese Meritocracy：Bureaucrats and Examinations in T'ang China*,1976)等。

2.韦利的《寒山诗27首》是寒山诗最早的英译本之一,书前有对寒山生平的简介。

公元1955年

一、大事记

1.本年,德效骞在英国汉学学会举办的一次讲座中提出,公元前36年汉朝军队击败匈奴军队时,发现俘虏中有145名罗马士兵,后来被安置在甘肃骊靬。此事反响强烈,不少中外学者前往考察,写文章,还有不少大学者支持他的观点。

2.本年,庞德编译的《诗经》(*The Classic Anthology Defined by Confucius*)在伦敦出版。

3.本年,韦利的论文《费尔干纳天马新论》("The Heavenly Horses of Ferghana：A New View")在《今日历史》上发表。西汉通西域,从大宛得天马,传统看法认为此举具有军事意义,本文则认为此举具有宗教意义。

4.本年,韦利在《伦敦大学亚非学院学刊》《皇家亚洲学会学刊》上发表书评2篇。

5.本年,西里尔·白之(Cyril Birch,1925—)获得博士学位,其论文《古今小说考评》是英国第一部关于《古今小说》的专著。

6.本年2月,韦利的译著《九歌：中国古代萨满教研究》(*The Nine Songs：A Study of Shamanism in Ancient China*)出版。1956年此书在美国由Grove Press出版。1956年、1973年曾两次重印,1957年被译为德文在汉堡出版。

7.本年,崔瑞德获得剑桥大学博士学位。

8.弗朗西斯·休姆(Frances Hume)从儒莲的法译本转译了《醒世恒言——刘小官雌雄兄弟》(*Tse-Hiong-Hiong-Ti.The Two Brothers of Different Sex*),在伦敦出

版。

二、书（文）目录

1. Blanney, R. B.: *The Way of Life: Lao Tzu*（《老子》）, London: Muller, 1955.

2. Giles, Lionel: *Musings of a Chinese Mystic: Selections from the Philosophy of Chuang Tzǔ*（《中国神秘主义者沉思录：庄子哲学选读》）, the fourth edition, London: J. Murray, 1955.

3. Graham, Angus Charles: "Kung-sun Lung's Essay on Meanings and Things"（《公孙龙的名实论》）, *Journal of Oriental Studies*, Vol.2, No.2, 1955.

4. Graham, Angus Charles: "The Final Partical 'Fwu'"（《语气词"夫"》）, *Bulletin of the School of Oriental and African Studies*, University of London, Vol.17, No.1, 1955, pp.120-132.

5. Herbert, Edward: *A Taoist Notebook*（《道家笔记》）, London: J. Murray, 1955.

6. Hume, Frances: *Tse-Hiong-Hiong-Ti. The Two Brothers of Different Sex. A Story from the Chinese*（《醒世恒言——刘小官雌雄兄弟》）, Translated from the French version of Stanislas Julien, London: Rodale Press, 1955.

7. Pound, Ezra: *The Classic Anthology Defined by Confucius*（《诗经》）, London: Faber and Faber, 1955.

8. Pulleyblank, Edwin George: *The Background of the Rebellion of An Lu-shan*（《安禄山叛乱的背景》）, Oxford: Oxford University Press, 1955.

9. Solomon, Bernard Simon: *Han Yu's "Shun-tsung Shih-lu"*, *The Veritable Record of the T'ang Emperor Shun-tsung*（《顺宗实录》）, Oxford: Oxford University Press, 1955.

10. Waley, Arthur: *The Nine Songs: A Study of Shamanism in Ancient China*（《九歌：中国古代萨满教研究》）, London: George Allen & Unwin, 1955.

11. Waley, Arthur: "History and Religion"（《历史与宗教》）, *Philosophy East and West*, Vol.5, No.1, Apr. 1955, pp.75-78.

三、备注

1.德效骞对罗马史、《汉书·地理志》和《汉书·陈汤传》颇有研究,他在美国国会图书馆用三年时间翻译的《汉书》第三卷于1955年在美国出版。德效骞的译本包括十二帝纪和十志。每章后有一个简介,译文后有一个或多个相关附录,注释详尽,译文典雅厚重,流畅准确,成为欧美很多汉学家的重要参考书,以及汉学专业学生学习中国历史散文的导读。

2.西里尔·白之,原为伦敦大学亚非学院教授,1960年前往美国加州大学柏克利分校,后一直留在美国。作为著名汉学家韦利的学生,白之是英国为数不多的研究话本小说的专家,其博士论文《古今小说考评》是英国第一部关于《古今小说》的专著。他研究中国戏剧的论文《翻译中国剧本:问题和可能性》《明初戏曲中的悲剧和音乐剧》对打开英国汉学中国戏剧研究新局面起到了开创作用。

3.韦利的专题研究著作《九歌:中国古代萨满教研究》在英国汉学界的楚辞译介领域是个历史性的突破,该书从社会宗教学角度研究《九歌》,将《离骚》理解为"遭罹骚怨",并充分肯定了《离骚》以爱情隐喻政治的开创性写法。他在文中对中国古代的巫术文化进行了比较全面的介绍,指出巫术有家族传承的风俗,同时还考证了所谓神灵附身等活动。韦利认为中国的"巫"和西伯利亚通古斯语"萨满"十分接近,大致可以把"巫"译成"萨满"。此外,他还发现中国古代传统的巫术与世界其他地区的巫术相比有不少独有之处,例如《九歌》中所揭示的人神关系就在别的巫术文化中难觅踪影。书前长达50余页的前言分成四章,实际上是一篇关于先秦至六朝辞赋的发展简史,也是西方汉学史上较早出现的一篇专研赋学的论文。

公元1956年

一、大事记

1.本年,阿伯丁大学授予韦利荣誉博士学位。

2.本年,韦利被授予荣誉勋爵爵位。

3.本年,韦利出版了第三本关于中国诗人的传记《袁枚:18 世纪的中国诗人》(*Yuan Mei:Eighteenth Century Chinese Poet*)。

4.本年,韦利在《皇家亚洲学会学刊》上发表书评 2 篇。

5.本年 12 月,韦利在《中央研究院历史语言研究所集刊》第 28 本《庆祝胡适先生六十五岁论文集》上发表《敦煌地区所见波斯寺庙》("Some References to Iranian Temples in the Tun-huang Region")一文。

6.崔瑞德从本年开始至 1960 年担任剑桥大学的汉学讲师。

7.鲁惟一本年开始担任伦敦大学亚非学院讲师。

二、书(文)目录

1.Dubs,Homer Hasenpflug:"Mencius and Sun-dz on Human Nature"(《孟子与孙子的人性论》),*Philosophy East and West*,Vol.6,1956,pp.213-222.

2.Hawkes,David:*The Problem of Date and Authorship in Ch'u Tz'ǔ*(《〈楚辞〉创作日期及作者考订》),unpublished thesis(D. Phil.),University of Oxford,1956.

3.Lin,Yutang(林语堂):*The Wisdom of China*(《中国智慧》),the fifth edition,London:M. Joseph,1956.

4.Needham,Joseph:*Science and Civilisation in China. Volume* 2,*History of Scientific Thought*(《中国科学技术史·第二卷:科学思想史》),London:Cambridge University Press,1956.

5.Pound,Ezra:*Confucius Analects*(《论语》),London:Peter Owen,1956.

6.Suzuki,D. T.:*The Lankavatara Sutra:A Mahayana Text*(《楞伽阿跋多罗宝经》),the second edition,London:Routledge and Kegan Paul,1956.

7.Waley,Arthur:"A Lost Ballad by Po Chü-I"(《白居易遗失的一首诗》),*Sino-Japonica*,*Festschrift Andre Wedemeyer*,Leipzig:Harrassowitz,1956,pp.213-214.

8.Waley,Arthur:*The Analects of Confucius*(《论语》),the second edition,London:George Allen & Unwin,1956.

9.Waley,Arthur:*Yuan Mei:Eighteenth Century Chinese Poet*(《袁枚:18 世纪的中国诗人》),London:George Allen & Unwin,1956.

三、备注

韦利于 1956 年出版了第三本中国诗人的传记《袁枚：18 世纪的中国诗人》。书中第七章详细介绍了袁枚的《随园诗话》，分析了袁枚在诗歌理论方面的特点，提倡写诗必效盛唐，注重性情的倾向。这与韦利崇尚唐诗的思想一致。书中侧重袁枚生平的叙述，较少评论，而且选译的原作较多。此外，还提及了袁枚对中英文化交往中的一些记载。如袁枚在一部笔记小说《子不语》中曾记载了西方的自鸣钟装置，以及英国皇家舰队俘获西班牙帆船，在珠江口要求中国方面补充给养一事。

公元 1957 年

一、大事记

1. 本年，埃利斯·欧文（Iris Urwin）翻译了高德华（Dana Kalvodová）的《中国戏剧》（*Chinese Theatre*），在伦敦出版。

2. 本年，慕阿德去世。

3. 本年，韦利在《伦敦大学亚非学院学刊》、《亚洲研究学报》（*Journal of Asian Studies*）上发表书评 3 篇。

4. 本年，韦利在《伦敦大学亚非学院学刊》上发表《谈〈词林摘艳〉》（"Chinese-Mongol Hybrid Songs"）。

5. 本年，叶女士去世。

二、书（文）目录

1. Graham, Angus Charles: "The Composition of the Gongsuen Long Tzyy"（《〈公孙龙子〉的结构》），*Asia Major*, Vol.5, No.2, 1957.

2. Graham, Angus Charles: "The Relation Between the Final Particles YU and YEE"（《语气词"欤"与"也"的关系》），*Bulletin of the School of Oriental and African*

Studies, University of London, Vol. 19, No. 1, 1957, pp. 105－123.

3. Moule, Arthur Christopher: *Quinsai, with Other Notes on Marco Polo*(《行在所（杭州）考,附〈马可·波罗游记〉校注补遗》), Cambridge: Cambridge University Press, 1957.

4. Moule, Arthur Christopher: *The Rulers of China, 221 B.C.－A.D.1949: Chronological Tables*(《公元前221年至公元1949年的中国统治者》), London: Routledge and Kegan Paul, 1957.

5. Pulleyblank, Edwin George: "The Shun-tsung Shih-lu"(《顺宗实录》), *Bulletin of the School of Oriental and African Studies*, University of London, Vol. 19, No. 2, 1957, pp. 336－344.

6. Urwin, Iris: *Chinese Theatre*(《中国戏剧》), London: Spring House, 1957.

7. Waley, Arthur: *Yuan Mei: Eighteenth Century Chinese Poet*(《袁枚:18世纪的中国诗人》), the second edition, London: Macmillan, 1957.

8. Welch, Holmes: *The Parting of the Way, Lao Tzu and the Taoist Movement*(《分道扬镳:老子和道教活动》), London: Methuen, 1957.

三、备注

《词林摘艳》是明人张禄所编的一部散曲、戏曲选集,刊于明嘉靖年间。

公元1958年

一、大事记

1. 白之编译的《明代故事集锦》(*Stories from a Ming Collection*)在伦敦出版,该译本选译了冯梦龙编选的《古今小说》里的7篇作品。

2. 本年5月,韦利在《亚洲研究学报》上发表书评1篇。

3. 本年11月,韦利的著作《中国人眼中的鸦片战争》(*The Opium War Through Chinese Eyes*)由George Allen & Unwin出版。此书于1965年、1968年、1973年、1982

年四次重印。

4.本年11月,韦利发表论文《谈翻译》("Notes on Translation"),在《大西洋月刊》(*The Atlantic Monthly*)上刊出。此文比较集中而全面地表达了韦利的翻译观点,后收入《蒙古秘史集》。

5.弗洛伦斯·麦克休(Florence McHugh)和伊萨贝尔·麦克休(Isabel McHugh)姐妹合作,将德国汉学家库恩的《红楼梦》德译本翻译为英文,书名为 *The Dream of the Red Chamber*,本年在英国出版,书前附有库恩所作的序言。

二、书(文)目录

1. Birch, Cyril: *Stories from a Ming Collection*(《明代故事集锦》), London: Bodley Head, 1958.

2. Blofeld, John: *The Zen Teaching of Huang Po: On the Transmission of Mind*(《黄檗传心法要》), London: Rider, 1958.

3. Clarke, Humphrey: *The Message of Milarepa: New Light upon the Tibetan Way*(《米拉日巴道歌集》), London: J. Murray, 1958.

4. Giles, Herbert Allen: *A History of Chinese Literature*(《中国文学史》), reprinted, New York: Grove Press, 1958.

5. Giles, Lionel: *The Sayings of Confucius*(《论语》), the third edition, London: J. Murray, 1958.

6. Graham, Angus Charles: *Two Chinese Philosophers: Ch'eng Ming-tao and Ch'eng Yi-ch'uan*(《中国的两位哲学家——程明道和程伊川》), London: Lund Humphries, 1958.

7. Lau, D. C.(刘殿爵): "The Treatment of Opposites in Lao Tzu"(《老子的辩证法》), *Bulletin of the School of Oriental and African Studies*, University of London, Vol. 21, No.2, 1958, pp.344-360.

8. McHugh, Florence; McHugh, Isabel: *The Dream of the Red Chamber*(《红楼梦》), London: Routledge and Kegan Paul, 1958.

9. Needham, Joseph: "Chinese Astronomy and the Jesuit Mission: An Encounter of Cultures"(《中国天文学与耶稣会士的任务:中西文化之相遇》), *China Society*

Occasional Papers,Vol.10,1958.

10.Thompson,Laurence G.：*Ta T'ung Shu*,*The One-World Philosophy of K'ang Yu-wei*(《大同书》),London：George Allen & Unwin,1958.

11.Waley,Arthur："Notes on Translation"(《谈翻译》),*The Atlantic Monthly*,Nov. 1958.

12.Waley,Arthur：*The Opium War Through Chinese Eyes*(《中国人眼中的鸦片战争》),London：George Allen & Unwin,1958.

三、备注

1.葛瑞汉的开山之作《中国的两位哲学家——程明道和程伊川》一书,对新儒学领域最核心的两位哲学家的思想作了全面系统的论述和严密的分析,这在该领域的文献中是绝无仅有的。该书以西方学者特有的视角,对"二程"的理学思想作了精湛的研究。其特点有三:一是分析了程颐与程颢的理学范畴体系,阐明了这些范畴的意蕴;二是考究了程颐与程颢哲学的源流,揭示了两种哲学的特质;三是比较了中国与欧洲哲学之异同,突出了二者之异。这部书不仅对新儒学研究领域的拓展和变化起到了推动作用,而且作为研究北宋时期程颢与程颐两位哲学家思想的最清晰、最全面的英文文献,至今仍然保持着其现实意义和实用价值,是致力于这一思想领域研究的东西方学者的必读文献。

2.明末抱瓮老人由"三言二拍"选出40篇作品编成的《今古奇观》,在国际上久负盛名,被誉为中国八大小说之一。西里尔·白之编译的《明代故事集锦》是影响较大的英译本,书中收有《今古奇观》的7篇译文(即《金玉奴》《珍珠衫》《吴保安》《晏平仲》《胡母迪》《沈小官》《张古老》),此书1958年于伦敦出版,1959年再版。这一译本的译文流畅可读,生动有趣,能传达原著的风貌,在西方学者中有较高的评价。

公元1959年

一、大事记

1.本年,霍克思的《楚辞:南方之歌》(Ch'u Tz'ǔ: The Songs of the South, An Ancient Chinese Anthology)由牛津大学出版社出版。

2.本年,施高德(Adolphe Clarence Scott)的《中国戏剧入门》(An Introduction to the Chinese Theatre)在伦敦出版。

3.本年,为庆祝韦利70岁,《亚洲学刊》出版纪念专号。

4.本年,韦利在《伦敦大学亚非学院学刊》上发表书评,评论汉学家查赫(Erwin von Zach, 1872—1942)的《中国文选》(Die Chinesische Anthologie)。

5.本年,韦利在丹麦哥本哈根出版的《庆祝高本汉七十岁论文集》(Studia Serica Bernhard Karlgren Dedicata)上发表论文《读〈敦煌变文集〉札记》("Notes on the Tun-huang Pien-wen Chi")。

6.本年,英国政府指示大学基金委员会(University Grants Committee)成立一个调查委员会就过去10年里针对斯卡布勒报告所采取的措施进行评估,并研究进一步的措施。

7.德效骞于本年辞任牛津大学中文系教授。

8.蒲立本原来致力于中国史学研究,本年后出于对印欧比较语言学的兴趣和古汉语教学的需要,开始研究汉语历史语言学和中国古典文学。

二、书(文)目录

1. Giles, Lionel: *The Sayings of Lao Tzu*(《老子语录》), the sixth edition, London: The Orient Press, 1959.

2. Graham, Angus Charles: "Being in Western Philosophy Compared with SHIH/FEI and YU/WU in Chinese Philosophy"(《西方哲学中的"存在"与中国哲学中的"是非"和"有无"的比较》), *Asia Major*, Vol.7, No.1, 1959, reprinted studies.

3. Graham, Angus Charles: "Observations on a New *Classical Chinese Grammar*"(《对新版〈古代汉语语法〉的意见》), *Bulletin of the School of Oriental and African Studies*, University of London, Vol.22, Nos.1/3, 1959, pp.556-571.

4. Graham, Angus Charles: "The Dialogue Between Yang Ju and Chyntzyy"(《杨朱与禽子的对话》), *Bulletin of the School of Oriental and African Studies*, University of London, Vol.22, Nos.1/3, 1959, pp.291-299.

5. Hawkes, David: *Ch'u Tz'ǔ: The Songs of the South, An Ancient Chinese Anthology*(《楚辞:南方之歌》), Oxford: Clarendon Press, 1959.

6. Loewe, Michael: "Some Notes on Han-time Documents from Chü-yen"(《居延汉代文献札记》), *T'oung Pao*, Vol.47, 1959, pp.294-332.

7. Scott, Adolphe Clarence: *An Introduction to the Chinese Theatre*(《中国戏剧入门》), London: George Allen & Unwin, 1959.

8. Walter, Simon: *How to Study and Write Chinese Characters*(《如何学写汉字》), the second volume, London: Lund Humphries, 1959.

9. Wang, Chi-chen(王际真): *Dream of the Red Chamber*(《红楼梦》), London: Vision Press, 1959.

三、备注

霍克思本年出版的《楚辞:南方之歌》根据汉代王逸《楚辞章句》一书的内容，翻译了18篇楚辞，其中包括王逸认定为屈原所作的《离骚》《九歌》《天问》等，还有宋玉的《招魂》、景差的《大招》等。霍氏的译本采取了在直译与意译之间折中的方法。此本为《楚辞》首次西译，注释或详或简，既适合一般读者，又适合专家和学者的口味。同时还参考了闻一多等人的研究，对原文做了一些校勘。

公元 1960 年

一、大事记

1. 崔瑞德于本年开始担任伦敦大学亚非学院汉学教授。

2. 霍克思于本年开始担任牛津大学第六任汉学教授,于1971年离任。

3. 本年,伦敦大学亚非学院创办《中国季刊》(The China Quarterly),开始重视当代中国研究。

4. 本年11月,韦利的译作《敦煌变文故事选》(Ballads and Stories from Tun-huang: An Anthology)由 George Allen & Unwin 出版。此书同时在美国出版。

5. 本年,韦利在《伦敦大学亚非学院学刊》上发表《读〈元朝秘史〉札记》("Notes on the Yuan-ch'ao Pi-shih")一文。

6. 本年,韦利在《听众》《伦敦大学亚非学院学刊》上发表书评2篇。

7. 英国政府大学基金委员会任命海特(William Hayter)担任调查委员会主席,于本年开始对斯卡布勒报告所采取的措施进行调查。

8. 本年,伦敦牛津大学出版社出版了谢利·M.布莱克(Shirley M. Black)的《浮生六记》(Chapters from a Floating Life: The Autobiography of a Chinese Artist)新英译本。

9. 本年,葛瑞汉出版了《列子》(The Book of Lieh-Tzu: A Classic of the Tao)的第一部英文全译本。

10. 本年,香港大学出版社出版了理雅各《中国经典》(The Chinese Classics)的第三版。

二、书（文）目录

1. Black, Shirley M.: *Chapters from a Floating Life: The Autobiography of a Chinese Artist*(《浮生六记》), Written by Shen Fu, Translated by Shirley M. Black, Oxford: Oxford University Press, 1960.

2.Graham,Angus Charles：*The Book of Lieh-Tzu：A Classic of the Tao*（《列子》），London：J. Murray，1960.

3.Hughes，Ernest Richard：*Two Chinese Poets：Vignettes of Han Life and Thought*（《两位中国诗人：汉代生活和思想简介》），Princeton：Princeton University Press，1960.

4.Loewe,Michael："The Orders of Aristocratic Rank of Han China"（《汉代贵族的等级》），*T'oung Pao*,second series,Vol.48,Livr.1/3,1960,pp.97-174.

5.Needham,Joseph；Ling,Wang；Price,Derek J. de Solla：*Heavenly Clockwork：The Great Astronomical Clocks of Medieval China*（《天堂的钟表活儿：中国中世纪伟大的天文钟表》），Cambridge：Cambridge University Press,1960.

6.Pulleyblank, Edwin George:"Neo-Confucianism and Neo-Legalism in T'ang Intellectual Life"（《唐代文人生活中的新儒家与新法家》），in *The Confucian Persuasion*,Edited by Arthur F. Wright,Stanford：Stanford University Press,1960,pp.77-114.

7.Waley,Arthur：*Ballads and Stories from Tun-huang：An Anthology*（《敦煌变文故事选》），London：George Allen & Unwin,1960.

8.Waley,Arthur："Reviewed Work：*Ch'u Tz'ǔ*,*The Songs of the South* by David Hawkes"（《书评：霍克思的〈楚辞：南方之歌〉》），*The Journal of the Royal Asiatic Society of Great Britain and Ireland*,Nos.1/2,Apr. 1960,pp.64-65.

三、备注

1.《敦煌变文故事选》是韦利根据王重民、向达、周一良等编的《敦煌变文集》（人民文学出版社,1957）翻译的，从该书的 78 篇作品中选译了 26 篇。此译本译介了一些在中国小说发展史上占有重要地位的作品，如《韩朋赋》《董永变文》《唐太宗入冥记》《庐山远公话》等，还译介了部分历史故事，如《伍子胥变文》《舜子至孝变文》等。

2.《浮生六记》是清代文人沈复的自传，共四卷，用简单通俗的文言文写成，讲述了作者对美满婚姻生活的留恋和对人生的感悟，其中还穿插了风景、艺术的描述和文学批评。林语堂的译本于 1935 年在《天下月刊》首次发表，后来于 1936 年出版了英汉对照本；1960 年，牛津大学出版社出版了谢利的新译本。

3.《中国季刊》由伦敦大学亚非学院编辑,剑桥大学出版社出版,由麦克法夸尔创办于1960年。一年出版四期,杂志内容主要涵盖关于近现代中国大陆和台湾,包括人类学、商业、文学、艺术、经济、地理、历史、外交、法律、政治、社会学等各个方面。杂志每一期的内容包括研究论文、评论,以及一段编年史以提示读者影响中国的事件。目前,《中国季刊》是西方学者发表与中国近现代历史和中华人民共和国历史相关的学术研究的重要刊物,也是国际上研究中国相关问题的杂志中影响最大的。

4.葛瑞汉的《列子》是第一个完整英文译本,也是西方世界公认的最具学术价值的版本。

公元1961年

一、大事记

1.本年,牛津大学成立了东方研究所(The Oriental Institute),开展汉学教学和研究工作,课程设置包括中国、印度、日本、犹太、伊斯兰和韩国等区域学科,这为牛津大学东方学的整合提供了阵地。

2.本年,威廉·海特主持的针对英国的东方研究状况的调查报告发表,该报告被称为"海特报告"(The Hayter Report)。报告建议对英国的汉学研究进行根本变革,以期接近美国的研究模式。

3.本年,韦利在《星期日泰晤士报》(*Sunday Times*)、《听众》上发表书评3篇。

4.本年,吴世昌(Shih-ch'ang Wu,1908—1986)的《〈红楼梦〉探源》(*On "The Red Chamber Dream"*)在牛津出版,韦利为该书撰写了前言。

5.本年3月3日,牛津大学汉学教授霍克思在《泰晤士报文学副刊》上发表《译自中国文》("From the Chinese")一文,对韦利的翻译作了深入的研究,给予高度评价。

二、书（文）目录

1. Giles, Herbert Allen: *Chuang Tzǔ: Mystic, Moralist, and Social Reformer*（《庄子：神秘主义者、伦理学家和社会改革家》）, the third edition, London: George Allen & Unwin, 1961.

2. Giles, Lionel: *The Sayings of Confucius*（《论语》）, the fourth edition, London: J. Murray, 1961.

3. Graham, Angus Charles: "The Date and Composition of Liehtzyy"（《列子著作和年代考》）, *Asia Major*, Vol.8, No.2, 1961, reprinted studies.

4. Graham, Angus Charles: *The Problem of Value*（《价值观问题》）, London: Hutchinson University Library, 1961.

5. Hawkes, David: *Chinese: Classical, Modern and Humane*（《汉语：古典、现代和高雅的语言》）, Oxford: Clarendon Press, 1961.

6. Loewe, Michael: *Military Operations in the Han Period*（《汉代的军事行动》）, London: China Society, 1961.

7. Loewe, Michael: "The Measurement of Grain During the Han Period"（《汉代粮食度量制》）, *T'oung Pao*, second series, Vol.49, Livr.1/2, 1961, pp.64-95.

8. Sullivan, Michael: *An Introduction to Chinese Art*（《中国艺术导论》）, Berkeley: University of California Press, 1961.

9. Wu, Shih-ch'ang（吴世昌）: *On "The Red Chamber Dream"*（《〈红楼梦〉探源》）, Oxford: Oxford University Press, 1961.

三、备注

1.海特报告指出，由于投入资金太少、没有集中使用等因素，此前斯卡布勒报告中的种种建议只实现了一小部分，主张今后应加强非语言研究领域和现代研究领域的比重，提供经费促进亚非及斯拉夫和东欧地区的社会科学研究。具体建议有三：(1)扩大大学里东方研究的总体力量，增加研究生和研究人员；(2)增加在校生有关东方思想和历史等方面的知识；(3)平衡语言研究和非语言研究、古典和现代研究之间的关系。报告还提出一些具体措施，例如建立地区研究中心，集中不同学科的学者共同研究某个地区:建议谢菲尔德大学成立日本研究中心,利兹大学成立中国研究中心,赫尔大学成立东南亚研究中心。

2.《〈红楼梦〉探源》为吴世昌在牛津大学讲学期间用英文写作的专著。韦利在吴世昌《〈红楼梦〉探源》的序言中论述了小说内容与作者个人经历的关系,并认为《红楼梦》前70回与后40回的语言在反映主题方面是统一的。伦敦《泰晤士报文学副刊》高度评价了该书,认为这是红学研究上的重大进展。

公元1962年

一、大事记

1.本年,德效骞被夏威夷大学聘为汉学教授,任期两年。

2.本年,杜德桥在剑桥大学马德林学院(Magdalene College)所研修的中文学士课程结束,获得学士学位。

3.本年,柳存仁的《〈封神演义〉作者考》(*The Authorship of the "Feng Shen Yen I"*)出版,韦利为该书作序。

4.本年,英国企鹅出版社出版了由考特沃尔(Robert Kotewall)和诺曼·史密斯(Norman L. Smith)编译的《企鹅中国诗选》(*The Penguin Book of Chinese Verse*)。

5.本年2月,韦利的译作《汉诗170首》(*A Hundred and Seventy Chinese Poems*)在伦敦出版第二版,韦利重写了前言。

6.杜伦大学(University of Durham)是英格兰东北部中国学研究的中心,于本年首次授予汉语学士学位。

二、书(文)目录

1. Chancellor, Philip M.: *Chinese Acupuncture* (《中国针灸学》), Rustington: Health Science Press, 1962.

2. Hawkes, David: *Ch'u Tz'ǔ: The Songs of the South, An Ancient Chinese Anthology* (《楚辞:南方之歌》), reprinted, Boston: Beacon Press, 1962.

3. Kotewall, Robert; Smith, Norman L.: *The Penguin Book of Chinese Verse*(《企鹅中国诗选》), London: Penguin Group, 1962.

4. Lu, Kuan-yü(陆宽昱): *Ch'an and Zen Teaching*(《禅宗著述》), London: Ryder, 1962.

5. Needham, Joseph: *Science and Civilisation in China. Vol.4, Physics and Physical Technology*(《中国科学技术史·第四卷：物理和物理技术》), Cambridge: Cambridge University Press, 1962.

6. Sullivan, Michael: *The Birth of Landscape Painting in China*(《中国山水画的诞生》), London: Routledge and Kegan Paul, 1962.

7. Twitchett, Denis Crispin: "Land Tenure and the Social Order in T'ang and Sung China(An Inaugural Lecture Delivered on 28 November 1961)"(《唐宋时期的土地保有权和社会秩序》), *Bulletin of the School of Oriental and African studies*, University of London, 1962.

8. Waley, Arthur: *A Hundred and Seventy Chinese Poems*(《汉诗170首》), the second edition, London: Constable, 1962.

9. Wright, Arthur F.; Twitchett, Denis Crispin: *Confucian Personalities*(《儒家人格》), Stanford: Stanford University Press, 1962.

三、备注

1.《企鹅中国诗选》收录诗歌170首，选材广泛，上至《诗经》，下至民国时期，范围比当时大部分已有的诗集要广，基本覆盖了2500多年的中国诗歌史。

2. 柳存仁(1917—2009)，1939年毕业于北京大学。1957年，以《佛道教影响中国小说考》的论文获英国伦敦大学哲学博士学位。1962年，柳存仁赴澳大利亚国立大学中文系任教，继汉学家毕汉思和马悦然之后，出任澳大利亚国立大学第三任中文教授，也是第一位华人学者担任中文系学术带头人。因其学术成就，1969年获伦敦大学颁发的文学博士学位，此后获世界各地多个荣誉博士学位。曾任澳大利亚国立大学中文系主任、亚洲研究学院院长、澳大利亚人文科学院首届院士、英国及北爱尔兰皇家亚洲学会会员。著有《和风堂文集》《中国文学史》《道教史探源》等。学术成就斐然，被称为当代最杰出的汉学家之一。

3.韦利在为柳存仁《〈封神演义〉作者考》所作的序言中表示同意柳存仁的看法,即认为《封神演义》的作者是陆西星。

公元1963年

一、大事记

1.本年,英国企鹅出版社出版了刘殿爵翻译的《老子〈道德经〉》(*Lao Tzu Tao Te Ching*)。

2.本年,德效骞结束在夏威夷大学汉学教授的任期。

3.杜德桥于本年至1964年就读于香港新亚学院。

4.本年,利兹大学(University of Leeds)创建了中文系(Department of Chinese Studies),后易名为东亚研究系(Department of East Asian Studies)。

5.本年,鲁惟一获得伦敦大学博士学位,此后被剑桥大学东方学院聘任为汉学讲师。

6.本年,美国东方学家欧文·拉铁摩尔(Owen Lattimore,1900—1989)开始在利兹大学担任汉学教授。

二、书(文)目录

1.Graham, Angus Charles: "The Prosody of the Sao Poems in the *Ch'u Tz'ǔ*"(《〈楚辞〉骚体诗的韵律》), *Asia Major*, Vol.10, No.2, 1963.

2.Lau, D. C.(刘殿爵): *Lao Tzu Tao Te Ching*(《老子〈道德经〉》), London: Penguin Books, 1963.

3.Loewe, Michael: "Some Notes on Han-time Documents from Tun-huang"(《敦煌汉代文献札记》), *T'oung Pao*, Vol.50, Nos.1/3, 1963, pp.150-189.

4.Twitchett, Denis Crispin: *Financial Administration under the T'ang Dynasty*(《唐代的金融机构》), Cambridge: Cambridge University Press, 1963.

5.Waley, Arthur: "A Song from Tun-huang"(《敦煌诗一首》), *Bulletin of the*

School of Orientel and African Studies, University of London, Vol.26, No.1, 1963, pp.149-151.

6.Waley, Arthur: *The Travels of an Alchemist: The Journey of the Taoist Ch'ang-Ch'un from China to the Hindukush at the Summons of Chingiz Khan, Recorded by His Disciple Li Chih-ch'ang*(《长春真人西游记》), the second edition, London: Routledge and Kegan Paul, 1963.

三、备注

1.崔瑞德的《唐代的金融机构》一书被视为中国古代史研究方面具有开创性意义的杰作。

2.利兹大学汉学和东亚研究图书的收藏始于1963年,部分图书来自原皇家亚洲学会和欧文·拉铁摩尔的收藏。

3.欧文·拉铁摩尔,美国著名汉学家、蒙古学家,蒋介石的政治顾问。其幼年时随父来华,毕业于英国圣·比斯学校。1922年获美国社会科学研究会奖金,后周游新疆、内蒙古和东北各地,著有《中国的亚洲内陆边疆》(*Inner Asian Frontiers of China*, 1940)一书。20世纪30年代初为北平哈佛燕京学社研究员。还曾访问过延安,1938年起执教于霍普金斯大学。后受到麦卡锡主义的迫害,在63岁那年被迫离开美国,自1963年开始在英国中部的利兹大学继续中国历史和文化的研究工作。85岁回到美国,89岁逝世。

公元1964年

一、大事记

1.本年1月,韦利的著译集《蒙古秘史集》(*The Secret History of the Mongols*)由George Allen & Unwin出版。此书同时在纽约出版。这是韦利生前出版的最后一部著作。

2.《中国季刊》于本年9月6日至12日召开关于中国马克思主义史学理论的

研讨会,旨在增进英美史学界学者对中国马克思主义史学的了解。

3.本年,杜德桥结束了在香港新亚学院的课程学习。

4.本年,葛瑞汉的译著《晚唐诗》(The Late T'ang Poetry)由企鹅出版社出版。

5.本年,牛津大学出版社出版了雷蒙·道森的《中国遗产》(The Legacy of China),该书收入了韩南的《小说与戏剧的发展》一文。

6.龙彼得本年在奥地利维也纳国家图书馆(Austrian National Library)内发现刊于明神宗万历辛巳年间(1581)的潮剧戏文《新刻增补全像乡谈荔枝记大全》,为现代潮剧研究提供了重要思路和线索。

二、书(文)目录

1.Dawson,Raymond:*The Legacy of China*(《中国遗产》),Oxford:Oxford University Press,1964.

2.Dudbridge,Glen:"The Problem of *Xiyou Ji* and Its Early Versions:A Reappraisal"(《〈西游记〉祖本考的再商榷》),*New Asia Journal*,Vol.6,No.2,1964,pp.497-519.

3.Graham,Angus Charles:"A Source Book in Chinese Philosophy:Surrejoinder"(《中国哲学文献选编:第二次辩驳》),*Journal of the American Oriental Society*,Vol.84,No.4,Oct.-Dec. 1964,p.410.

4.Graham,Angus Charles:"Reason in the Chinese Philosophical Tradition"(《中国哲学传统中的理性》),in *The Legacy of China*,Edited by Raymond Dawson,Oxford:Oxford University Press,1964.

5.Graham,Angus Charles:"The Logic of the Mohist '*Hsiao-ch'ü*'"(《〈墨子·小取〉的逻辑》),*T'oung Pao*,second series,Vol.51,Livr.1,1964,pp.1-54.

6.Graham,Angus Charles:*The Late T'ang Poetry*(《晚唐诗》),London:Penguin Group,1964.

7.Jenner,William John Francis:*From Emperor to Citizen:The Autobiography of Aisin-Gioro Pu Yi*(《从皇帝到公民——溥仪:我的前半生》),Beijing:Foreign Languages Press,1964.

8.Loewe,Michael:"Some Military Dispatches of the Han Period"(《汉代发兵

考》),*T'oung Pao*,second series,Vol.51,Livr.4/5,1964,pp.335-354.

9.Waley,Arthur：*The Secret History of the Mongols*(《蒙古秘史集》),London：George Allen & Unwin,1964.

三、备注

《西游记》版本方面争议比较大的,即吴承恩创作《西游记》的祖本问题。对此问题孙楷第于《日本东京所见小说书目》、郑振铎于《〈西游记〉的演变》中均发表意见,认为"永乐大典本"(今所谓《西游记平话》)才是吴承恩《西游记》的祖本,郑振铎等人的观点遂成"定论"。学者柳存仁在其所著《伦敦所见中国小说书目提要》中,首先对"定论"表示怀疑,认为杨致和本是删减朱鼎臣本而成,吴本(吴承恩写本)对朱本和杨本均有继承。本年杜德桥撰《〈西游记〉祖本考的再商榷》一文,反驳柳氏观点,坚持"定论"。

公元 1965 年

一、大事记

1.艾伦·艾玲(Alan Ayling)翻译的《中国抒情诗选》(*A Collection of Chinese Lyrics*)在伦敦出版。

2.本年,爱丁堡大学(University of Edinburgh)主动提出了增加汉语教学的要求,并在人文学院内成立了中文系,院长为秦乃瑞博士。

3.本年,《厄俄斯：诗歌中情人们黎明聚散主题之研探》(*Eos：An Enquiry into the Theme of Lovers' Meetings and Partings at Dawn in Poetry*)出版,韦利撰写其中两篇,即《中国篇》《日本篇》。

4.本年,李约瑟发起成立英中了解协会(Society for Anglo-Chinese Understanding),并任会长,会员中汇集了许多知名的汉学家和中国问题专家,为英国汉学的发展和英中两国人民的友好事业做出了重要的贡献。

5.本年,韦利当选为日本学士院名誉会员。

6.本年,由王际真编撰的 Chinese Literature("中国文学")词条收入《钱伯斯百科全书》(*Chambers' Encyclopaedia*)第三卷,在伦敦出版。该词条介绍了自先秦至20世纪的中国文学发展史。

7.杜德桥于本年开始担任牛津大学汉语讲师,后晋升为高级讲师。

二、书（文）目录

1.Ayling,Alan:*A Collection of Chinese Lyrics*(《中国抒情诗选》),London:Routledge and Kegan Paul,1965.

2.Graham,Angus Charles:"Beijing in Linguistics and Philosophy:A Preliminary Inquiry"(《语言学与哲学中的存在》),*Foundations of Language*,Vol.1,No.3,Aug.1965,pp.223-231.

3.Graham,Angus Charles:"Liberty and Equality"(《自由与平等》),*Mind*,Vol.74,No.293,1965.

4.Graham,Angus Charles:*Poems of the Late T'ang*(《晚唐诗选》),the second edition,London:Penguin Classics,1965.

5.Graham,Angus Charles:"Translations of Poems and Fu in Anthology of Chinese Literature"(《诗赋选译》),in *Anthology of Chinese Literature*,Edited by Cyril Birch,New York:Grove Press,Vol.1,1965.

6.Graham,Angus Charles:"Two Dialogues in *the Kung-sun Lung Tzu*"(《〈公孙龙子〉的两个对话》),*Asia Mayor*,Vol.11,No.2,1965,reprinted studies.

7.Lin,Tai-yi(林太乙):*Flowers in the Mirror*(《镜花缘》),London:Peter Owen,1965.

8.Sullivan,Michael:*Chinese and Japanese Art*(《中国与日本的艺术》),New York:Grolier,1965.

三、备注

1.厄俄斯是希腊神话中的黎明女神。《厄俄斯:诗歌中情人们黎明聚散主题之研探》一书是对世界各国诗歌中的晨歌(一种以描写情人们在黎明分别为主题的诗歌)的比较研究。

2.韦利的至交,诗人、文艺批评家托马斯·斯特恩斯·艾略特(Thomas Stearns Eliot,1888—1965)本年去世,他曾鼓励韦利把翻译出来的中国诗歌送去出版,是韦利学术生涯开端的推动者。

公元1966年

一、大事记

1.本年,韦利在《伦敦大学亚非学院学刊》上发表论文《〈游仙窟〉中的口语》("Colloquial in the Yu-hsien K'u")。这是韦利生前发表的最后一篇论文。

2.本年5月,苏格兰中国协会首次会议开幕,李约瑟博士和作家韩素音在会上致辞,秦乃瑞任副主席。从此苏格兰中国协会发展壮大起来。

3.本年6月27日,著名汉学家韦利去世。

4.本年,葛瑞汉前往美国耶鲁大学访学。

5.李约瑟于本年开始担任剑桥大学岗维尔-凯厄斯学院(Gonville and Casius College)院长。

6.美国汉学家费正清(John King Fairbank,1907—1991)曾主持编写过一套15卷的《剑桥中国史》(The Cambridge History of China),历时25年,从1966年开始策划,到1991年结束,崔瑞德本年开始与费正清一起主持该书的编写工作。

7.蒲立本于本年开始出任英属哥伦比亚大学教授。

二、书(文)目录

1.Graham, Angus Charles: "'Being' in Classical Chinese"(《古代汉语中的"存在"》), in The Verb "Be" and Its Synonyms, Part I: Classical Chinese, Athapaskan, Mundari, Edited by John W. M. Verhaar, Berlin: Springer-Verlag, 1966.

2.Loewe, Michael: Imperial China: The Historical Background to the Modern Age (《中华帝国:当代中国的历史背景》), London: George Allen & Unwin, 1966.

3.Waley, Arthur: "Colloquial in the Yu-hsien K'u"(《〈游仙窟〉中的口语》),

Bulletin of the School of Oriental and African Studies, University of London, Vol.29, No. 3, 1966, pp.559-565.

三、备注

《剑桥中国史》是一部世界上极具影响力的国外研究中国历史的权威著作,由英国剑桥大学出版社出版,费正清、崔瑞德任全书主编。全书共15卷,分成17册(第5卷及第9卷分上、下册),目前已经出版13卷。中国社会科学出版社已经翻译出版了其中11卷。这是一部完全由西方学者撰写的中国历史,沿袭西方汉学研究一贯坚持的严谨作风,广泛引用文献材料,注重文献的辨伪和考订。各卷由知名学者主编,卷内各章由研究有素的专家撰写,反映了国外中国史研究的水平和动向。

公元 1967 年

一、大事记

1.本年,德国汉学家福赫伯(Herbert Franke,1914—2011)①与其弟子鲍吾刚(Wolfgang Bauer,1930—1997)合作编译的中国短篇小说集《金匮——中国两千年短篇小说集》(*The Golden Casket*:*Chinese Novellas of Two Millennia*)英译本在伦敦出版。

2.本年,崔瑞德当选为英国学术院院士。

3.本年,杜德桥在牛津大学获得博士学位。

4.本年,福特基金会(The Ford Foundation)为伦敦大学亚非学院创办了现代中国研究所(The Contemporary China Institute,简称CCI),并赠款32.5万美元。

5.本年,葛瑞汉结束了在耶鲁大学的访学。

6.柳存仁的《伦敦所见中国通俗小说书目》(*Chinese Popular Fiction in Two*

---

① 其中文名为傅海博。

London Libraries)由香港龙门书局出版,韦利生前为其作序言。

二、书（文）目录

1. Dawson, Raymond: *The Chinese Chameleon: An Analysis of European Conceptions of Chinese Civilization*(《中国变色龙——对于欧洲中国文明观的分析》), Oxford: Oxford University Press, 1967.

2. Franke, Herbert; Bauer, Wolfgang: *The Golden Casket: Chinese Novellas of Two Millennia*(《金匮——中国两千年短篇小说集》), London: Penguin Group, 1967.

3. Giles, Herbert Allen: *A History of Chinese Literature*(《中国文学史》), with a Supplement on the Modern Period by Wu-chi Liu, New York: Frederick Ungar Publishing Company, 1967.

4. Graham, Angus Charles: "Chinese Logic"(《中国逻辑》), in *Encyclopaedia of Philosophy*, New York, 1967.

5. Graham, Angus Charles: "The 'Hard and White' Disputations of the Chinese Sophists"(《中国诡辩家的"坚白论"》), *Bulletin of the School of Oriental and African Studies*, University of London, Vol.30, No.2, Fiftieth Anniversary Volume, 1967, pp.358–368.

6. Graham, Angus Charles: "The Background of the Mencian Theory of Human Nature"(《孟子人性论的背景》), *Tsing Hua Journal of Chinese Studies*, Vol.6, Nos.1/2, 1967, reprinted studies.

7. Hawkes, David: *A Little Primer of Tu Fu*(《杜诗初阶》), Oxford: Clarendon Press, 1967.

8. Loewe, Michael: *Records of Han Administration. Volume 1, Historical Assessment; Volume 2, Documents*(《汉代政权档案 卷一:历史评价;卷二:文件》), Cambridge: Cambridge University Press, 1967.

9. Sullivan, Michael: *A Short History of Chinese Art*(《中国艺术简史》), London: Faber and Faber, 1967.

三、备注

1.《中国变色龙——对于欧洲中国文明观的分析》一书是英国当代著名汉学家雷蒙·道森的代表作之一。本书的主旨在于描述欧洲对中华文明态度的历史变迁。作者梳理了大量西方关于中国的论述,对一些影响较大的偏见、陈腐误解予以廓清。

2.柳存仁的《伦敦所见中国通俗小说书目》主要介绍了伦敦大英博物馆及皇家亚洲学会图书馆所藏中国通俗小说的各种版本。

3.翟理斯的《中国文学史》由著名汉学家柳无忌教授(Wu-chi Liu,柳亚子之子)补写了20世纪现代文学部分,书名仍为原书名 *A History of Chinese Literature*,1967年在纽约出版。

公元1968年

一、大事记

1.本年,崔瑞德接替蒲立本再次担任剑桥大学汉学教授。

2.本年,杜为廉(William Dolby)在剑桥大学发表了博士论文《关汉卿及其作品研究》。

3.本年,李约瑟在第十二届国际科学史和科学哲学联合会(简称 IUHPS)上被授予乔治·萨顿(George Sarton)奖章。

4.本年,蒲立本担任英属哥伦比亚大学亚洲研究系主任。

5.本年6月12日,伦敦大学亚非学院现代中国研究所正式成立。

二、书(文)目录

1.Dawson, Raymond: *An Introduction to Classical Chinese*(《中国经典导论》), Oxford: Clarendon Press, 1968.

2.Holbrook, David; Waley, Arthur; Pound, Ezra; Waddell, Helen: *Plucking the Ru-*

shes：*An Anthology of Chinese Poetry in Translations*(《中国诗歌翻译选集》)，New York：Heinemann Educational Books，1968.

3.Loewe，Michael：*Everyday Life in Early Imperial China During the Han Period，202 BC-AD 220*(《汉代的日常生活》)，New York：Dorset Press，1968.

4.Waley，Arthur：*The Way and Its Power：A Study of the Tao Tê Ching and Its Place in Chinese Thought*(《〈道德经〉探研：它的意向和力量，以及它在中国思潮中的地位》)，the second edition，New York：Grove Press，1968.

三、备注

1.杜伦大学东方博物馆收购了马尔科姆·麦克唐纳(Malcolm MacDonald)收藏的中国瓷器，这使它成为欧洲著名的收藏中国物品的博物馆之一，促进了杜伦大学的中国文化研究。

2.杜为廉，英国著名汉学家，长期执教于爱丁堡大学，从事中国古典戏曲研究40余年。1971年，他的文章《关汉卿》("Guan Hanqing")在伦敦学术季刊上发表，被学术界公认为最全面、最可靠的关汉卿传记。代表作《中国戏剧史》(*A History of Chinese Drama*，1976)在20世纪的西方中国古典戏曲研究中有着举足轻重的作用。

3.伦敦大学现代中国研究所利用1967年福特基金会捐赠的32.5万美元于1968年正式成立，其宗旨为推动对现代中国国情的深入研究，出版有关研究著作，向国内外读者提供现代中国信息。

公元1969年

一、大事记

1.艾伦·艾玲在《中国抒情诗选》的基础上编译的《中国抒情诗选续篇》(*A Further Collection of Chinese Lyrics，and Other Poems*)在伦敦出版。

2.韦利的两篇遗作本年在《亚洲专刊》上发表。一篇为《祖堂集》中一段白话故事的翻译，另一篇为短文《说"乍"》，两文皆由霍克思整理。

3.著名汉学家德效骞于本年去世。

二、书（文）目录

1.Ayling,Alan:*A Further Collection of Chinese Lyrics*,*and Other Poems*(《中国抒情诗选续篇》),London:Routledge and Kegan Paul,1969.

2.Dudbridge,Glen:"The Hundred-chapter *Hsi-yu Chi* and Its Early Versions"(《一百回〈西游记〉及其早期版本》),*Asia Major*,new series,Vol.14,1969,pp.141-191.

3.Graham,Angus Charles:"Some Basic Problems of Chinese Syntax"(《汉语句法的一些基本问题》),*Asia Major*,Vol.14,No.2,1969.

4.Graham,Angus Charles:"The Archaic Chinese Pronouns"(《古代汉语的代词》),*Asia Major*,Vol.15,No.1,1969.

5.Loewe,Michael:"Chinese Relations with Central Asia"(《中国与中亚的关系》),*Bulletin of the School of Oriental and African Studies*,University of London,Vol.32,1969,pp.91-103.

6.Needham,Joseph:*The Grand Titration*:*Science and Society in East and West*(《文明的滴定》),London:George Allen & Unwin,1969.

7.Needham,Joseph:*Within the Four Seas*:*The Dialogue of East and West*(《四海一家:东方与西方的对话》),London:George Allen & Unwin,1969.

8.Sullivan,Michael:*The Cave Temples of Maichishan*(《麦积山石窟》),London:Faber and Faber,1969.

三、备注

《文明的滴定》汇编了李约瑟在1944年到1966年间陆续发表的8篇论文,集中了他早年有关中国古代科学、技术与社会的讨论,他生前有关"李约瑟难题"的最完整表述也收在这本文集中。

公元 1970 年

一、大事记

1.葛瑞汉于本年前往密歇根大学访学。

2.斯坦因 1907 年从敦煌运走的写卷有一大批被带到巴黎,这一批写卷的目录第一册于 1970 年出版。

3.本年,企鹅出版社出版了刘殿爵翻译的《孟子》(Mencius)。

4.本年,杜德桥研究《西游记》文本考辨的专著《〈西游记〉:对 16 世纪中国小说的一种探究》(The Hsi-yu Chi:A Study of Antecedents to the Sixteenth-Century Chinese Novel)在剑桥大学出版社出版。

5.本年,华兹生(Burton Watson,1925—2017)翻译的《寒山诗百首》(Cold Mountain:100 Poems by the T'ang Poet Han-shan)出版。

二、书(文)目录

1.Dudbridge,Glen:*The Hsi-yu Chi:A Study of Antecedents to the Sixteenth-Century Chinese Novel*(《〈西游记〉:对 16 世纪中国小说的一种探究》),Cambridge:Cambridge University Press,1970.

2.Graham,Angus Charles:"Ch'eng Hao and Ch'eng Yi"(《程颢与程颐》),*Encyclopaedia Britannica*,Chicago:Encyclopaedia Britannica Educational Corp.,1970.

3.Graham,Angus Charles:"Chuang-tzu's Essay on *Seeing Things as Equal*"(《庄子的〈齐物论〉》),*History of Religions*,Vol.9,Nos.2/3,Nov. 1969–Feb. 1970,pp.137–159.

4.Lau,D. C.(刘殿爵):*Mencius*(《孟子》),London:Penguin Books,1970.

5.Loewe,Michael:"Records of Han Administration:Supplementary Notes"(《汉代行政机构档案及附注》),*T'oung Pao*,second series,Vol.56,Livr.4/5,1970,pp.225–228.

6. Needham, Joseph: *Clerks and Craftsmen in China and the West: Lectures and Addresses on the History of Science and Technology*(《中国和西方的职员与工匠》), Cambridge: Cambridge University Press, 1970.

7. Twichett, Denis Crispin: *Financial Administration under the T'ang Dynasty*(《唐代的金融机构》), the second edition, Cambridge: Cambridge University Press, 1970.

8. Watson, Burton: *Cold Mountain: 100 Poems by the T'ang Poet Han-shan*(《寒山诗百首》), New York: Columbia University Press, 1970.

三、备注

1. 杜德桥《〈西游记〉：对16世纪中国小说的一种探究》一书系他的博士论文，通过对《西游记》早期版本的考证以及中国古代民俗和文物资料的研究，重构人物原型从口头文学到戏剧和小说的发展变化过程，探讨了这一文学形象的内在社会文化价值。

2. 华兹生，著名汉学家，美国哥伦比亚大学教授，翻译中国古代历史、哲学和诗歌等古典文学作品最多的杰出翻译家。他翻译了《史记》《墨子》《荀子》《韩非子》《庄子》《汉书》《左传》，以及杜甫、苏东坡、寒山、陆游、白居易、王维的诗歌和公元前7世纪到公元12世纪的中国古代诗歌史、汉魏六朝时代的赋、《法华经》等著作。译本语言流畅自然、平易优雅，世界影响广泛。

公元1971年

一、大事记

1. 本年，葛瑞汉取得伦敦大学亚非学院古汉语教授职位。
2. 本年，霍克思为翻译《红楼梦》辞去了牛津大学汉学教授一职。
3. 本年，蒲立本被推选为加拿大亚洲研究学会会长。
4. 本年，龙彼得赴台湾作田野调查时，曾影印全套泉州方言的《同窗换书记》戏文赠予当地学者供他们研究用。

二、书（文）目录

1. Graham, Angus Charles: "A New Translation of a Chinese Poet: Li Ho" (《李贺诗新译》), *Bulletin of the School of Oriental and African Studies*, University of London, Vol.34, No.3, 1971, pp.560-570.

2. Graham, Angus Charles: "The Grammar of the Mohist Dialectical Chapters" (《墨子辩证篇的语法》), in *A Symposium on Chinese Grammar*, Edited by Inga-Lill Hansson, London: Lund Humphries, 1971.

3. Loewe, Michael: "Spices and Silk: Aspects of World Trade in the First Seven Centuries of the Christian Era" (《香料与丝绸：公元1—7世纪世界贸易面面观》), *The Journal of the Royal Asiatic Society of Great Britain and Ireland*, No.2, 1971, pp.166-179.

4. Needham, Joseph: *Hand and Brain in China, and Other Essays* (《中国的手艺与智慧》), Hong Kong: Anglo-Chinese Educational Institute, 1971.

三、备注

本年，大英图书馆（The British Library）建立了图书文献支持中心（British Library Document Supply Center）。

公元1972年

一、大事记

1. 本年，剑桥W. 赫弗出版社（W. Heffer）和伦敦视野出版社（Vision Press）出版了华裔汉学家黄琼玖（Josephine Huang Hung）主编的《儿童梨园》（*Children of the Pear Garden: Five Plays from the Chinese Opera, Translated and Adapted from the Chinese*）。

2. 本年，时钟雯（Chung-wen Shih）的译著《对窦娥的不公平：〈窦娥冤〉研究与翻译》(*Injustice to Tou O Yüan：A Study and Translation*)由剑桥大学出版社出版。

3.本年,英国的"企鹅丛书"(Penguin Books)出版了刘君恩(Jung-en Liu)翻译的《元杂剧六种》(*Six Yüan Plays*)。

4.葛瑞汉于本年开始访问康奈尔人文学会。

5.李约瑟于本年开始担任东亚科学史图书馆(East Asian History of Science Library)义务馆长,鲁桂珍任副馆长。

6.龙彼得于本年被转聘为牛津大学第七任汉学教授。

二、书（文）目录

1.Graham, Angus Charles: "The Classical Chinese Topic-marker FU"(《古代汉语的句首语气词"夫"》), *Bulletin of the School of Oriental and African Studies*, University of London, Vol.35, No.1, 1972, pp.85-110.

2.Graham, Angus Charles: "Later Mohist Treaties on Ethics and Logic Reconstructed from the *Tach'u Chapter of Mo-tzu*"(《后期墨家论〈墨子·大取〉中的伦理学和逻辑学》), *Asia Major*, Vol.17, No.2, 1972.

3.Hung, Josephine Huang(黄琼玖): *Children of the Pear Garden: Five Plays from the Chinese Opera, Translated and Adapted from the Chinese*(《儿童梨园》), Cambridge: W. Heffer; London: Vision Press, 1972.

4.Liu, Jung-en(刘君恩): *Six Yüan Plays*(《元杂剧六种》), London: Penguin Books, 1972.

5.Shih, Chung-wen(时钟雯): *Injustice to Tou O Yüan: A Study and Translation*(《对窦娥的不公平:〈窦娥冤〉研究与翻译》), Cambridge: Cambridge University Press, 1972.

三、备注

1.黄琼玖编译的《儿童梨园》收入了京剧《梅龙镇》《九更天》《玉堂春》《鸿鸾禧》《凤仪亭》等。

2.刘君恩翻译的《元杂剧六种》收入了《连环计》、马致远《汉宫秋》、李好古《张生煮海》、关汉卿《窦娥冤》、纪君祥《赵氏孤儿》和郑德辉《倩女离魂》。

公元1973年

一、大事记

1.本年,艾伦·黄(Alan L. Wong)将改编版的《赵氏孤儿》译成英文,题为《中国孤儿:五幕戏剧》(*The Orphan of China: Play of Five Acts and Prologue*)在伦敦出版。

2.本年,白之在《伦敦大学亚非学院学刊》第36卷第2号上发表了《明初戏曲中的悲剧与音乐剧》("Tragedy and Melodrama in Early Ch'uan-ch'i Plays: 'Lute Song' and 'Thorn Hairpin' Compared"),运用西方戏剧的时间概念对高明《琵琶记》和朱有墩《诚斋乐府》里的一些剧作进行了文类上的研究与介绍。

3.本年,爱丁堡大学出版社出版了汉学家张心沧(Hsin-chang Chang, 1923—2004)《中国文学:通俗小说与戏剧》(*Chinese Literature: Popular Fiction and Drama*),同年也在美国芝加哥出版。

4.本年,霍克思翻译的《石头记》第一卷《荣华富贵的岁月》(*The Golden Days*)由伦敦企鹅集团(Penguin Group)出版。

5.本年,"企鹅丛书"出版了罗宾逊(G. W. Robinson)翻译的《王维诗选》(*Poems of Wang Wei*)。

6.本年,韦利的《西游记》节译本《猴》(*Monkey*)出版。

7.本年,香港海纳曼教育书局出版了赖恬昌(T. C. Lai)和加马雷基安(Ed Gamarekian)合译的《西厢记》(*The Romance of the Western Chamber*),林语堂为该书撰写了前言。

8.本年,英尼斯·赫登(Innes Herdan)翻译的《唐诗三百首》(*Three Hundred Poems of the T'ang Dynasty*)出版。

9.葛瑞汉本年结束在康奈尔人文学会的访学。

10.霍克思本年开始被聘任为牛津大学研究员,一直任职到1983年。

11.沃森编译的《陆游诗歌散文选》(*The Old Man Who Does as He Pleases: Selec-*

tions from the Poetry and Prose of Lu Yu)出版。

12.本年,皇家学会与泰晤士报业集团(The Times)联合举办"中华魂"文物展。

13.约翰·斯科特(John Scott)编译的《凌濛初〈好色学究〉及其他故事》(*The Lecherous Academician and Other Tales by Master Ling Mengchu*)在伦敦出版。

二、书（文）目录

1. Birch, Cyril: "Tragedy and Melodrama in Early Ch'uan-ch'i Plays: 'Lute Song' and 'Thorn Hairpin' Compared"(《明初戏曲中的悲剧与音乐剧》), *Bulletin of the School of Oriental and African Studies*, University of London, Vol.36, No.2, 1973, pp.228-247.

2. Chang, Hsin-chang(张心沧): *Chinese Literature: Popular Fiction and Drama*(《中国文学:通俗小说与戏剧》), Edinburgh: Edinburgh University Press; Chicago: Aldine, 1973.

3. Graham, Angus Charles: "A Systematic Approach to the Mohist Optics"(《对墨家光学方面的系统研究》), in *Chinese Science*, Edited by Shigeru Nakayama and Nathan Sivin, Cambridge: Massachusetts Institute of Technology Press, 1973.

4. Graham, Angus Charles: "The Terminations of the Archaic Chinese Pronouns"(《古代汉语的尾音》), *Bulletin of the School of Oriental and African Studies*, University of London, Vol.36, No.2, 1973, pp.293-298.

5. Graham, Angus Charles: "China, Europe and the Origins of Modern Science"(《中国、欧洲与现代科学起源》), in *Chinese Science*, Edited by Shigeru Nakayama and Nathan Sivin, Cambridge: Massachusetts Institute of Technology Press, 1973.

6. Hawkes, David: *The Story of the Stone. Volume 1, The Golden Days*(《石头记》第一卷《荣华富贵的岁月》), London: Penguin Books, 1973.

7. Loewe, Michael: *Everyday Life in Early Imperial China During the Han Period, 202 BC-AD 220*(《汉代的日常生活》), the second edition, London: Carousel Books, 1973.

8. Loewe, Michael: "Wooden Documents"(《竹简》), Chapter 4 in *Essays on the*

Sources for Chinese History, Edited by Donald D. Leslie, Colin Mackerras and Wang Gung wu, Canberra: Australian National University, 1973.

9. MacGowan, John: *The Imperial History of China: Being a History of the Empire as Compiled by the Chinese Historians*(《中华帝国史》), London: Curzon Press, 1973.

10. Needham, Joseph; Jacob, Eugène; Dessureault, R.; Rey, Jean-Michel: *La science chinoise et I' Occident*(《中国的科学与西方》), Paris: Ed. du Seuil, 1973.

11. Robinson, G. W.: *Poems of Wang Wei*(《王维诗选》), Harmondsworth: Penguin Books, 1973.

12. Sullivan, Michael: *Chinese Art: Recent Discoveries*(《中国艺术:最新发现》), London: Thames & Hudson, 1973.

13. Sullivan, Michael: *The Meeting of Eastern and Western Art*(《东西方美术的交流》), London: Thames & Hudson, 1973.

14. Waley, Arthur: *Monkey*(《猴》), Translated from the Chinese by Arthur Waley, Abridged by Alison Waley, Illustrated by Georgette Boner, Glasgow and London: Blackie & Son, 1973.

15. Waston, Burton: *The Old Man Who Does as He Pleases: Selections from the Poetry and Prose of Lu Yu*(《陆游诗歌散文选》), New York: Columbia University Press, 1973.

16. Wong, Alan L.: *The Orphan of China: Play of Five Acts and Prologue*(《中国孤儿:五幕戏剧》), London: Mitre Press, 1973.

17. Wright, Arthur F.; Twitchett, Denis Crispin: *Perspectives on the T' ang*(《唐代透视》), New Haven: Yale University Press, 1973.

三、备注

1. 大英图书馆在本年独立另立新馆,与大英博物馆的原图书部、专利图书馆(The Patent Office Library)、国家中央图书馆(The National Central Library)、国家科学技术借阅馆(The National Lending Library for Science and Technology)、英国国家文献馆(The British National Bibliography)和科学技术信息部(The Office for Science and Technical Information)合并。大英图书馆东方部将原来保存在大英博物馆的

东方图书与斯坦因运回的写本文书并入了新建的英国图书馆藏书楼。

2.赖恬昌是清太史赖际熙之子,著名的教育家、翻译家。著作包括《中国对联》《印章艺术》《书法艺术》《食谈》《国画》《中国书法》《中国篆刻》《赖恬昌书画选》等多种,多以英文撰写,介绍和翻译中国文化艺术,包括成语、书法、绘画、对联等。在诗词的翻译方面,不拘于译者的身份,主要从接受能力、欣赏能力入手,不拘于原著,深入浅出,为中国文化的域外传播做出了贡献。

3.美国佛蒙特州查尔斯·E.特尔出版公司于本年出版了翟理斯的《中国文学史》的修订版。

4.张心沧,原籍上海,英国著名华裔汉学家。曾担任剑桥大学现代中文讲师,1972—1983 年担任伍尔夫逊学院研究员,1983—2004 年担任艾莫瑞特斯研究员。致力于中国文学与中西比较文学,取得了系列性的研究成果,并于 1976 年获得享有汉学界诺贝尔奖之称的儒莲奖。

公元 1974 年

一、大事记

1.本年,美国加州大学出版社出版了白之的专著《中国文学文类研究》(*Studies in Chinese Literary Genres*),收入了他撰写的文章《明传奇的几个课题与几种方法》,讨论了《青衫记》《鸣凤记》和《牡丹亭》三个长剧。

2.威斯敏斯特大学的现代语言学院开始设立汉语专业,其夜校汉语班在此前已开办了 10 年。

3.英中协会(The Great Britain-China Centre,简称 GBCC)于本年成立。

二、书(文)目录

1.Loewe, Michael: *Crisis and Conflict in Han China*, 104 B.C. to A.D.9(《汉代的危机和冲突》), London: George Allen & Unwin, 1974.

2.Loewe, Michael: "The Campaigns of Han Wu-ti"(《汉武帝之征战》), in Chinese Ways in Warfare, Edited by Frank A. Kierman and John King Fairbank, Cambridge, Mass.: Harvard University Press, 1974, pp.67-118.

3.Sullivan, Michael: *The Three Perfections: Chinese Painting, Poetry and Calligraphy*(《中国诗、书、画三绝》), London: Thames & Hudson, 1974.

三、备注

自1973年"中华魂"文物展举办之后，泰晤士报业集团将展览会的收入捐赠筹建英中协会，并于1974年正式成立。英国政府同意每年给予一定的资助。英中协会是一个非行政的公共机构，以民间方式致力于加强并发展与中华人民共和国之间的关系，促进相互了解，特别是中国对英国政策、习俗、文化和制度的了解，以期在两国决策者之间建立长远的联系。

公元1975年

一、大事记

1.本年，艾伦·黄编译的《中国诗选》(*Shi: Poems and Translations*)在伦敦出版。

2.本年，柳无忌、罗郁正(Irving Lo)的译诗集《葵晔集：三千年中国诗》(*Sunflower Splendor: Three Thousand Years of Chinese Poetry*)出版。该书有中、英两个版本，出版后引起了轰动，不到半年即印行17000册。

二、书（文）目录

1.Graham, Angus Charles: "The Concepts of Necessity and the 'A Priori' in Later Mohist Disputation"(《后期墨家辩论中的"必然"与"优先"的概念》), *Asia Major*, Vol.19, No.2, 1975.

2.Graham, Angus Charles: "Sampson on Late Archaic Chinese"(《近古汉语中的"参孙"》), *Foundations of Language*, Vol.13, No.4, Nov. 1975, p.591.

3. Liu, Wu-chi(柳无忌); Lo, Irving(罗郁正): *Sunflower Splendor: Three Thousand Years of Chinese Poetry*(《葵晔集：三千年中国诗》), Indiana: Indiana University Press, 1975.

4. Loewe, Michael; Blacker, Carmen: *Ancient Cosmologies*(《古代宇宙论》), London: George Allen & Unwin, 1975.

5. Wong, Alan L.: *Shi: Poems and Translations*(《中国诗选》), London: Mitre Press, 1975.

三、备注

《葵晔集》收录了从《诗经》到当代共145位诗人的800多首诗、词、曲作品，英文版中收录了50多位译者翻译的近1000首诗、词、曲作品，内容丰富，体例完备而独特。书的附录中还包含有诗、词、曲作品及作者的详细背景介绍、中国朝代与历史时期表，极大地便利了愿意深入了解中国文学的西方读者。从1976年开始，美国多家大专院校采用此书作为讲授中国文学的课本。《葵晔集》分别于1975年、1983年、1990年、1998年多次由纽约双日出版集团(Doubleday Broadway)与印第安纳大学出版社(Indiana University Press)出版。

公元1976年

一、大事记

1. 本年，英国出版商、诗人、小说家马丁·布斯(Martin Booth, 1944—2004)编译的《玉茎：中国早期情色诗歌翻译》(*Stalks of Jade: Renderings of Early Chinese Erotic Verse*)在伦敦出版。

2. 本年，本杰明·贾(Benjamin Chia)关于《聊斋志异》的节译本《蒲松龄神怪故事集》(*Chinese Tales of the Supernatural*)由牛津大学出版社出版。

3. 本年，杜为廉编译的《〈钱秀才错占凤凰俦〉及其他故事》(*The Perfect Lady by Mistake and Other Stories by Feng Meng Lung*)在伦敦出版。

4. 本年，杜为廉出版了《中国戏剧史》(*A History of Chinese Drama*)。

5. 本年，侯思孟(Donald Holzman, 1926—)的专著《诗歌与政治：阮籍的生平与创作》(*Poetry and Politics: The Life and Works of Juan Chi, A.D. 210-263*)由剑桥大学出版社出版。

6. 本年，杰克逊(J. H. Jackson)翻译的《水浒传》(*The Water Margin*)70回节译本在剑桥重印出版。

7. 本年，李约瑟辞去剑桥大学岗维尔-凯厄斯学院院长职务，经美国、日本和英国等国家个人和财团的资助，成立了东亚科技史管委会(The East Asian History of Science Trust)，在鲁滨孙学院内建成了李约瑟研究所(The Needham Research Institute)。

8. 本年，英国汉学学会(British Association for Chinese Studies，简称BACS)成立。

9. 本年至1994年，杰西卡·罗森(Jessica Rawson, 1943—)教授担任大英博物馆东方部代理主任。

二、书（文）目录

1. Booth, Martin: *Stalks of Jade: Renderings of Early Chinese Erotic Verse*(《玉茎：中国早期情色诗歌翻译》), London: Menard Press, 1976.

2. Chia, Benjamin: *Chinese Tales of the Supernatural*(《蒲松龄神怪故事集》), Oxford: Oxford University Press, 1976.

3. Cullen, Christopher: "A Chinese Eratosthenes of the Flat Earth: A Study of a Fragment of Cosmology in *Huai Nan Tzu*"(《中国天文学家地球平坦论：〈淮南子〉宇宙学片段研究》), *Bulletin of the School of Oriental and African Studies*, University of London, Vol.39, No.1, 1976, pp.106-127.

4. Dolby, William: *A History of Chinese Drama*(《中国戏剧史》), London: P. Elek, 1976.

5. Dolby, William: *The Perfect Lady by Mistake and Other Stories by Feng Meng Lung*(《〈钱秀才错占凤凰俦〉及其他故事》), London: P. Elek, 1976.

6. Graham, Angus Charles: "Chuang-tzu and *The Rambling Mode*"(《庄子与〈逍遥

游〉》), in *The Art and Profession of Translation*, Edited by T. C. Lai, Hong Kong: The Hong Kong Translation Society, 1976.

7. Holzman, Donald: *Poetry and Politics: The Life and Works of Juan Chi, A.D.210-263*(《诗歌与政治: 阮籍的生平与创作》), Cambridge: Cambridge University Press, 1976.

8. Jackson, J. H.: *The Water Margin*(《水浒传》), reprinted, Cambridge: Cambridge University Press, 1976.

9. Loewe, Michael: "Archaeology in the New China"(《新中国的考古学》), *The China Quarterly*, Vol.65, 1976, pp.1-14.

10. Needham, Joseph: "History and Human Value: A Chinese Perspective for World Science and Technology"(《历史与人类价值》), *The Radicalisation of Science*, London: Macmillan Education UK, 1976, pp.90-117.

11. Pulleyblank, Edwin George: "The An Lu-shan Rebellion and the Origins of Chronic Militarism in Late T'ang China"(《安禄山之乱和晚唐长期尚武好战的原因》), in *Essays on T'ang Society*, Edited by John Curtis Perry and Bardwell L. Smith, Leiden: E. J. Brill, 1976.

12. Twitchett, Denis Crispin: *The Birth of the Chinese Meritocracy: Bureaucrats and Examinations in T'ang China*(《中国知识精英的诞生: 唐代中国的官僚和科举制度》), London: China Society, 1976.

三、备注

1.本杰明·贾节译的《聊斋志异》忠实于原文,并根据英语国家的文化习惯对很多词义进行了考释,吸收了中国语文学的传统,译风严谨,语言优美典雅。

2.《中国戏剧史》通过十二章的详细论述探索了中国戏剧的起源以及在当代所取得的成就及其局限性。这部著作分为两部分。第一部分六章,考察了从唐、宋、元到明末这一时期的中国戏剧;第二部分六章,比较详细地叙述了清代和民国直到20世纪60年代中期这一时期的中国戏剧。该书除按年代划分之外,还进一步论述了各时期中国戏剧的繁多剧种。柳无忌在《中国季刊》第71期第626页(1977年9月)发表的书评称,《中国戏剧史》是艰苦的学术研究结晶,是"中国戏剧研究的一座里程碑",是关于中国戏剧史的"有创见的开路著作","对中西有关中国戏剧研究的成果作了总结","为进一步研究中国丰富的戏剧文学和戏剧传统铺平了道路"。

3.古克礼(Christopher Cullen),英国人,早年学习工程学,获得牛津大学的工程硕士学位。后在伦敦大学东方和非洲研究学院获得古汉语博士学位。担任剑桥大学东亚科技史暨医学史名誉教授,李约瑟著作出版委员会主席,剑桥大学出版社出版的"中国科学技术史"丛书总编、"李约瑟研究所研究丛刊"总编。古克礼教授是李约瑟研究所的继任者,被选为李约瑟研究所所长,研究领域广泛,关注中国科技史研究,最近的研究领域集中在中国古代数学和天文学、医学史。

4.杰西卡·罗森教授,著名的艺术史学家、考古学家、汉学家。1976年到1994年间先后担任大英博物馆东方古物部(Department of Oriental Antiquities at the British Museum)代理主任、主任,曾是大英图书馆董事会成员,艺术基金顾问委员会(Art Fund's Advisory Council)委员。1990年入选英国学术院院士(Fellow of the British Academy),1994年起任教于牛津大学并任墨顿学院(Merton College)院长,2002年因对汉学研究的卓著贡献被英国女王授予高级英帝国女勋爵(Dame Commander of the Order of the British Empire),2006年起任牛津大学副校长。学术研究覆盖中国艺术和考古的各个领域,对汉代宗教与信仰的发展及其在汉代墓葬中的表现等方面有着特殊的研究兴趣,还涉及中国古代青铜器、陶瓷与纺织品的装饰与制造。

5.英国汉学学会成立于1976年,旨在推动英国的汉语教育和汉学研究,包括在英国小学、中学、中等技校和各类私立学校开展汉语教学。每年出版一期《英国汉学协会会刊》,内容包括年会报告、入选论文提要、学术动态等。学会每年9月举行三天年会暨学术研讨会。学会与英国日本学研究会和韩国学研究会每两到三年在杜伦大学或者利兹大学举办学术研讨会。

公元 1977 年

一、大事记

1.本年,艾超世(Charles Aylmer,1953—)获得剑桥大学学士学位,并前往中国留学,在北京大学主修哲学和历史。

2.本年,张心沧的《中国文学·卷二:自然诗歌》(Chinese Literature 2: Nature Poetry)由爱丁堡大学出版社和哥伦比亚大学出版社同时出版。

3.霍克思翻译的《石头记》的第二卷《秋结海棠社》(The Crab-Flower Club)于本年出版。

4.本年,企鹅集团再版了葛瑞汉的《晚唐诗选》(Poems of the Late T'ang)及刘君恩的《元杂剧六种》。

5.龙彼得本年在《亚洲杂志》上发表了论文《中国戏曲仪式渊源考》("Les origines rituelles du théâtre chinois")。

二、书（文）目录

1.Chang, Hsin-chang(张心沧): Chinese Literature 2: Nature Poetry(《中国文学·卷二:自然诗歌》), Edinburgh: Edinburgh University Press; New York: Columbia University Press, 1977.

2.Graham, Angus Charles: "The Chinese Particle TZENG"(《汉语虚词"曾"》), Early China, No.3, 1977, pp.31-35.

3.Hawkes, David: The Story of the Stone. Vol.2, The Crab-Flower Club(《石头记》第二卷《秋结海棠社》), London: Penguin Books, 1977.

4.Loewe, Michael: "Manuscripts Found Recently in China: A Preliminary Survey"(《中国新近发现的手稿》), T'oung Pao, second series, Vol.63, Livr.2/3, 1977, pp.99-136.

5.Loon, Piet van der: "Les origines rituelles du théâtre chinois"(《中国戏曲仪式

渊源考》),*Journal Asiatique*,Vol.265,1977,p.145.

6.Walter,Simon;Nelson,Howard G. H.:*Manchu Books in London:A Union Catalogue*(《伦敦的满文书籍:一部联合书目》),London:British Library,1977.

三、备注

艾超世,又译为查尔斯·埃尔默,英国汉学家。曾就读于英国剑桥大学彭布罗克学院,专业为中国学。1977年获得剑桥大学学士学位,1980年获得文学硕士学位。1977年至1979年,艾超世前往中国,在北京大学进修哲学和历史。1979年至1980年担任伦敦中央百科大学语言学院客座汉语讲师。1980年到1986年,艾超世任职剑桥大学东方学系汉语教研组研究员、中国学讲师。1986年开始至今,一直担任剑桥大学图书馆中文部主任、东方学系汉学教授、英国中国学协会主席等职。

公元1978年

一、大事记

1.本年,巴雷特(Timothy Hugh Barrett,1949—)以论文《李翱:释子、道家还是新儒家》(*Li Ao:Buddhist,Taoist or Neo-Confucian*)获得美国耶鲁大学哲学博士学位。

2.本年,霍克思的《杜诗初阶》(*A Little Primer of Tu Fu*)由牛津大学出版社出版。

3.杜为廉的译著《中国古今八剧》(*Eight Chinese Plays from the Thirteenth Century to the Present*)由美国哥伦比亚大学出版,其中包括院本《双医斗》、南戏《宦门子弟错立身》、元杂剧《秋胡戏妻》、《浣纱记》第七出、王九思杂剧《中山狼》、《胭脂记》、《霸王别姬》和川剧《评雪辨踪》。

二、书（文）目录

1. Dawson, Raymond: *The Chinese Experience*（《中国人的经验》），New York: Scribner, 1978.

2. Dolby, William: *Eight Chinese Plays from the Thirteenth Century to the Present*（《中国古今八剧》），New York: Columbia University Press, 1978.

3. Dudbridge, Glen: *The Legend of Miao-Shan*（《妙善传说》），London: Ithaca Press, 1978.

4. Graham, Angus Charles: "A Post-verbal Aspectual Particle in Classical Chinese: The Supposed Preposition HU"（《古代汉语动词后的小词——被认为是介词的"乎"》），*Bulletin of the School of Oriental and African Studies*, University of London, Vol.41, No.2, 1978, pp.314-342.

5. Graham, Angus Charles: "Entries for the Ch'eng Brothers"（《"二程"词条》），in *A Sung Bibliography*, Edited by Yves Hervouet, Hong Kong: The Chinese Universiey Press, 1978.

6. Graham, Angus Charles: *Later Mohist Logic, Ethics and Science*（《后期墨家的逻辑、伦理和科学》），Hong Kong: The Chinese University Press, 1978.

7. Graham, Angus Charles: "The Organization of the Mohist Canons"（《〈墨经〉的结构》），in *Ancient China: Studies in Early Civilization*, Edited by David T. Roy and Tsuen-hsuin Tsien, Hong Kong: The Chinese University Press, 1978.

8. Graham, Angus Charles: *Two Chinese Philosophers: Ch'eng Ming-tao and Ch'eng Yi-ch'uan*（《中国的两位哲学家——程明道和程伊川》），the second edition, London: Lund Humphries, 1978.

9. Hawkes, David: *A Little Primer of Tu Fu*（《杜诗初阶》），Oxford: Oxford University Press, 1978.

10. Loewe, Michael: "Decline and Fall in East and West"（《东西方的衰落》），*Archives Européennes de Sociologie*, Vol.19, 1978, pp.168-181.

三、备注

1.蒂莫·休·巴雷特,英国著名汉学家,剑桥大学哲学博士,1978年获美国耶鲁大学哲学博士学位,后任伦敦大学东方及非洲研究院东亚历史系、宗教系教授,同时兼任日本学中心、中国学中心研究员。巴雷特重点研究中国近代以前的历史,尤其是唐宋史,以及道教和佛教史。

2.杜德桥在《妙善传说》中通过对史料的研究发现该传说与《妙法莲华经》的渊源关系,认为观音菩萨女性化和中国化是在当时中国环境中的一种文学再创造。

3.葛瑞汉的《中国的两位哲学家——程明道和程伊川》1958年出版后,1978年在伦敦再版,1991年和1992年在美国出版和再版。任继愈和张岱年都认为此书为当代西方汉学名著之一,2000年由大象出版社出版了中译本《中国的两位哲学家:二程兄弟的新儒学》。葛瑞汉在此书中用西方人熟悉的方法和语汇对"二程"理学进行全面而深入的研究,使读者看到了理学的形成、发展和传播的一脉相承的轨迹以及理学的历史意义和现实意义。作者在目录中特别收录了文本校勘、引证和评论资料,此书中文版本保存了作者收录的553条"二程"语录和部分英译,为西方汉学界对"二程"理学研究的开拓之作。

公元1979年

一、大事记

1.本年,隋唐史专家崔瑞德开始独立承担编写《剑桥中国史》第三册《隋唐史》(上卷)(*Sui and T'ang China,589-906,Part 1*)。

2.本年,由华裔汉学家刘师舜(Shih-shun Liu)编译的《中国古典散文:唐宋八大家》(*Chinese Classical Prose:The Eight Masters of the T'ang-Sung Period*)同时在美国和香港出版。

3.本年,赖恬昌的《赋与序选译》(*Rhapsodic Essays from the Chinese*)由香港别

发洋行出版。

二、书（文）目录

1. Graham, Angus Charles: "How Much of *Chuang-tzu* Did Chuang-tzu Write?"(《〈庄子〉篇目真伪辨》), in *Studies in Early Chinese Thought*, Edited by Henry Rosemont Jr. and Benjamin I. Schwartz, *Thematic Studies Series of the JAAR*, 1979, reprinted studies.

2. Graham, Angus Charles: "The Nung-chia(农家) 'School of the Tillers' and the Origins of Peasant Utopianism in China"(《中国的"农家"和农民乌托邦主义的起源》), *Bulletin of the School of Oriental and African Studies*, University of London, Vol. 42, No.1, 1979, pp.66-100.

3. Lai, T. C.(赖恬昌): *Rhapsodic Essays from the Chinese*(《赋与序选译》), Hong Kong: Kelly & Walsh, 1979.

4. Liu, Shih-shun(刘师舜): *Chinese Classical Prose: The Eight Masters of the T'ang-Sung Period*(《中国古典散文：唐宋八大家》), Washington: University of Washington Press; Hong Kong: The Chinese University Press, 1979.

5. Loewe, Michael: *Ways to Paradise: The Chinese Quest for Immortality*(《通往天堂之路：中国探索长生之道》), London: George Allen & Unwin, 1979.

6. Sullivan, Michael: *Symbols of Eternity: The Art of Landscape Painting in China*(《永恒的符号：中国园林艺术》), Stanford: Stanford University Press, 1979.

三、备注

作为唐史和史学专家，崔瑞德对中国官修史书和民间史料有深入了解，在编写《剑桥中国史》时主张充分利用敦煌氏族史残篇作为隋唐史的参考资料。

公元 1980 年

一、大事记

1.本年,霍克思出版了《石头记》的第三卷《金玉良言》(*The Warning Voice*)。

2.本年到 1986 年,艾超世担任剑桥大学东方学系汉语教研组研究员、汉学讲师。

3.本年,方重(Chong Fang,1902—1991)在香港商务印书馆出版了《陶渊明诗文选译》(*Gleanings from Tao Yuanming,Prose & Poetry*)。

4.本年,罗宾逊翻译的《王维诗选》(*Wang Wei：Poems*)由企鹅集团出版。

5.本年,莫里斯(J. R. Morris)的《中文英译书目》(*English Translations from the Chinese：With a Short Bibliography of Sources for the Study of Chinese Literature for the Non-specialist*)在伦敦出版。

二、书（文）目录

1.Barrett,Timothy Hugh："On the Transmission of the *Shen Tzu* and of the *Yang-Sheng Yao-Chi*"(《〈慎子〉与〈养生要旨〉的流传》),*The Journal of the Royal Asiatic Society of Great Britain and Ireland*,Vol.2,1980,pp.168-176.

2.Fang,Chong(方重)：*Gleanings from Tao Yuanming,Prose & Poetry*(《陶渊明诗文选译》),Hong Kong：The Commercial Press,1980.

3.Graham,Angus Charles："Structure and License in Chinese Regulated Verse"(《汉语格律诗的结构和破格》),*Journal of Chinese Linguistics*,Vol.8,1980.

4.Hawkes,David：*The Story of the Stone.Vol.3,The Warning Voice*(《石头记》第三卷《金玉良言》),London：Penguin Books,1980.

5.Loewe,Michael："Wooden Documents from China and Japan：Recent Finds and Their Value"(《中国和日本近年出土的木简及其价值》),*Modern Asian Studies*,Vol.14,1980,pp.159-162.

6. Morris, J. R.: *English Translations from the Chinese: With a Short Bibliography of Sources for the Study of Chinese Literature for the Non-specialist*(《中文英译书目》), London: Polytechnic of North London, School of Librarianship, Occ. Pub, 1980.

7. Rawson, Jessica: *Ancient China: Art and Archaeology*(《古代中国的艺术与建筑》), London: British Museum Press, 1980.

三、备注

1.方重,字芦浪,中国著名文学家、乔叟研究专家、翻译家、中古英语专家、比较文学学者。毕业于清华大学,留学美国,先后在斯坦福大学和加州大学攻读英美文学专业,获学士及硕士学位。归国后,参与武汉大学的筹建,并担任武汉大学英语系主任。后应英国文化协会之聘,曾到剑桥大学、伦敦大学、爱丁堡大学及比利时布鲁塞尔大学讲学。历任上海外国语学院(现为上海外国语大学)西方语言文学系和英语系主任、教授及外国文学研究所所长,中国译协理事,上海外文学会会长。

2.霍克思在汉学领域的一个重要贡献就是翻译了中国古代四大名著之一的《红楼梦》。在他之前的英译本《红楼梦》都是节译本。自霍克思于1973年开始在伦敦企鹅出版社出版《红楼梦》第一卷,到20世纪80年代前后又陆续出版了后四卷,书名为《石头记》(*The Story of the Stone*)。由此,西方世界第一部全本120回的《红楼梦》诞生了,《红楼梦》得以完整地展现在西方读者面前。[《红楼梦》后40回的译本由霍克思的女婿及弟子闵福德(John Minford)在霍氏指导下完成。]霍氏的译本以人民出版社的《红楼梦》为主要参考版本,同时也选择了其他版本《红楼梦》的部分内容,由此形成了自己编辑版的《石头记》。该译本深受读者的欢迎,多次再版。霍克思的《红楼梦》英文版,至今在西方世界拥有独一无二的地位。译本语言优美,以雅致取胜,力图保持原本的风味,考订严密,有根有据,备受海内外红学界和翻译界褒奖。《泰晤士报文学增刊》发表评论说:该译本在规模和质量上均足以同韦利翻译的《源氏物语》相媲美。《交友》杂志也认为该书为中国文学作品翻译成英文的里程碑式的作品。

公元1981年

一、大事记

1.本年,汉学家霍布恩(Brian Holton,1949—)翻译出版了《水浒传》的苏格兰语译本第一章。

2.本年,汉学家詹纳尔(William John Francis Jenner,1940—)翻译出版了《洛阳伽蓝记》的译注本——《洛阳的记忆:杨衒之与洛阳的陷落》[Memories of Loyang:Yang Hsüan-chih and the Lost Capital(493-534)]。

3.本年,香港出版了杨宪益、戴乃迭翻译的《懒龙:明朝中国故事》(Lazy Dragon:Chinese Stories from the Ming Dynasty)。

4.葛瑞汉本年当选为英国研究院院士。

二、书(文)目录

1.Graham,Angus Charles:Chuang-tzu:The Seven Inner Chapters and Other Writings from the Book Chuang-tzu(《〈庄子〉内七篇和外篇选译》),London:George Allen & Unwin,1981.

2.Holton,Brian:"Men o the Mossflow(Shui Hu Zhuan)",Chapter1,Part 1(《水浒传》苏格兰语译本第一章第一部分),Cencrastus,1981,pp.2-5.

3.Jenner,William John Francis:Memories of Loyang:Yang Hsüan-chih and the Lost Capital(493-534)(《洛阳的记忆:杨衒之与洛阳的陷落》),Oxford:Clarendon Press,1981.

4.Loewe,Michael:Divination and Oracles(《谶纬与甲骨文》),London:George Allen & Unwin,1981.

5.Loewe,Michael:"The Manuscripts from Tomb No.3 Ma-wang-tui"(《马王堆三号汉墓出土的手稿》),Proceedings of the International Conference on Sinology,Section on History and Archaeology,Taipei:Academia Sinica,1981,pp.181-198.

6.Needham,Joseph：*The Shorter Science and Civilization in China*(《中华科学文明简史》),Cambridge：Cambridge Universiey Press,1981.

7.Xianyi,Yang(杨宪益) & Yang,Gladys(戴乃迭)：*Lazy Dragon：Chinese Stories from the Ming Dynasty*(《懒龙：明朝中国故事》),Hong Kong：Joint Publishing Company,1981.

三、备注

1.霍布恩,英国著名汉学家,生于苏格兰的加拉希尔斯。曾先后就读于爱丁堡大学和杜伦大学。他是《水浒传》苏格兰文本译者及杨炼诗歌集的英译者,擅长文学翻译。英译过大量中国古典诗词,被誉为英国汉英翻译最出色的三甲之一。现为英国纽卡斯尔大学翻译同传专业的兼职教师、自由译者。

2.詹纳尔,英国著名汉学家,长期从事中国古典文学研究。1962 年毕业于牛津大学,主修中国历史与文化,后以其对 5—6 世纪洛阳的研究获得博士学位。1963—1965 年在中国外文局从事中国文学作品的翻译工作,其中包括溥仪的《我的前半生》等。1965 年,詹纳尔先后在英国利兹大学、澳大利亚国立大学、英国东英吉利大学教授中国历史与文化等课程,同时着手翻译《西游记》。20 世纪 70 年代以后,詹纳尔还协助中国外文局翻译"熊猫丛书"等中国文学作品,并把《鲁迅诗选》和《莎菲女士的日记》等现当代作家的作品翻译成英文。

公元 1982 年

一、大事记

1.本年,汉学家白安妮(Anne Birrell)翻译的《玉台新咏:早期中国爱情诗选》(*New Songs from a Jade Terrace：An Anthology of Early Chinese Love Poetry*)在伦敦出版。

2.本年,韦利的《中国诗歌》(*Chinese Poems*)在伦敦再版。

3.本年,香港出版了魏金枝撰写的《中国古代寓言百则》(*100 Allegorical Tales*

from Traditional China) 英译本。

4. 霍克思的女婿闵福德翻译了《红楼梦》后 40 回，分为两卷出版，第四卷《孽债》(*The Debt of Tears*) 于本年出版。

5. 龙彼得本年被推选为欧洲汉学协会会长，欧洲各国汉学的研究、教学和交流工作在以他为首的委员会指导协调下取得长足进步。

6. 牛津大学在本年成立当代中国研究中心，着重于当代中国政治、经济和社会文化研究；同时隶属于东方文化研究学院的中文系继续开设语言、文学、历史、哲学、宗教、考古等包括传统文化的课程，而且偏重古代汉语。在掌握古代汉语的基础上，学习文学、历史、哲学三大课程。

二、书（文）目录

1. Barret, Timothy Hugh: "Taoist and Buddhist Mysteries in the Interpretation of the *Tao-te Ching*"(《道教和佛教对〈道德经〉解释中的玄义》), *Journal of the Royal Asiatic Society*, Vol.1, 1982, pp.35-43.

2. Birrell, Anne: *New Songs from a Jade Terrace*: *An Anthology of Early Chinese Love Poetry*(《玉台新咏：早期中国爱情诗选》), London: George Allen & Unwin, 1982.

3. Dudbridge, Glen: "Miao-Shan on Stone: Two Early Inscriptions"(《石碑上的妙善：两个早期的碑文》), *Harvard Journal of Asiatic Studies*, Vol.42, No.2, Dec. 1982, pp.589-614.

4. Graham, Angus Charles: "*Chuang-tzu*": *Textual Notes to a Partial Translation*(《〈庄子〉选译本评注》), London: School of Oriental and African Studies, 1982.

5. Holton, Brian: "Men o the Mossflow(Shui Hu Zhuan)", Chapter1, Part 2(《水浒传》苏格兰语译本第一章第二部分), *Cencrastus*, 1982, pp.32-35.

6. Loewe, Michael: *Chinese Ideas of Life and Death*: *Faith, Myth and Reason in the Han Period*(《汉代的信仰、神话和理性》), London: George Allen & Unwin, 1982.

7. Minford, John: *The Story of the Stone*: *A Chinese Novel. Vol.4, The Debt of Tears*(《石头记》第四卷《孽债》), Harmondsworth: Penguin, 1982.

8. Rawson, Jessica: *The Ornament on Chinese Silver of the T'ang Dynasty, A.D.*

618-906(《唐代的中国银饰》),London:British Museum Publications,1982.

9. Waley, Arthur: *Chinese Poems*(《中国诗歌》), new edition, London: Unwin Hyman, 1982.

10. Wei, Jinzhi(魏金枝): *100 Allegorical Tales from Traditional China*(《中国古代寓言百则》), Rewritten by Wei, Jinzhi, Translated by Jan and Yvonne Walls, Illustrated by Cheng Shifa, Hong Kong: Joint Publishing Company, 1982.

三、备注

1.《玉台新咏》是继《昭明文选》之后,于6世纪编成的一部诗歌选集,汇集了两汉魏晋南北朝古典诗歌的精华。全书收录汉代至梁代诗歌800余首,主要收爱情诗,而不是歌功颂德的庙堂诗。

2. 1980年以后,国内学术界就所谓"李约瑟难题"发表了论文300余篇,专著多达30余部,1982年在成都召开"中国近代科学落后原因研讨会"。

3. 汉学家约翰·闵福德1968年从澳大利亚回到英国后着手翻译《红楼梦》后40回。第四卷《孽债》于1982年出版。

公元1983年

一、大事记

1. 本年,杜德桥的《〈李娃传〉:对一个9世纪中国故事的研究与校勘》(*The Tale of Li Wa:Study and Critical Edition of a Chinese Story from the Ninth Century*)在伦敦出版。

2. 本年,梅维恒(Victor H. Mair,1943—)的译本《敦煌通俗故事》(*Tun-huang Popular Narratives*)由剑桥大学出版社出版。

3. 由白伦(Leonard Pratt)和江素惠(Chiang Su-hui)翻译的沈复的《浮生六记》(*Six Records of a Floating Life*)第三个英文译本由企鹅集团出版。

4. 杜为廉本年出版了《中国戏剧之父:关汉卿生平及著作概述》(*Father of*

Chinese Drama：A Sketch of the Life and Works of Guan Hanqing》）。

二、书（文）目录

1．Dolby，William：*Father of Chinese Drama：A Sketch of the Life and Works of Guan Hanqing*（《中国戏剧之父：关汉卿生平及著作概述》），Edinburgh：Edinburgh University Press，1983.

2．Dudbridge，Glen：*The Tale of Li Wa：Study and Critical Edition of a Chinese Story from the Ninth Century*（《〈李娃传〉：对一个9世纪中国故事的研究与校勘》），London：Ithaca Press，1983.

3．Graham，Angus Charles："Other Schools of Philosophy"（"杂家"词条），in *Encyclopaedia of China*，London，1983.

4．Graham，Angus Charles："Taoist Spontaneity and the Dichotomy of 'Is' and 'Ought'"（《道家的自发性和"是"与"应该"的二分法》），in *Experimental Essays on Chuang-tzu*，Edited by Victor H. Mair，Honolulu：University of Hawaii Press，1983.

5．Mair，Victor H.：*Tun-huang Popular Narratives*（《敦煌通俗故事》），Cambridge：Cambridge University Press，1983.

6．Rawson，Jessica：*The Chinese Bronzes of Yunnan*（《云南的中国青铜器》），London：Sidgwick and Jackson，1983.

7．Shen，Fu（沈复）：*Six Records of a Floating Life*（《浮生六记》），Translated with an introduction and notes by Leonard Pratt and Chiang Su-hui，London：Penguin Classics，1983.

8．Twitchett，Denis Crispin：*Printing and Publishing in Medieval China*（《中古中国的印刷和出版》），New York：Frederick C. Beil，1983.

三、备注

杜德桥在译述《李娃传》时曾运用研究莎士比亚剧作的版本学方法，对照《李娃传》各种版本的每一行每一个词，就其意义、用典、出处、褒贬进行考证和注解。

公元 1984 年

一、大事记

1. 本年,鲁惟一开始担任欧洲汉学学会主席、庚款委员会和皇家亚洲学会执行理事等职。

2. 本年,艾朗诺(Ronald C. Egan)的译著《欧阳修文学作品选》[*The Literary Works of Ou-yang Hsiu（1007-72）*]出版。

3. 本年开始,葛瑞汉在新加坡东亚哲学研究所任职。

4. 杜为廉翻译的《西厢记》(*West Wing*)于本年出版。

5. 霍布恩本年翻译出版了《水浒传》苏格兰语译本第二章。

6. 本年,张心沧的《中国文学·卷三:神怪故事集》(*Chinese Literature 3: Tales of the Supernatural*)由哥伦比亚大学出版社出版。

7. 本年,龙彼得的代表作《宋代收藏道书考》(*Taoist Books in the Libraries of the Sung Period: A Critical Study and Index*)在伦敦出版。

二、书(文)目录

1. Chang, Hsin-chang(张心沧): *Chinese Literature 3: Tales of the Supernatural* (《中国文学·卷三:神怪故事集》), New York: Columbia University Press, 1984.

2. Dolby, William: *West Wing* (《西厢记》), Edinburgh: Caledonian Publishing Company, 1984.

3. Egan, Ronald C.: *The Literary Works of Ou-yang Hsiu（1007-72）* (《欧阳修文学作品选》), Cambridge: Cambridge University Press, 1984.

4. Graham, Angus Charles: "YUN(云) and YUEH(曰) as Verb and as Particles" (《"云""曰"作动词和作虚词》), *Acta Orientalia*, Copenhagen, 1984.

5. Holton, Brian: "Men o the Mossflow(Shui Hu Zhuan)", Chapter 2(《水浒传》苏格兰语译本第二章), *Cencrastus*, Vol.16, 1984, pp.28-30.

6. Loon, Piet van der: *Taoist Books in the Libraries of the Sung Period: A Critical Study and Index*(《宋代收藏道书考》), London: Ithaca Press, 1984.

7. Rawson, Jessica: *Chinese Ornament: The Lotus and the Dragon*(《中国装饰：莲花和龙》), London: British Museum Publications, 1984.

三、备注

龙彼得《宋代收藏道书考》的宗旨在于阐明宋代官方图书馆和私人家藏图书的性质和传承，并探索道教经典的历史。全书分英文和中文两部分。英文部分列有"皇家图书馆的诸文献目录"一节，对《七略》《群书四录》《中兴馆阁书目》《四朝国史》《中兴馆阁续书目》《中兴四朝国史》《宋史》等书中有关道家和神仙的书目作了解释；"家藏目录"一节分析了与道教有关的图书，诸如《邯郸图书志》《郡斋读书志》《遂初堂书目》《直斋书录题解》；"道教经典"一节就道教经典、宋代道教经典文献目录的沿革进行详尽的回顾。中文部分为"宋代馆刻及家藏道书目录"，按笔画顺序排列，利用施博尔正统道藏目录索引编号、哈佛燕京引得号数推算表，总共收书 1600 种，计 3600 卷，其中不少是迄今被忽视了的版本，特别注意了宋代诸帝的宗教政策。此书出版后，受到欧美和日本汉学家的高度评价，也颇受中国学者的赞扬。

公元 1985 年

一、大事记

1. 本年，霍克思出版了《南方之歌——屈原及中国古代其他诗人诗选集》(*The Songs of the South: An Ancient Chinese Anthology of Poems by Qu Yuan and Other Poets*)。

2. 大学基金委员会于 1985 年委任英国管理研究所所长彼得·帕克(Peter Parker)就外交和商界对亚洲、非洲语言和地区研究的需要进行调查。

3. 杜德桥本年被剑桥大学聘为汉学教授。

二、书（文）目录

1. Graham, Angus Charles: *Divisions in Early Mohism Reflected in the Core Chapters of Mo-tzu*(《〈墨子〉核心篇章中反映的早期墨家分派》), The Institute of East Asian Philosophies, National University of Singapore, 1985.

2. Graham, Angus Charles: *Reason and Spontaneity*(《理性与自发性》), London: Curzon Press, 1985.

3. Graham, Angus Charles: "The Right to Selfishness: Yangism, Later Mohism, Chuang Tzu"(《自私的权利——杨朱学派、后期墨家》), in *Individualism and Holism: Studies in Confucian and Taoist Values*, Edited by Donald Munro, University of Michigan, 1985.

4. Graham, Angus Charles: "Translation of Li Po, 'The Hard Road to Shu'"(《李白的〈蜀道难〉翻译》), in *A Brotherhood in Song*, Edited by Stephen C. Soong, Hong Kong: The Chinese University Press, 1985.

5. Graham, Angus Charles: "Value, Fact and Facing Fact"(《价值观、事实和面对事实》), *Journal of Value Inquiry*, Vol.19, 1985.

6. Hawkes, David: *The Songs of the South: An Ancient Chinese Anthology of Poems by Qu Yuan and Other Poets*(《南方之歌——屈原及中国古代其他诗人诗选集》), Harmondsworth: Penguin Books, 1985.

7. Loewe, Michael: "Attempts at Economic Coordination During the Western Han Dynasty"(《西汉的经济调整》), in *The Scope of State Power in China*, Edited by Stuart R. Schram, Hong Kong: The Chinese University Press, 1985, pp.237-267.

8. Loewe, Michael: "The Royal Tombs of Chung-shan"(《钟山郡王陵》), *Arts Asiatiques*, Vol.40, 1985, pp.130-134.

9. Needham, Joseph: *Gunpowder as the Fourth Power, East and West*(《作为第四动力的火药：东方与西方》), Hong Kong: Hong Kong University Press, 1985.

10. Stein, Mark Aurel: *Archaeological and Topographical Exploration in Chinese Turkestan*(《对中国突厥地区的考古和地理勘探》), Delhi: Anmol, 1985.

三、备注

在海特报告发表之后的 20 余年里,英国政府没有再对中国学研究和东方研究进行过深入的调查,也没有再关注过东方研究的状况。到了 20 世纪 70 年代初期,据估计,当时英国专门从事汉学研究的学者不超过 50 人。不少学者迫于形势,只好前往他国或转入其他领域的研究,这使得英国汉学整体的研究在各国汉学研究中再度趋于落后的局面。虽然这时汉学研究处于困境之中,但仍有少数学者坚持中国学研究的重要性和实用性,强调重视与当代中国的外交与经贸关系。直到 80 年代中期之后,英国政府才意识到自己所处的劣势。在此背景下,大学基金委员会于本年委任彼得·帕克对英国的亚非研究现状及需要进行调查。

公元 1986 年

一、大事记

1.本年,《玉台新咏:早期中国爱情诗选》再版。

2.本年,艾超世担任剑桥大学图书馆中文部主任、中文系教授。

3.本年,鲁惟一与崔瑞德共同编写的《剑桥中国史》第一卷《秦汉帝国史》(The Ch'in and Han Empires, 221B.C.-A.D.200)出版。

4.本年,彼得·帕克发表了英国亚非研究的调查报告。

5.本年,霍布恩翻译出版了《水浒传》苏格兰语译本第三章。

6.本年,闵福德翻译出版了《红楼梦》的第五卷《梦醒时分》(The Dreamer Wakes)。

二、书(文)目录

1.Birrell, Anne: *New Songs from a Jade Terrace: An Anthology of Early Chinese Love Poetry*(《玉台新咏:早期中国爱情诗选》), new edition, New York: Viking Press, 1986.

2.Dudbridge,Glen:"A Preliminary Study of *the Guang Yi Ji*"(《〈广异记〉初探》),*New Asia Journal*,Vol.15,1986,pp.395-414.

3.Graham,Angus Charles:*Studies in Chinese Philosophy and Philosophical Literature:Logic and Reality*(《中国哲学和哲学文献研究》),Singapore:Institute of East Asian Philosophies,1986.

4.Graham,Angus Charles:"The Disputation of Kung-sun Lung as Argument about Whole and Part"(《公孙龙关于整体与部分的辩论》),*Philosophy East and West*,Vol.36,No.2,Apr. 1986,pp.89-106.

5.Graham,Angus Charles:"What Was New in the Ch'eng-Chu Theory of Human Nature"(《程朱人性说的新意》),in *Chu Hsi and Neo-Confucianism*,Edited by Wing-tsit Chan,Honolulu:University of Hawaii Press,1986,reprinted studies.

6.Graham,Angus Charles:*Yin Yang and the Nature of Correlative Thinking*(《阴阳及相关思想的性质》),Singapore:Institute of East Asia Philosophies,1986.

7.Holton,Brian:"Men o the Mossflow(Shui Hu Zhuan)",Chapter 3(《水浒传》苏格兰语译本第三章),*Edinburgh Review*,Vol.74,1986,pp.18-30.

8.Loewe,Michael:*The Cambridge History of China.Vol.1*,*The Ch'in and Han Empires,221B.C.-A.D.200*(《剑桥中国史》第一卷《秦汉帝国史》),with Denis Crispin Twitchett,Cambridge:Cambridge University Press,1986.

9.Loewe,Michael:"Han Administrative Documents:Recent Finds from the North-West"(《汉代行政记录:近期西北地区的新发现》),*T'oung Pao*,Vol.72,1986,pp.291-314.

10.Minford,John:*The Story of the Stone:A Chinese Novel.Vol.5*,*The Dreamer Wakes*(《石头记》第五卷《梦醒时分》),revised edition,Harmondsworth:Penguin Classics,1986.

三、备注

1.闵福德翻译的《红楼梦》后40回第二卷(总第五卷)《梦醒时分》于本年出版。至此,由霍克思和闵福德共同完成的《红楼梦》全译本完结。

2.帕克报告称至少从20世纪70年代之后英国没有对东方和非洲研究制定过

全国性的政策，各研究机构之间也缺乏系统和有效的交流与协调。报告指出政府不仅没有调查研究亚非研究的人才储备状况，也没有就此制订过相关计划。自1981年以来大学经费削减得相当厉害，如伦敦大学亚非学院的经费被削减了37%，教学人员被裁减了25%，很多大学都有类似的情况。与之相反的是，来自各个方面的服务需求却在不断增加，这使得供需矛盾愈加突出。自斯卡布勒报告和海特报告之后所聘任的研究人员多已到了退休年龄，却没有合适的后备人选及时补充进来。与此同时，美国政府却一直由联邦政府出资支持各个大学和研究机构的汉学研究。在英国，尽管有不少学生愿意学习相关专业，却因名额或资金等问题被大学拒之门外。因此，曾经一度复兴的英国中国学研究也逐渐失去了持续发展的动力。这使得英国在此方面的研究能力出现了全面下滑，报告所指出的弊端给英国的东方学研究敲响了警钟。这份报告建议把汉语、阿拉伯语和日语都列为A类语言，即在政治和商业方面都具有重要意义，加强对这类语言的学习和研究，还建议成立一个"专门工作组"来管理各个大学和研究机构所提供的服务与技能，创建一个由商界、政府和学界共同参与的论坛就相关问题进行研讨，以及研究设立一个能提供东方和非洲语言翻译服务的中央机构的可行性等。帕克报告的发表，再次从政府层面给予英国的东方研究一定的支持，加之当代英国汉学家们的不懈努力，从而在一定程度上改变了落后的现状，推动了汉学的继续发展。①

公元1987年

一、大事记

1. 本年，龙彼得离任退休。
2. 本年，秦乃瑞担任英国汉学学会主席。
3. 本年夏天，巴雷特向伦敦大学亚非学院召开的一次研讨会提交长篇论文《出奇的漠视：英国汉学简史》("Singular Listlessness: A Short History of Chinese

---

① 张西平主编：《西方汉学十六讲》，北京：外语教学与研究出版社，2011年，第260页。

Books and British Scholars"）。文章简要回顾了英国汉学研究的历史,对于英国汉学研究的过去和现状中不足之处提出一针见血的批评,获得国际汉学界的好评。

4.本年,中国社会科学院敦煌学研究所与大英博物馆东方图书与写本部开始合作拍摄、整理、研究、出版敦煌文献。

5.霍布恩本年翻译出版了《水浒传》苏格兰语译本第四章。

二、书（文）目录

1.Birrell, Anne: *New Songs from a Jade Terrace: An Anthology of Early Chinese Love Poetry*（《玉台新咏:早期中国爱情诗选》）, reprinted, London: Penguin Classics, 1987.

2.Graham, Angus Charles: "Hsien-Ch'in Ju-chia tui jen-hsing wen-t'i ti t'an-t'ao"（《先秦儒家对人性问题的探讨》）, in *Ju-chia lun-li, yen-t'ao-hui lun-wun chi*（《儒家伦理研讨会论文集》）, Edited by Liu Shu-hsien, Singapore: Institute of East Asian Philosophies, 1987.

3.Graham, Angus Charles: "Poems of the West Lake"（《西湖诗选》）, *Renditions*, No.25, 1987.

4.Holton, Brian: "Men o the Mossflow (Shui Hu Zhuan)", Chapter 4(《水浒传》苏格兰语译本第四章）, *Edinburgh Review*, Vol.76, 1987, pp.73-89.

5.Loewe, Michael: "The Jewish Presence in Imperial China"（《犹太人在中华帝国》）, *Transactions-The Jewish Historical Society of England*, Vol.30, 1987/1988, pp.1-20.

6.Loewe, Michael: "The Origins and Development of Chinese Encyclopaedias"（《中国百科全书的起源与发展》）, *China Society of London, Occasional Papers*, Vol.25, 1987.

7.Rawson, Jessica: *Chinese Bronzes: Art and Ritual*（《中国青铜器:艺术与礼仪》）, London: British Museum Publications, 1987.

三、备注

本年,杜伦大学东亚研究系开始授予汉语与其他学科(如管理研究)结合的双科学位。

公元 1988 年

一、大事记

1.本年,爱丁堡大学中文系改名为东亚研究系,科林纳·麦克杜格尔(Colina MacDougall)担任汉学教授。

2.本年,巴雷特为美国纽约麦克米伦出版公司的《宗教百科全书》(The Encyclopaedia of Religion)撰写《道教史研究》(Taoism：History of Study),综述中国、日本、韩国、英国、美国、德国、法国等国的道教传播情况。

3.本年,白安妮出版了译著《中国汉代流行歌谣集》(Popular Songs and Ballads of Han China)。

4.本年,华裔学者周质平(Chih-p'ing Chou)的著作《袁宏道与公安派》(Yuan Hung-tao and the Kung-an School)在剑桥出版。

5.本年,剑桥大学的艾超世担任英国汉学学会的主席。

6.本年开始,崔瑞德与美国普林斯顿大学教授牟复礼(Frederick W. Mote, 1922—2005)合作编写《剑桥中国史》的《明代史》(上卷和下卷)(The Ming Dynasty, 1368-1644)。

二、书（文）目录

1.Birrell, Anne：Popular Songs and Ballads of Han China(《中国汉代流行歌谣集》), London：Unwin Hyman, 1988.

2.Chou, Chih-p'ing(周质平)：Yuan Hung-tao and the Kung-an School(《袁宏道与公安派》), Cambridge：Cambridge University Press, 1988.

3.Dudbridge, Glen：The Hsi-yu Chi Monkey and the Fruits of the Last Ten Years (《〈西游记〉的猴子与最近十年的研究成果》), Taipei：Hanxue Yanjiu (Chinese Studies), Vol.6, Issue 1, 1988, pp.463-486.

4.Dudbridge,Glen:"Three Fables of Paradise Lost"(《失落天堂的三个寓言》),*Bulletin of the British Association for Chinese Studies*,1988,pp.27-36.

5.Loewe,Michael:"Imperial China's Reactions to the Catholic Missions"(《中华帝国对天主教会的回应》),*Numen*,Vol.35,Fasc.2,Dec. 1988,pp.179-212.

6.McMullen,David:*State and Scholars in T'ang China*(《唐代的国家与学者》),Cambridge:Cambridge University Press,1988.

三、备注

1.本年,台北故宫博物院赠送剑桥大学博物馆《景印摛藻堂四库全书荟要》一套,共500册。

2.科林纳·麦克杜格尔是一名英国中国学家,从事有关中国经济的研究工作,其研究领域主要为20世纪60年代及以后的中国经济情况。1960—1970年间,麦克杜格尔曾担任《远东经济评论》(*Far East Economic Review*)期刊的助理编辑一职,后经常为《金融时报》(*Financial Times*)与《中国季刊》等知名报纸、杂志撰稿。

公元1989年

一、大事记

1.本年,巴雷特将此前发表的会议论文《出奇的漠视:英国汉学简史》正式修订出版。

2.本年,杜德桥任牛津大学东方学院院长兼第八任汉学教授。

3.本年,杜伦大学创建了东亚研究系(Department of East Asian Studies),打算从机构和实践上尽可能地把汉学研究跟日本学研究结合起来。

4.美国翻译家大卫·亨顿(David Hinton)编译的《杜甫诗选》(*Selected Poems of Tu Fu*)本年出版。

二、书（文）目录

1. Barrett, Timothy Hugh: *Singular Listlessness: A Short History of Chinese Books and British Scholars*(《出奇的漠视：英国汉学简史》), London: Wellsweep, 1989.

2. Graham, Angus Charles: "A Neglected Pre-Han Philosophical Text: *Ho-kuan-tzu*"(《一篇被忽视的西汉哲学文章〈鹖冠子〉》), *Bulletin of the School of Oriental and African Studies*, University of London, Vol.52, No.3, 1989, pp.497-532.

3. Graham, Angus Charles: *Disputers of the Tao-Philosophical Argument in Ancient China*(《道教辩士——古代中国的哲学辩论》), La Salle (Illinois): Open Court Press, 1989.

4. Hawkes, David: *Classical, Modern and Humane: Essays in Chinese Literature*(《中国文学论集》), Hong Kong: The Chinese University Press, 1989.

5. Hinton, David: *Selected Poems of Tu Fu*(《杜甫诗选》), New York: New Directions Publishing Corpoaration, 1989.

6. Sullivan, Michael: *The Meeting of Eastern and Western Art*(《东西方美术的交流》), the second edition, Berkeley: University of California Press, 1989.

三、备注

巴雷特的《出奇的漠视：英国汉学简史》整理和回顾了英国汉学的发展历史，深刻地剖析了英国汉学发展中存在的弊端，展现了长期以来汉学研究的困境，批评尖锐，一针见血，其严肃的学术态度使该书成为研究英国汉学史的具有现实意义的一部作品。

公元 1990 年

一、大事记

1. 本年，杜为廉发表了翻译的《苏武牧羊》("Gazing Homewards: One Scene

from a Traditional Chinese Play")。

2. 本年开始,李约瑟因健康原因辞去了研究所所长职务,由何丙郁继任。

3. 本年开始,蒲立本任美国东方学会会长。

二、书（文）目录

1. Dolby, William: "Gazing Homewards: One Scene from a Traditional Chinese Play"(《苏武牧羊》), *Asian Theatre Journal*, Vol.7, No.1, 1990, pp.76-94.

2. Dawson, Raymond: *The Legacy of China*(《中国遗产》), Boston: Cheng & Tsui, 1990.

3. Dudbridge, Glen: *Miaoshan Chuanshuo: Guanyin Pusa Yuanqi Kao*(《妙善传说——观音菩萨缘起考》), Taibei: Juliu Publishing Company, 1990.

4. Dudbridge, Glen: "Tang Tales and Tang Cults: Some Cases from the Eighth Century"(《唐代传奇和唐代崇拜：8世纪的若干案例分析》), *Proceedings of the Second International Conference on Sinology*, Section on Literature, Academia Sinica: Nan-kang, 1990, pp.335-352.

5. Dudbridge, Glen: "The Goddess Hua-yüeh San-niang and the Cantonese Ballad 'Ch'en-hsiang T'ai-tzu'"(《花月三娘与粤剧〈沉香太子〉》), *Chinese Studies*, Vol.8, No.1, 1990, pp.627-646.

6. Dudbridge, Glen: "Yü-ch'ih Chiung at An-yang: An Eighth-century Cult and Its Myths"(《尉迟迥在安阳：8世纪的崇拜及其神话传说》), *Asia Major*, third series, Vol.3, 1990, pp.27-49.

7. Graham, Angus Charles: "Rationalism & Anti-rationalism in Pre-buddhist China"(《佛教传入前中国的唯理论和反唯理论》), in *Rationality in Question*, Edited by S. Biderman and Ben-Ami Scharfstein, Leiden: E. J. Brill, 1990.

8. Graham, Angus Charles: *Studies in Chinese Philosophy and Philosophical Literature*(《中国哲学和哲学文献研究》), Albany: State University of New York Press, 1990.

9. Loewe, Michael: *The Pride That Was China*(《以中国为骄傲》), London: Sidgwick and Jackson, 1990.

10. Rawson, Jessica: *Western Zhou Ritual Bronzes from the Arthur M. Sackler Collections*(《赛克勒藏西周青铜礼器》), The Arthur M. Sackler Foundation, Washington, D. C., 1990.

11. Rawson, Jessica; Emma, Bunker: *Ancient Chinese and Ordos Bronze*(《古代中国与鄂尔多斯青铜器》), Hong Kong: Oriental Ceramic Society of Hong Kong, 1990.

12. Whitfield, Roderick; Farrer, Anne S.; Rawson, Jessica: *Caves of the Thousand Buddhas: Chinese Art from the Silk Route*(《千佛洞：从丝绸之路开始的中国艺术》), London: British Museum Publications, 1990.

公元1991年

一、大事记

1. 本年，大英博物馆与伦敦大学亚非学院联合举办中国敦煌藏经洞文物展，其中一些木简、壁图和经卷是斯坦因从敦煌千佛洞运走的，据说部分文献已纳入亚非学院图书馆收藏。

2. 本年，葛瑞汉病逝。

3. 本年，鲁桂珍病逝。

二、书（文）目录

1. Dudbridge, Glen: "A Pilgrimage in Seventeenth-Century Fiction: T'ai-shan and the 'Hsing-shih yin-yüan chuan'"(《17世纪小说中的一次朝圣之旅：泰山与〈醒世姻缘传〉》), *T'oung Pao*, second series, Vol.77, Livr. 4/5, 1991, pp.226-252.

2. Graham, Angus Charles: "Reflections and Replies"(《思考与回答》), in *Chinese Texts and Philosophical Contexts*, Edited by Henry Rosemont Jr. and La Salle(Illinois): Open Court Press, 1991.

3. MacFarquhar, Roderick; Fairbank, John King; Twitchett, Denis Crispin: *The Cambridge History of China. Volume 15, the People's Republic, Part 2, Revolutions within the*

Chinese Revolution, *1966-1982*(《剑桥中国史》第 15 卷《剑桥中华人民共和国史》下册《中国革命内部的革命 1966—1982 年》), Cambridge: Cambridge University Press, 1991.

4. Sullivan, Michael: *Studies in the Art of China and South-East Asia*(《中国与东南亚艺术研究》), London: Pindar, 1991-1992.

公元 1992 年

一、大事记

1. 本年, 科大卫(David Faure) 接替伊懋可(Mark Elven) 担任牛津大学中国历史讲师。

2. 本年, 理查德·霍德-威廉斯(Richard Hodder-Williams) 代表英国区域研究监测小组(The Area Studies Monitoring Group) 递交了一份题为《联合王国的区域研究》的报告, 正式认可了"区域研究"方法在英国汉学中的应用。

3. 本年, 伦敦大学中国学研究中心(Centre of Chinese Studies) 成立, 宗旨为协调并促进汉学研究和教学工作以及与此有关的学术活动。

4. 本年开始, 蒲立本任美国东方学会西部支部会长。

5. 本年, 龙彼得在台湾出版辑刊《明刊闽南戏曲弦管选本三种》, 其中附录了《古代闽南戏曲与弦管之研究》(*The Classical Theatre and Art Song of South Fukien: A Study of Three Ming Anthologies*)。

二、书（文）目录

1. Barrett, Timothy Hugh: *Li Ao: Buddhist, Taoist or Neo-Confucian*(《李翱: 释子、道家还是新儒家》), Oxford: Oxford University Press, 1992.

2. Graham, Angus Charles: "Response to Benjamin Schwartz's Review of 'Disputers of the Tao'"(《对史华慈对〈道教辩士〉书评的回应》), *Philosophy East and West*, Vol.42, No.1, Jan. 1992, pp.17-19.

3. Graham, Angus Charles: *Two Chinese Philosophers: Ch'eng Ming-tao and Ch'eng Yi-ch'uan*(《中国的两位哲学家——程明道与程伊川》), reprinted, Chicago: Open Court Publishing, 1992.

4. Loewe, Michael: "The Imperial Tombs of the Former Han Dynasty and Their Shrines"(《西汉的皇陵和享殿》), *T'oung Pao*, second series, Vol. 78, Livr. 4/5, 1992, pp. 302－340.

5. Loon, Piet van der: *The Classical Theatre and Art Song of South Fukien: A Study of Three Ming Anthologies*(《古代闽南戏曲与弦管之研究》), Taipei: Southern Materials Center, 1992.

6. Rawson, Jessica: *The British Museum Book of Chinese Art*(《大英博物馆中国艺术手册》), London: British Museum Press, 1992.

7. Twitchett, Denis Crispin: *The Writing of Official History under the T'ang*(《唐代官修史学》), Cambridge: Cambridge University Press, 1992.

三、备注

1. 龙彼得的论文《古代闽南戏曲与弦管之研究》概述了闽南语文学及梨园戏的历史,分析了藏在剑桥图书馆和美国得克萨斯州立图书馆的3个明万历间的南戏剧本,还就所涉26种剧目的情节和出处做了精细的考证和探讨,对闽南戏剧史和中国戏剧史有重要的贡献。

2. 牛津大学对中国社会经济史的研究始于20世纪70年代初任中国历史讲师的伊懋可,本年开始由科大卫接替伊懋可。科大卫担任过香港中文大学历史系主任和讲座教授,对明清以来的中国特别是广东和香港地区的社会经济史有独到研究,搜集了大量族谱、契约、账簿等民间文献,后被选为英国牛津大学圣安东尼学院院士。

3. 在龙彼得任牛津大学汉学教授同期,伊懋可在牛津大学担任中国历史讲师,长期从事中国社会经济史和文化史的研究。

公元 1993 年

一、大事记

1.本年,汉学专业的罗伯特·泰勒博士(Dr. Robert Taylor)受聘于谢菲尔德大学(University of Sheffield)。

2.本年,霍布恩发表了《水浒传》苏格兰语译本的第五章。

3.本年,霍克思的女婿闵福德在澳大利亚国立大学学报《东亚史》上发表金庸的《鹿鼎记》译稿,其中的"纵横钩党清流祸/峭茜风期月旦评"等章节是霍克思翻译的。

4.本年,蒲立本被聘任为意大利中东和远东研究所通讯会员。

5.本年,詹姆斯·R.布莱顿(James R. Brandon)和马丁·班汉(Martin Banham)合著的《剑桥亚洲戏剧导读》(*The Cambridge Guide to Asian Theare*)出版。

6.从本年开始,中国学者被邀请到牛津作访问研究。

二、书（文）目录

1.Barrett, Timothy Hugh: "Lieh tzu"(《列子》), in *Early Chinese Texts: A Bibliographical Guide*(《中国古代典籍导读》), Edited by Michael Loewe, Berkeley: The Society for the Study of Early China and the Institute of East Asian Studies, University of California, 1993, pp.298-308.

2.Brandon, James R.; Banham, Martin: *The Cambridge Guide to Asian Theare*(《剑桥亚洲戏剧导读》), Cambridge: Cambridge University Press, 1993.

3.Cullen, Christopher: *Heaven and Earth in Early Han Thought*(《汉代早期思想中的天与地》), Albany: State University of New York Press, 1993.

4.Holton, Brian: "Men o the Mossflow(Shui Hu Zhuan)", Chapter 5(《水浒传》苏格兰语译本第五章), *Edinburgh Review*, Vol.89, 1993, pp.97-111.

5.Loewe, Michael: *Early Chinese Texts: A Bibliographical Guide*(《中国古代典籍

导读》), Berkeley: The Society for the Study of Early China and the Institute of East Asian Studies, University of California, 1993.

6.Loewe, Michael: "The Study of Han Wooden Documents: Recent Developments"(《汉代竹简研究:最新进展》), T'oung Pao, Vol.79, Fasc.1/3, 1993, pp.154-159.

7.Rawson, Jessica: *The Problem of Meaning in Early Chinese Ritual Bronzes* (《早期中国青铜礼器的意涵问题》), London: Percival David Foundation of Chinese, 1993.

三、备注

鲁惟一主编的《中国古代典籍导读》1993年由古代中国研究会和美国加利福尼亚大学伯克利分校东亚研究所出版,1997年出版了中译本。该书被列为西方汉学专业必读书目,虽然是为英语读者指点进入中国古代经典的门径,但由于书中比较详尽地论述了中国古代各种典籍,同时介绍了西方及日本研究这些典籍的成果,对中国读者也有很大益处。

公元 1994 年

一、大事记

1.本年,杰西卡·罗森教授被选为牛津大学墨顿学院院长,成为该学院成立700多年来的第一位女院长。

2.本年,牛津大学决定把东方研究所的中国部分与圣安东尼学院的现代中国研究所合并为中国学研究所(Institute for Chinese Studies)。东方研究所所属的汉学科目全部转入了中国学研究所。

3.本年,谢菲尔德大学开始设立汉学博士学位专业。

二、书(文)目录

1.Loewe, Michael: "Changes in Qin and Han China: The Religious and Intellectual Background"(《秦汉之变:宗教与知识的背景》), *Studies in Chinese History*, Vol.4,

1994,pp.7-45.

2.Loewe,Michael:"China's Sense of Unity as Seen in the Early Empires"(《早期帝王时代所表现出来的中国的统一思想》),*T'oung Pao*,second series,Vol.80,Fasc.1/3,1994,pp.6-26.

3.Loewe,Michael:*Divination*,*Mythology and Monarchy in Han China*(《汉代的占卜、神话和君主制》),Cambridge:Cambridge University Press,1994.

4.Loewe,Michael:"Early Chinese Emperors and Their Functions"(《早期中国帝王及其功能》),*Journal of Ancient History*,Moscow:Academy of Sciences,1994.

5.Loewe,Michael:"Wang Mang and His Forbears:The Making of the Myth"(《王莽和他的忍耐:制造神话》),*T'oung Pao*,second series,Vol.80,Fasc.4/5,1994,pp.197-222.

三、备注

1.本年,由顺益台湾原住民博物馆提供研究基金,牛津大学将台湾高山族人才列入培养计划。

2.牛津大学的圣安东尼学院(St. Antony's College)于20世纪80年代成立现代研究所,开展对中国的经济研究。

公元1995年

一、大事记

1.本年,崔瑞德与慕尼黑大学弗兰克教授合作编写《剑桥中国史》第六卷《五胡政权与边邻邦国》(*Alien Regimes and Border States*,*907-1368*)。

2.本年至1996年,蒲立本任国际汉语语言学学会主席。

3.本年3月24日,李约瑟在剑桥的家中辞世,按照生前遗愿,他的骨灰埋葬在研究所院中的菩提树下。

4.本年9月,李约瑟研究所所长古克礼和东亚科技史图书馆馆长约翰·莫菲特（John Moffett）访问了北京和香港，向中国资深学者咨询如何保持研究所的科研优势，在科技史领域扩大与中国学术机构的合作。

5.古克礼从本年开始到 2000 年担任 8 集电视历史纪录片《龙腾》（The Dragon's Ascent）项目的高级顾问，加强了李约瑟研究所和中国科学院自然科学史研究所的合作关系。

6.本年，联合国教科文组织为了纪念李约瑟，出版了《李约瑟：20 世纪的文艺复兴人物》（Joseph Needham：20th-Century Renaissance Man），对他在促进世界各民族之间的文化交流所做出的贡献给予了高度评价。

7.本年，企鹅集团出版了白安妮翻译的《中国爱情诗选：玉台新咏——中世纪诗集》（Chinese Love Poetry：New Songs from a Jade Terrace—A Medieval Anthology）。

二、书（文）目录

1.Birrell，Anne：*Chinese Love Poetry：New Songs from a Jade Terrace—A Medieval Anthology*（《中国爱情诗选：玉台新咏——中世纪诗集》），London：Penguin Books，1995.

2.Dudbridge，Glen：*Religious Experience and Lay Society in T'ang China：A Reading of Tai Fu's Kuang-i Chi*（《中国唐代社会的宗教体验和世俗社会：对〈广异记〉的一种阅读》），Cambridge：Cambridge University Press，1995.

3.Dudbridge，Glen："A Second Look at *Li Wa Chuan*"（《再看〈李娃传〉》），in *Translating Chinese Literature*，Edited by Eugene Eoyang and Lin Yao-fu，Indiana：Indiana University Press，1995，pp.67-76.

4.Holton，Brian："Men o the Mossflow（Shui Hu Zhuan）"，Chapter 4(《水浒传》苏格兰语译本第四章)，in *Nothing Is Altogether Trivial：An Anthology of Writing from Edinburgh Review*，Edited by M. MacDonald，Edinburgh：Edinburgh University Press，1995.

5.Loewe，Michael："The Cycle of Cathay：Concepts of Time in Han China and Their Problems"（《契丹的循环：汉代的时间概念及其问题》），in *Time and Space in Chinese Culture*，Edited by Huang Chun-chieh and Erik Zürcher，Leiden：Brill，1995，pp.305-328.

6.Loewe，Michael："The History of Early Imperial China：The Western Contribution"(《中国早期帝国历史:西方的贡献》),in *Europe Studies China*,Edited by Ming Wilson and John Cayley,London:Han Shan Tang,1995,pp.245-263.

7.Pulleyblank,Edwin George:*Outline of Classical Chinese Grammar*(《文言语法纲要》),Vancouver:University of British Columbia Press,1995.

三、备注

1.20世纪90年代,古克礼加盟李约瑟主持的《中国科学技术史》的撰写工作,长期担任李约瑟研究所的常务副所长和剑桥大学李约瑟著作出版委员会主席。李约瑟去世后他被推选为研究所所长。

2.本年5月,14卷的《英藏敦煌文献》由四川人民出版社出版发行。

公元1996年

一、大事记

1.本年,大卫·亨顿编译的《李白诗选》(*The Selected Poems of Li Po*)在伦敦出版。

2.本年,为补充扩大日语和汉语研究实力,加强东亚研究学院(School of East Asian Studies)的教学和研究范围,谢菲尔德大学在社科系建立汉学研究中心(the Centre for Chinese Studies)。

3.本年,亚洲研究(The Asian Studies)评估执委会主席在向英格兰高等教育基金会递交的一份报告中,对于英国在支持亚洲研究广泛领域的学术活动方面落后于其他国家,从长远角度看将面临严重的损失一事表示关切。

二、书(文)目录

1.Barrett,Timothy Hugh:*Taoism under the T'ang:Religion & Empire During the Golden Age of Chinese History*(《唐代道教:中国历史上宗教与帝国的黄金时代》),London:Wellsweep,1996.

2. Cullen, Christopher: *Astronomy and Mathematics in Ancient China: The Zhou Bi Suan Jing*(《中国古代的天文和数学:周髀算经》), Cambridge: Cambridge University Press, 1996.

3. Dudbridge, Glen: *China's Vernacular Cultures*(《中国的白话文化》), Oxford: Clarendon Press, 1996.

4. Dudbridge, Glen:《唐代前后的五道将军》, in *Huaxia Wenhua yu Chuanshi Cangshu*(《华夏文化与传世藏书》), Edited by Institute of History, Chinese Academy of Social Sciences, Beijing: Zhongguo Shehui Kexue Chubanshe, 1996, pp.499-510.

5. Dudbridge, Glen: "The General of the Five Paths in Tang and Pre-Tang China"(《唐代和唐以前的五道将军》), *Cahiers d' Extrême-Asie*, Vol.9, 1996/1997, pp.85-98.

6. Hinton, David: *The Selected Poems of Li Po*(《李白诗选》), London: Anvil Press, 1996.

7. Parker, Edward Harper: *A Thousand Years of the Tartars*(《鞑靼千年史》), the second edition, London, New York: Routledge, 1996.

8. Rawson, Jessica: *Mysteries of Ancient China: New Discoveries from the Early Dynasties*(《中国古代文物研究:关于远古朝代的新发现》), London: British Museum Press, 1996.

9. Stein, Mark Aurel: *Ruins of Desert Cathay*(《中国沙漠中的遗址》), the second edition, New Delhi: Asian Educational Services, 1996.

三、备注

谢菲尔德大学1996年开始设置汉学优等生学位课程,授课内容包括汉语、历史(以现代史为主)、经济学和政治学,并设立汉学和商学学士课程。

公元 1997 年

一、大事记

1. 本年,杜为廉翻译了王实甫的《苏小卿月夜贩茶船》("'Tea-Trading Ship' and the Tale of Shuang Chien and Su Little Lady")在《伦敦大学亚非学院学刊》上发表。

2. 本年,威尔士大学成立汉学研究中心,针对中国文化、历史、传媒、影视、哲学、宗教方面进行教学和研究工作。

3. 本年,研究中国思想史的雷敦龢(Edmund Ryden)出版了《黄帝四经:马王堆出土的帛书文本及版本研究》(The Yellow Emperor's Four Canons: A Literary Study and Edition of the Text from Mawangdui)。

4. 本年,英格兰高等教育基金会邀请了外交和联邦事务部、英国文化委员会、贸易工业部、经济社会研究委员会等部门的代表开会,正式成立了以布雷厄姆·贝克拉迪尼亚(Bahram Bekhradnia)为主席的汉学研究回顾小组。

二、书(文)目录

1. Dobly, William: "'Tea-Trading Ship' and the Tale of Shuang Chien and Su Little Lady"(《苏小卿月夜贩茶船》), *Bulletin of the School of Oriental and African Studies*, University of London, Vol.60, No.1, 1997, pp.47-63.

2. Loewe, Michael: "Recent Archaeological Discoveries and the History of the Ch'in and Han Periods"(《秦汉时期最新考古发现》), in *The Integrative Studies of Chinese Archaeology and History*, Taipei: Institute of History and Philology, Academia Sinica, 1997, pp.605-650.

3. Loewe, Michael: "Wooden Administrative Documents of the Han Period"(《汉代行政简牍记录》), in *New Sources of Early Chinese History: An Introduction to the Reading of Inscriptions and Manuscripts*, Edited by Edward L. Shaughnessy, Berkeley: The

Society for the Study of Early China and the Institute of East Asian Studies, University of California, 1997, pp.161-192.

4. Loewe, Michael: *Zhongguo Gudai Dianji Daodu*(《中国古代典籍导读》), Chinese Translation, Shenyang: Liaoning Education Publishing, 1997.

5. Loewe, Michael: "The Physician Chunyu Yi and His Historical Background" (《医生淳于意及其历史背景》), in *En suivant la voie royale*, Edited by Jacques Gernet, Marc Kalinowski and Jean-Pierre Diény, Paris: École Française d'Extrême Orient, 1997, pp.297-313.

6. Ryden, Edmund: *The Yellow Emperor's Four Canons: A Literary Study and Edition of the Text from Mawangdui*(《黄帝四经：马王堆出土的帛书文本及版本研究》), Taipei: Kuangchi Press, 1997.

三、备注

1. 本年，以科研为强项的部分大学教师访华回国后，建议重新调整英国大学现行的汉学研究方针，把重点从传统领域、语言和文学方面转向纯语言习得以及社会学科中的当代中国研究。

2. 从本年至2000年，欧中高教合作委员会资助威尔士大学汉学研究中心接待三位欧洲学者，并扩大与中国大陆、香港和台湾各大学的合作。

3. 雷敦龢，英国学者，现在台湾辅仁大学法研所任教。他研究中国思想史，著有《黄帝四经：马王堆出土的帛书文本及版本研究》，利用马王堆帛书《老子》乙本卷前古佚书来阐述黄帝四经的哲学思想。在郭店楚简的研究中，他将郭店《老子》及《太一生水》翻译成英文。

公元1998年

一、大事记

1. 哈布斯米尔主编的《中国科学技术史》(*Science and Civilisation in China*)的

第七卷《社会背景》(*The Social Background*)的第三分册《语言与逻辑》(*Language and Logic*),于本年出版。

2.本年,由乐黛云、陈珏和龚刚编选的《欧洲中国古典文学研究名家十年文选》收录了十位欧洲汉学家在此前十年中发表的18篇优秀论文,由江苏文艺出版社出版。

3.本年6月,英格兰高等教育基金会、苏格兰高等教育基金会和北爱尔兰教育部(Department of Education,Northern Ireland),以首席执行官布莱恩·芬德(Brian Fender)的名义致函中英贸易委员会(China Britain Business Council)等50个关心中国的英国工商组织以及剑桥大学等所有英国大学,请他们通过信件和答卷的形式,为总结英国高校中的汉学研究情况提供资料和数据。

二、书(文)目录

1.Barrett,Timothy Hugh: *The Religious Affiliations of the Chinese Cat: An Essay Towards an Anthropozoological Approach to Comparative Religion*(《中国猫的宗教溯源》),London: School of Oriental and African Studies,1998.

2.Dudbridge,Glen: "Buddhist Images in Action: Five Tales from the Tang"(《神像显灵:五个唐代故事》),*Cahiers d' Extrême-Asie*,Vol.10,1998,pp.377-391.

3.Dudbridge,Glen: *Sanguo Dianlüe Jijiao*(《三国典略辑校》),Edited jointly with Zhao Chao,Taibei: Dongda,1998.

4.Ryden,Edmund: *Philosophy of Peace in Han China*(《汉代的和平哲学》),Taipei: Taipei Ricci Institute,1998.

三、备注

本年10月,布莱尔首相来华访问。这对1997年成立的汉学研究回顾小组是一次激励。他回国后表示英国应该通过广泛研讨各类问题,在促进中国与西方国家之间建立更为密切的联系方面做出自己的贡献。

公元 1999 年

一、大事记

1.本年 9 月,英格兰高等教育基金会和苏格兰高等教育基金会联合推出了题为"汉学研究回顾"(*Review of Chinese Studies*)的报告。这份报告是英国 1945 年以来有关汉学研究的第五份报告,再次表明长期以来英国的汉学研究与商业贸易和外交利益休戚相关。报告指出对中国(或者其他国家)的研究应包括三个内容:汉语、中国历史文化和政治制度、学科。三个方面应互为表里,相辅相成。

2.本年年底,杜德桥应邀在大英图书馆做了有关中国古籍的讲座。

二、书(文)目录

1.Dudbridge, Glen: "A Question of Classification in Tang Narrative: The Story of Ding Yue"(《唐代话本的分类问题》), in *India, Tibet, China: Genesis and Aspects of Traditional Narrative*, Edited by Alfredo Cadonna, Florence: L. S. Olschki, 1999, pp. 151-180.

2.Loewe, Michael: *The Cambridge History of Ancient China*(《剑桥中国史》), with Edward L. Shaughnessy, Cambridge: Cambridge University Press, 1999.

3.Loewe, Michael: "The Imperial Way of Death in Han China"(《汉代皇家殡葬方式》), in *State and Court Ritual in China*, Edited by Joseph P. McDermott, Cambridge: Cambridge University Press, 1999, pp.81-111.

三、备注

大英图书馆经常在年底邀请一位与该馆典藏有关的目录学专家举办由帕尼齐基金会(The Anthony Panizzi Foundation)资助的讲座。本年的主讲人是牛津大学东方学院院长杜德桥教授,主题为"中世纪中国散失的古籍"(*Lost Books in Medieval China*)。

中文人名索引（按汉语拼音排序）

A

阿灵顿（Lewis Charles Arlington） 68,81

阿绮波德·立德（Archibald Little） 26

埃利斯·欧文（Iris Urwin） 121

艾超世（Charles Aylmer） 157,158,162,172,176

艾登（Robert Anthony Eden） 97

艾朗诺（Ronald C. Egan） 169

艾伦·艾玲（Alan Ayling） 136,142

艾伦·厄普尔德（Allen Upward） 5,32

艾伦·李（Alan Simms Lee） 57

艾约瑟（Joseph Edkins） 111

艾支顿（Frederick Clement Egerton） 88,90

爱理鹗（Charles Norton Edgcumbe Eliot） 29

安顿·弗克（Anton Forke） 29,31

B

巴雷特（Timothy Hugh Barrett） 158,160,174,176-178
白安妮（Anne Birrell） 165,176,186
白伦（Leonard Pratt） 167
白之（Cyril Birch） 117,119,122,124,148,151
包伊斯·马瑟斯（E. Powys Mathers） 46,48
保灵（S. L. Baldwin） 93
鲍康宁（Frederick William Baller） 13
鲍吾刚（Wolfgang Bauer） 139
本杰明·贾（Benjamin Chia） 153,155
彼得·帕克（Peter Parker） 170,172
毕汉思（Hans H. Bielenstein） 9,132
波乃耶（James Dyer Ball） 21
伯纳德·夸里奇（Bernard Quaritch） 55
伯纳德·米奥尔（Bernard Miall） 88
伯希和（Paul Pelliot） 2,3,60,69,116
博晨光（Lucius Chapin Porter） 9
卜力（Henry Arthur Blake） 10,11
布莱恩·芬德（Brian Fender） 191
布雷厄姆·贝克拉迪尼亚（Bahram Bekhradnia） 189

C

查尔斯·巴德（Charles Budd） 29
查尔斯·弗里格罗夫·温泽尔（Charles Freegrove Winzer） 50
查赫（Erwin von Zach） 125
陈依范（Jack Chen） 106,107
陈贻范（Ivan Chen） 22
程修龄（Cecilia S. I. Zung） 81,84

初大告(Ta-kao Ch'u)　　82-84

崔瑞德/杜希德(Denis Crispin Twitchett)　　115-117,120,127,134,138,139,141,160,161,172,176,185

D

大卫·亨顿(David Hinton)　　177,187

戴乃迭(Gladys Yang)　　67,104-106,164,165

丹尼森·罗斯(Denison Ross)　　38

道格拉斯(Robert Kennaway Douglas)　　10,11

德庇时(John Francis Davis)　　2,55

德效骞(Homer Hasenpflug Dubs)　　63,64,102,104,117,119,125,131,133,143

邓罗(Charles Henry Brewitt-Taylor)　　57,59

窦纳乐(Claude Maxwell MacDonald)　　3

杜德桥(Glen Dudbridge)　　86,87,131,133,135-137,139,144,145,160,167,168,170,177,192

F

费正清(John King Fairbank)　　116,138,139

芬诺洛萨(Ernest F. Fenollosa)　　34

佛来遮(William John Bainbridge Fletcher)　　41-43

弗朗西斯·休姆(Frances Hume)　　117

弗洛伦斯·艾思柯(Florence Ayscough)　　38,65,73,75

弗洛伦斯·麦克休(Florence McHugh)　　123

福赫伯(Herbert Franke)　　139

福开森(John Calvin Ferguson)　　53,55,60,93

福兰阁(Otto Franke)　　116

傅兰雅(John Fryer)　　27-29

傅路德(Luther Carrington Goodrich)　　9

G

甘淋（George Thomas Candlin） 41

高本汉（Klas Bernhard Johannes Karlgren） 81，125

高尔恩（Walter Gorn Old） 13

格劳特·布雷德（Gerald Bullett） 100

葛兰言（Marcel Granet） 73

葛立克（L. H. Gulick） 85

葛瑞汉（Angus Charles Graham） 82，84，91，98，100，106，108，114，115，124，127，129，135，138，139，144，145，147，148，157，160，164，169，180

辜鸿铭（Hung Ming Ku） 23，30

古克礼（Christopher Cullen） 156，185-187

H

哈罗德·艾克顿（Harold Acton） 71，72，80，81，88，90，92

海伦·赫斯（Helen M. Hayes） 67

海特（William Hayter） 127，129，130，172，174

韩南（Patrick Dewes Hannan） 104，106，135

豪厄尔（E. B. Howell） 15，57，60

亨利·H.哈特（Henry H. Hart） 80，85

侯思孟（Donald Holzman） 154

黄茂林（Mou-lam Wong） 98，115

黄琼玖（Josephine Huang Hung） 146，147

霍布恩（Brian Holton） 164，165，169，172，175，183

霍古达/古斯塔夫·哈隆（Gustav Haloun） 85-88，106，110

霍克思（David Hawkes） 99，104，110，114，125-129，143，145，148，157，158，162，163，166，170，173，183

J

吉德炜（David N. Keightley） 72,73

季理斐（Donald MacGillivray） 20

江素惠（Chiang Su-hui） 167

杰弗里·邓洛普（Geoffrey Dunlop） 65,66

杰克逊（J. H. Jackson） 154

杰西卡·罗森（Jessica Rawson） 154,156,184

金璋（Lionel Charles Hopkins） 112,113

K

卡尔斯罗普（E. F. Calthrop） 17

考特沃尔（Robert Kotewall） 131

科大卫（David Faure） 181,182

科恩（J. M. Cohen） 109

科林纳·麦克杜格尔（Colina MacDougall） 176,177

克拉拉·凯德琳（Clara M. Candlin） 74,75,100

克莱默·宾（L. Cranmer-Byng） 5,12,23-25,36,37,75

库恩（Franz Kuhn） 88,123

库寿龄（Samuel Couling） 39-41,43,45

奎勒·库奇（Quiller Couch） 82

L

劳伦斯·宾扬（Laurence Binyon） 17,33

兰登·华尔纳（Langdon Warner） 2

雷敦龢（Edmund Ryden） 189,190

雷蒙·道森（Raymond Dawson） 112,113,135,141

李高洁（Cyril Drummond Le Gros Clark） 69,71,73,78,79

李提摩太（Timothy Richard） 7-9,19-21,26,32,36,37,43

李约瑟（Joseph Needham） 60,74,75,81,84,86,90,92,94,96-98,100, 104,108,112,136,138,141,143,147,154,156,167,179,185-187

里斯·戴维兹（Rhys Davids） 15,18

理查德·霍德-威廉斯（Richard Hodder-Williams） 181

理雅各（James Legge） 35,62,107,127

林辅华（Charles Wilfrid Allan） 79

林乐知（Young John Allen） 20

林语堂（Yutang Lin） 79,81,96,98,105-107,109,116,120,128,148

刘殿爵（D. C. Lau） 123,133,144

刘君恩（Jung-en Liu） 147,157

刘师舜（Shih-shun Liu） 160,161

龙彼得（Piet van der Loon） 91,92,135,145,147,157,166,169,170,174, 181,182

鲁桂珍（Gwei-djen Lu） 84,90,111,147,180

鲁惟一（Michael Loewe） 94,95,110,120,133,169,172,184

陆宽昱（Kuan-yü Lu） 132

罗宾逊（G. W. Robinson） 148,162

骆任廷（James Haldance Stewart Lockhart） 12,14,76

M

马尔科姆·麦克唐纳（Malcolm MacDonald） 142

马礼逊（Robert Morrison） 85

麦都思（Walter Henry Medhurst） 12,14,111

麦嘉温（John MacGowan） 19,25

梅维恒（Victor H. Mair） 167

宓吉（Alexander Michie） 59

闵福德（John Minford） 163,166,167,172,173,183

牟复礼（Frederick W. Mote） 176

慕阿德（Arthur Christopher Moule） 68,69,74,121

慕维廉(William Muirhead)　　20

O

欧文·拉铁摩尔(Owen Lattimore)　　133,134

P

庞德(Ezra Pound)　　22,23,33,34,38,117
裴丽珠(Juliet Bredon)　　78
珀西瓦尔·维克托·戴维(Percival Victor David)　　108,109
蒲立本(Edwin George Pulleyblank)　　94,95,100,110,114,125,138,141,145,179,181,183,185

Q

秦乃瑞(John Derry Chinnery)　　99,100,104,106,136,138,174

R

瑞恰慈(Ivor Armstrong Richards)　　76,78
沙畹(Edouard Chavannes)　　116

S

施高德(Adolphe Clarence Scott)　　125
时钟雯(Chung-wen Shih)　　146,147
史密斯(Norman L. Smith)　　131
斯波尔丁(H. N. Spalding)　　112
斯卡布勒(Scarborough)　　97,102,103,125,127,130,174
斯科特(M. I. Scott)　　101,110
斯坦因(Mark Aurel Stein)　　2-4,12,18,19,21,22,24,29,31,50,51,67,70,75,97,144,151,180
斯特雷奇(Lytton Strachey)　　51,52

苏道昧（Arthur Sowerby） 17

苏慧廉（William Edward Soothill） 46,60,74,78,85

苏柯仁（Arthur de Carle Sowerby） 15,17,53,60,93,98,115

苏利文（Michael Sullivan） 112,113,115

T

托马斯·斯特恩斯·艾略特（Thomas Stearns Eliot） 138

W

王际真（Chi-chen Wang） 65-67,126,137

威尔逊（Epiphanius Wilson） 2

威廉·埃克（William Acker） 112,113

威廉·琼斯（William Jones） 100

威妥玛（Thomas Francis Wade） 4,19,37

韦利（Arthur Waley） 32,33,36-38,41-43,45,46,48,51-53,56-58,60,62,64,65,67-71,73,76,78,80-82,84,85,87,88,90-104,106-110,112-115,117,119-123,125,127-129,131,133,134,136,138,140,142,148,163,165

伟烈亚力（Alexander Wylie） 93,111

文林士（Charles Alfred Speed Williams） 34,50

倭纳（Edward Theodore Chalmers Werner） 46,51-53,62

伍德海（Henry George Wandesforde Woodhead） 59

伍英贞（Myfanwy Wood） 56

X

西门华德（Simon Walter） 80,81

奚安门（Henry Shearman） 111

禧在明（Walter C. Hillier） 12,14,34

谢立山（Alexander Hosie） 8,9

谢利·M.布莱克（Shirley M. Black） 127

熊式一（S. I. Hsiung） 76-79

修中诚（Ernest Richard Hughes） 65,67,74,86,88,96,104,112

Y

杨格非（Griffith John） 21,22,85

杨宪益（H. Y. Yang） 67,104-106,164,165

叶女士（Evangeline Dora Edwards） 35,48,56,70,73,74,82,88,121

伊懋可（Mark Elven） 181,182

伊萨贝尔·麦克休（Isabel McHugh） 123

易文思（Robert Kenneth Evens） 56

约翰·莫菲特（John Moffett） 185

约翰·斯科特（John Scott） 149

Z

翟理斯（Herbert Allen Giles） 2,4-9,12,17-19,22-25,27,28,31,33,36-38,41,45,46,49,51,52,54-57,59,65,68-70,72,76,79,100,141,151

翟林奈（Lionel Giles） 2,4,15,25,27,29,31,48,53,60,104

詹姆斯·拉弗（James Laver） 65

詹姆斯·韦尔（James Ware） 15

詹纳尔（William John Francis Jenner） 164,165

詹尼斯（Soame Jenyns） 90,92,97,98

张心沧（Hsin-chang Chang） 148,149,151,157,169

周质平（Chih-p'ing Chou） 176

庄士敦（Reginald Fleming Johnston） 10-12,15,43,48,50,60,62,86,88

庄延龄（Edward Harper Parker） 5,7

祖克（A. E. Zucker） 58

西文人名索引（按西文字母排序）

A

Acker, William（威廉·埃克） 112

Acton, Harold（哈罗德·艾克顿） 83,89,93,102

Allan, Charles Wilfrid（林辅华） 24,79

Arlington, Lewis Charles（阿灵顿） 51,83

Ayling, Alan（艾伦·艾玲） 137,143

Ayscough, Florence（弗洛伦斯·艾思柯） 36,46,47,53,54,58,66,74

B

Ball, James Dyer（波乃耶） 10,20,58

Baller, Frederick William（鲍康宁） 12,56

Barrett, Timothy Hugh（巴雷特） 162,178,181,183,187,191

Bauer, Wolfgang（鲍吾刚） 140

Beal, Samuel（毕尔） 18,27,33

Binyon, Laurence（劳伦斯·宾扬） 27,64

Birch, Cyril（西里尔·白之） 123,149

Birrell, Anne(白安妮)　　166, 172, 175, 176, 186

Black, Shirley M.(谢利·M.布莱克)　　127

Blofeld, John(蒲乐道)　　104, 123

Bredon, Juliet(裴丽珠)　　76

Brewitt-Taylor, Charles Henry(邓罗)　　58

Budd, Charles(查尔斯·巴德)　　30, 51, 68

Bullett, Gerald(格劳特·布雷德)　　101

Bushell, Stephen Wootton(卜士礼)　　12, 22, 25

C

Calthrop, E. F.(卡尔斯罗普)　　16, 22

Candlin, Clara M.(克拉拉·凯德琳)　　70, 74, 79, 101

Ch'u, Ta-kao(初大告)　　83

Chang, Hsin-chang(张心沧)　　149, 157, 169

Chavannes, Edouard(沙畹)　　51

Chen, Jack(陈依范)　　107

Chen, Ivan(陈贻范)　　22

Chia, Benjamin(本杰明·贾)　　154

Chou, Chih-p'ing(周质平)　　176

Clark, Cyril Drummond Le Gros(李高洁)　　70, 79

Couling, Samuel(库寿龄)　　39

Cranmer-Byng, L.(克莱默·宾)　　8, 13, 22, 24, 36, 41, 72

Cullen, Christopher(古克礼)　　154, 183, 188

D

Dawson, Raymond(雷蒙·道森)　　135, 140, 141, 159, 179

Douglas, Robert Kennaway(道格拉斯)　　3, 10, 13, 30

Dubs, Homer Hasenpflug(德效骞)　　63, 64, 86, 93, 120

Dudbridge, Glen(杜德桥)　　135, 143, 144, 159, 166, 168, 173, 176, 177, 179,

180,186,188,191,192

  Dunlop,Geoffrey(杰弗里·邓洛普) 66

E

  Edkins,Joseph(艾约瑟) 10

  Edwards,Evangeline Dora(叶女士) 61,72,83,86,89,91,105,107

  Egan,Ronald C.(艾朗诺) 169

  Egerton,Frederick Clement(艾支顿) 89

F

  Fairbank,John King(费正清) 180

  Fletcher,William John Bainbridge(佛来遮) 41,44

  Forke,Anton(安顿·弗克) 30

  Franke,Herbert(福赫伯) 140

  Fryer,John(傅兰雅) 5

G

  Giles,Herbert Allen(翟理斯) 3,5,8,16,22,24,25,28,30,35,36,42,44,47,48,51,54,56,58,61,123,130,140

  Giles,Lionel(翟林奈) 16,18,20,22,25,28,30,39,41,47,48,58,61,72,74,76,83,94,96,97,105,107,118,123,125,130

  Graham,Angus Charles(葛瑞汉) 112,114,118,121,123,125,126,128,130,133,135,137,138,140,143,144,146,147,149,152,154,157,159,161,162,164,166,168,169,171,173,175,178-182

H

  Haloun,Gustav(霍古达/古斯塔夫·哈隆) 111

  Hart,Henry H.(亨利·H.哈特) 80,83,86

  Hawkes,David(霍克思) 120,126,130,131,140,149,157,159,162,171,

178

Hayes, Helen M.(海伦·赫斯)　　68

Hillier, Walter C.(禧在明)　　20,24,25,32,33,36,42,44,48,63

Hinton, David(大卫·亨顿)　　178,188

Holton, Brian(霍布恩)　　164,166,169,173,175,183,186

Holzman, Donald(侯思孟)　　155

Hopkins, Lionel Charles(金璋)　　115

Hosie, Alexander(谢立山)　　5,44,51

Howell, E. B.(豪厄尔)　　16,61

Hsiung, S. I.(熊式一)　　77,79

Hughes, Ernest Richard(修中诚)　　83,86,94,109,115,128

Hume, Frances(弗朗西斯·休姆)　　116,118

Hung, Josephine Huang(黄琼玖)　　147

J

Jackson, J. H.(杰克逊)　　83,155

Jenner, William John Francis(詹纳尔)　　135,164

Jenyns, Soame(詹尼斯)　　91,96,97

John, Griffith(杨格非)　　20

Johnston, Reginald Fleming(庄士敦)　　5,26,28,32,49,77

K

Kotewall, Robert(考特沃尔)　　132

Ku, Hung Ming(辜鸿铭)　　23,30

L

Laver, James(詹姆斯·拉弗)　　66

Lau, D. C.(刘殿爵)　　123,133,144

Lee, Alan Simms(艾伦·李)　　58

Legge,James(理雅各)　　61,63,74

Lin,Yutang(林语堂)　　79,96,98,105,107,109,116,120

Little,Archibald(阿绮波德·立德)　　26

Liu,Jung-en(刘君恩)　　147

Liu,Shih-shun(刘师舜)　　161

Loewe,Michael(鲁惟一)　　126,128,130,133,135,138,140,142-144,146,149,151,153,155,157,159,161,162,164,166,171,173,175,177,179,182-186,189,190,192

Lockhart,James Haldance Stewart(骆任廷)　　77,79

Loon,Piet van der(龙彼得)　　113,157,170,182

Lu,Gwei-Djen(鲁桂珍)　　111

Lu,Kuan-yü(陆宽昱)　　132

M

MacGowan,John(麦嘉温)　　18,20,24,26,28,32,33,150

Mair,Victor H.(梅维恒)　　168

Mathers,E. Powys(包伊斯·马瑟斯)　　64

McHugh,Florence(弗洛伦斯·麦克休)　　123

McHugh,Isabel(伊萨贝尔·麦克休)　　123

Miall,Bernard(伯纳德·米奥尔)　　89

Minford,John(闵福德)　　166,173

Moule,Arthur Christopher(慕阿德)　　23,26,49,68,91,105,122

N

Needham,Joseph(李约瑟)　　99,105,111,116,120,123,128,132,143,145,146,150,155,165,171

O

Old,Walter Gorn(高尔恩)　　13,19

P

Parker, Edward Harper(庄延龄)   5,10,16,23,26,39,42,58,188

Pound, Ezra(庞德)   35,118,120,141

Pulleyblank, Edwin George(蒲立本)   109,118,122,128,155,187

R

Rawson, Jessica(杰西卡·罗森)   163,166,168,170,175,180,182,184,188

Richard, Timothy(李提摩太)   19,20,26,33,36,37

Richards, Ivor Armstrong(瑞恰慈)   77

Robinson, G. W.(罗宾逊)   150

Ryden, Edmund(雷敦龢)   190,191

S

Scott, Adolphe Clarence(施高德)   126

Shih, Chung-wen(时钟雯)   147

Smith, Norman L.(史密斯)   132

Sowerby, Arthur de Carle(苏柯仁)   30,42,52,54,80,91

Stein, Mark Aurel(斯坦因)   10,21,30,49,64,75,171,188

Sullivan, Michael(苏利文)   107,130,132,137,140,143,150,152,161,178,181

T

Twitchett, Denis Crispin(崔瑞德/杜希德)   132,133,150,155,168,180,182

U

Upward, Allen(艾伦·厄普尔德)   13,33

Urwin, Iris(埃利斯·欧文)   122

W

Wade, Thomas Francis(威妥玛)　　10

Waley, Arthur(韦利)　　37, 39, 40, 42, 44, 47, 49, 50, 52, 54, 56, 58, 59, 61-64, 66, 68, 70, 72, 75, 77, 83, 84, 86, 89, 91, 93, 94, 96, 101, 103, 105, 107, 109, 111, 113, 114, 116, 118, 120, 122, 124, 128, 133, 134, 136, 138, 141, 142, 150, 167

Walter, Simon(西门华德)　　95, 96, 98, 103, 126, 158

Wang, Chi-chen(王际真)　　66, 126

Ware, James(詹姆斯·韦尔)　　16

Werner, Edward Theodore Chalmers(倭纳)　　44, 52, 72

Williams, Charles Alfred Speed(文林士)　　34, 47

Wilson, Epiphanius(威尔逊)　　8

Wong, Mou-lam(黄茂林)　　98, 115

Woodhead, Henry George Wandesforde(伍德海)　　59

Y

Yang, Gladys(戴乃迭)　　105, 165

Yang, H. Y.(杨宪益)　　105

Z

Zung, Cecilia S. I.(程修龄)　　84

专名索引（按汉语拼音排序）

《北华捷报》(North-China Herald) 110,111

《伯灵顿杂志》(The Burlington Magazine for Connoisseurs) 38,48

《大英百科全书》(Encyclopaedia Britannica) 25,40

《地平线》(Horizon) 91

《东方时报》(The Far Eastern Times) 27

《国家》(The Nation) 56,57

《皇家亚洲学会学刊》(Journal of the Royal Asiatic Society) 14,41,48,73,78,91,108,110,112,117,120

《教务杂志》(Chinese Recorder) 7,92,93

《今日历史》(History Today) 114,117

《金融时报》(Financial Times) 177

《科恩希尔杂志》(Cornhill Magazine) 99,101

《伦敦大学东方学院学刊》(Bulletin of the School of Oriental Studies) 38,41,46,48,51,56,64,68,71

《伦敦大学亚非学院学刊》(Bulletin of the School of Oriental and African Studies) 95,100,102,117,121,125,127,138,148,189

《每日电讯报》(The Daily Telegraph) 27

《民间传说》(Folklore)　80,85,102,115

《骑手评论》(Rider's Review)　108

《天下月刊》(T'ien Hsia Monthly)　80,81,88,90,128

《小评论》(Little Review)　38

《新政治家》(New Statesman)　38,57,78,85,88,91—93,96,97

《新中国评论》(The New China Review)　43,45,46,48

《亚细亚评论》(The Asiatic Review)　91

《亚洲学刊》(Asia Major)　106,125

《亚洲艺术》(Artibus Asiae)　58,115

《远东古物博物馆馆刊》(Bulletin of the Museum of Far Eastern Antiquities)　73

《远东经济评论》(Far East Economic Review)　177

《中国季刊》(The China Quarterly)　127,129,134,155,177

《中国科学美术杂志》(China Journal of Science and Arts)　17,53,60,62,94

《中国评论》(The China Review)　7,43

《中国杂志》(China Journal)　62,92—94

《字林西报》(North China Daily News)　59,110,111

爱丁堡大学(University of Edinburgh)　11,99,136,142,148,157,163,165,176

奥地利维也纳国家图书馆(Austrian National Library)　135

北爱尔兰教育部(Department of Education,Northern Ireland)　191

博学书院(London Mission College)　22

布里斯托尔大学(Bristol University)　15

大不列颠及爱尔兰皇家亚洲学会(Royal Asiatic Society of Great Britain and Ireland)　14

大学基金委员会(University Grants Committee)　125,127,170,172

大学中国委员会(Universities' China Committee)　69,71

大英博物馆东方古物部(Department of Oriental Antiquities at the British Museum)　156

大英博物馆东方图书与写本部（The Oriental Sub-department of Prints and Drawings of British Museum） 33,65,175

大英帝国勋爵（Companion of the British Empire） 112

大英圣经公会（British and Foreign Bible Society） 82,85

大英图书馆（The British Library） 40,146,150,156,192

丁龙汉学讲座（Dean Lung Professor） 8,9

东亚科技史管委会（The East Asian History of Science Trust） 154

东亚科学史图书馆（East Asian History of Science Library） 147

杜伦大学（University of Durham） 112,131,142,156,165,175,177

福特基金会（The Ford Foundation） 139,142

岗维尔-凯厄斯学院（Gonville and Casius College） 74,138,154

广学会（The Christian Literature Society for China） 9,36,37,78,79,83,102

国家科学技术借阅馆（The National Lending Library for Science and Technology） 150

国家中央图书馆（The National Central Library） 150

海特报告（The Hayter Report） 129,130,172,174

汉学特优学院（Chinese Honor School） 88

皇家亚洲学会（Royal Asiatic Society） 12,14,15,38,51,53,132,134,141,169

皇家医学会（Royal Society of Medicine） 56

剑桥大学东方研究院（Faculty of Oriental Studies, University of Cambridge） 19

科学技术信息部（The Office for Science and Technical Information） 150

李约瑟难题（Needham's Question） 98,143,167

李约瑟研究所（The Needham Research Institute） 60,154,156,185-187

伦敦大学亚非学院（School of Oriental and African Studies, University of London） 11,38,48,80,86,88,91,95,97,99,100,102-104,106,110,115,119,120,127,129,139,141,145,174,180

麦伦书院（Medhurst College） 12,43

曼彻斯特维多利亚大学（Victoria University of Manchester） 5
曼达琳学院（Magdalen College） 95
美国圣经公会（American Bible Society） 82,85
孟加拉亚洲学会（The Asiatic Society of Bengal） 38
墨顿学院（Merton College） 156,184
墨海书馆（London Missionary Society Mission Press） 14
女王诗歌奖（Queen's Medal for Poetry） 114
欧洲汉学协会（European Association of Chinese Studies） 92,95,166
帕尼齐基金会（The Anthony Panizzi Foundation） 192
珀斯学校（The Perse School） 95
珀西瓦尔·戴维中国艺术基金会（Percival David Foundation of Chinese Art） 108
企鹅出版社（Penguin Group） 131,133,135,144,163
区域研究监测小组（The Area Studies Monitoring Group） 181
圣安东尼学院（St. Antony's College） 182,184,185
斯波尔丁托管基金（Spaulding Trust Fund） 112
苏格兰圣经公会（National Bible Society of Scotland） 82,85
泰晤士报业集团（The Times） 149,152
威斯敏斯特大学（University of Westminster） 151
现代中国研究所（The Contemporary China Institute） 139,141,142,184
香港新亚研究所（New Asia Institute of Advanced Chinese Studies, Hong Kong） 87
艺术基金顾问委员会（Art Fund's Advisory Council） 156
英国国家文献馆（The British National Bibliography） 150
英国汉学学会（British Association for Chinese Studies） 117,154,156,174,176
英国文化委员会（The British Council） 94,189
英国学术院（The British Academy） 15,87,98,139,156
英中了解协会（Society for Anglo-China Understanding） 136

英中协会(The Great Britain-China Centre)　　151,152

中华圣经会(The Bible Society of China)　　82,85

中英科学合作馆(The Sino-British Science Co-operation Office)　　94,96,97,100,105

中英贸易委员会(China Britain Business Council)　　191

专利图书馆(The Patent Office Library)　　150

中文参考文献

[1]程章灿.魏理眼中的中国诗歌史:一个英国汉学家与他的中国诗史研究[J].鲁迅研究月刊,2005(3):36-42.

[2]范存忠.Chinese Poetry and English Translation[J].外国语,1981(5):9-26.

[3]范存忠.The Beginnings of the Influence of Chinese Culture in England[J].外国语,1982(6):4-15.

[4]近藤一成,胡健.英国的中国学研究现状[J].国外社会科学,1992(5):55-58.

[5]朱浤源.英国的中国通:量的观察(一)[J].近代中国史研究通讯,1986(2):14.

[6]朱浤源.英国的中国通:量的观察(二)[J].近代中国史研究通讯,1987(3):2.

[7]范存忠.中国文化在启蒙时期的英国[M].上海:上海外语教育出版社,1991.

[8]葛桂录.雾外的远音:英国作家与中国文化[M].银川:宁夏人民出版社,2002.

[9]葛桂录.他者的眼光:中英文学关系论稿[M].银川:宁夏人民出版社,2003.

[10]葛桂录.中英文学关系编年史[M].上海:三联书店出版社,2004.

[11]葛桂录.中外文学交流史:中国·英国卷[M].济南:山东教育出版社,2015.

[12]何寅,许光华.国外汉学史[M].上海:上海外语教育出版社,2002.

[13]何兆武.中西文化交流史论[M].北京:中国青年出版社,2001.

[14]黄长著,孙越生,王祖望.欧洲中国学[M].北京:社会科学文献出版社,2005.

[15]黄鸣奋.英语世界中国古典文学之传播[M].上海:学林出版社,1997.

[16]李岫,秦林芳.20世纪中外文学交流史[M].石家庄:河北教育出版社,2001.

[17]马祖毅,任荣珍.汉籍外译史[M].武汉:湖北教育出版社,1997.

[18]宋柏年.中国古典文学在国外[M].北京:北京语言学院出版社,1994.

[19]王丽娜.中国古典小说戏曲名著在国外[M].上海:学林出版社,1988.

[20]王宁,钱林森,马树德.中国文化对欧洲的影响[M].石家庄:河北人民出版社,1999.

[21]王绳祖.中英关系史论丛[M].北京:人民出版社,1981.

[22]熊文华.英国汉学史[M].北京:学苑出版社,2007.

[23]徐志啸.近代中外文学关系:19世纪中叶—20世纪初叶[M].上海:华东师范大学出版社,2000.

[24]岳峰.架设东西方的桥梁:英国汉学家理雅各研究[M].福州:福建人民出版社,2004.

[25]张弘.中国文学在英国[M].广州:花城出版社,1992.

[26]中国社会科学院近代史研究所翻译室.近代来华外国人名辞典[M].北京:中国社会科学出版社,1981.

[27]周珏良.周珏良文集[M].北京:外语教学与研究出版社,1994.

[28]朱谦之.中国哲学对欧洲的影响[M].石家庄:河北人民出版社,1999.

[29]朱学勤,王丽娜.中国与欧洲文化交流志[M].上海:上海人民出版社,1998.

英文参考文献

[1] Acton, Harold; Lewis Charles Arlington. Famous Chinese Plays[M]. Peiping: Henri Vetch, 1937.

[2] Birch, Cyril. Stories from a Ming Collection[M]. London: Bodley Head, 1958.

[3] Eames, James Bromley. The English in China[M]. London: Sir Isaac Pitman & Sons, 1909.

[4] Fan, T. C. (范存忠). Chinese Fables and Anti-Walpole Journalism[J]. The Review of English Studies, 1949, 25(98): 141-151.

[5] Fu, Shang-lin(傅尚霖). One Generation of Chinese Studies in Cambridge[J]. Chinese Social and Political Science Review, 1931, 29(7): 191-192.

[6] James, H. Y. Chu. Chinese Studies in Britain: A Survey Report of Behavioural and Academic Preferences[J]. XXXth European Conference of Chinese Studies Proceedings, 1988(21): 69-85.

[7] Lach, Donald F.; Edwin J. Van Kley. Asia in the Making of Europe. Vol.3. Book Four: East Asia[M]. Chicago: University of Chicago Press, 1993.

[8] T. H. Barrett. Singular Listlessness: A Short History of Chinese Books and British Scholars[M]. London: Wellsweep, 1988.

后　记

本书系教育部重大攻关项目"20世纪中国古代文化经典在域外的传播与影响"的结项成果，在英国伦敦大学亚非学院教授、著名汉学家傅熊(Bernhard Fuehrer)指导下，由中国青年学者李真负责编撰完成。具体分工如下：

1. 傅熊教授负责制订整个子项目团队的工作计划，并提供学术资源及指导。
2. "导言""大事记""书(文)目录""备注"，由李真编撰、顾钧教授校阅。
3. "人名索引""专名索引"由李真编写。
4. "凡例""后记"由李真执笔。

没有课题总负责人张西平教授自始至终的鼓励与督促，这本书是不可能完成的。非常感谢张西平教授将我纳入项目组的研究团队。张西平教授在立项之初就确定了以中外合作的团队形式来编写中国古代文化经典在各国的编年。这是研究方式的大胆创新，对于国内青年学者是一个非常难得的学习和成长的机会。机遇就意味着挑战。能参与到教育部重大课题的项目团队，能与国外著名汉学家共同工作，使我在学术上受益良多。

我在英国访学期间，在课题的框架安排、资料收集、文献整理等诸多方面得到傅熊教授的悉心指导和无私帮助，不仅开阔了研究视野，并且启发了新的研究思路，并蒙惠赐资料，多有教益，谨此深深致谢。

在课题进行的数年时间里，北京外国语大学国际中国文化研究院的硕士研究生王振家、史倩倩、于美晨、胡文婷、邵燕飞、张子伊、王蓝等多位同学积极参与了课题的前期资料收集和整理、校对工作，为书稿的顺利编撰奠定了基础，在此向他们表示衷心的感谢。

我也要向项目总协调人李雪涛教授、编年卷协调人柳若梅教授、文学卷协调人顾钧教授表示感谢，他们在子项目的研究思路、文献收集、结项成果编撰体例等方面均有悉心指教。

此外，我还要特别感谢师弟张明明博士和师妹全慧，他们常常不辞辛苦地帮我查找相关文献，让我倍感师门温暖。

国际中国文化研究院的姜丹老师和库晓慧编辑负责整个课题组全体老师的联络、项目进展情况的通报、工作会议的组织和安排、结项成果的汇总，工作十分琐碎，为课题的顺利结项付出了很多心血，在此亦向她们表示深深的谢意。

大象出版社的责编成艳工作认真负责，为审校这部书稿付出了极大的心血，本书能够最终付梓出版离不开她的辛勤努力。

英国的汉学研究虽然起步较之法国、德国略晚，且偏重于实用主义，但在近200年的时间里，几代汉学家默默耕耘，在很多方面也取得了较为丰硕的成果。虽然也有个别学者对英国汉学史进行过介绍和梳理，但尚未出版一部关于中国文化在英国传播历史的包括人物、著作、机构、文献等在内的专门的国别目录资料图书可供参考查阅，因此课题中所涉及的很多文化典籍英译的资料鲜有国外相关权威文献的数据支撑。整理汇编这些历史人物、作品、大事记等需要多个领域的知识储备，对编撰者要求极高，我学识、精力有限，亦非文献学或文学专业出身，只能在承担大学工作岗位的科研和教学之余勉力为之。由于资料收集的不易、研究积累的不足，几年来整个编撰过程极为不易。本书所提供的只是一个初步的整理和大致的梗概。编年史所需的资料搜罗永无止境，我虽尽可能地利用了现有的国内外相关研究成果和中外文献作为参考，但资料的疏漏在所难免，体例上也多有不足，恳请诸位方家指正赐教。同时，也希望今后能够在现有基础上进一步收集到更多的材料，对中国古代文化经典在英国的传播与接受做一个更为周全的探索和整理，进一步完善，使之能够更好地为学界所用。

李真
2016 年 7 月于北京